商务话语与文化研究丛书

总主编 郭桂杭　　副总主编 胡春雨

社会—认知视角下BELF交际中的元语用话语研究

刘平 著

科学出版社
北京

内 容 简 介

本书在社会–认知视角下，聚焦 BELF 的交际特征、语境制约性和语言与策略的使用，并对 BELF 交际中的交互文化语用能力重新加以概念化。基于 VOICE 语料库和自建的商务投诉回应语料库，本书分析了 BELF 交际者交互文化语用能力的表现特征，探究了交际中元语用话语和元语用表达的共知基础建构过程以及语用操控性和协商意识的表现，并揭示了商务投诉回应中的凸显调节机制。本书的研究发现可以为语言教学、商务英语教学、汉语作为通用语的教学实践以及商务机构的员工培训和投诉处理等商务实践活动提供参考。

本书可供商务英语专业的硕士生和博士生及从事商务话语、英语通用语（ELF）和交互文化语用学研究的学者使用，也可供对商务英语通用语和商务交际感兴趣的读者阅读。

图书在版编目（CIP）数据

社会–认知视角下 BELF 交际中的元语用话语研究/刘平著. —北京：科学出版社，2021.10

（商务话语与文化研究丛书/郭桂杭总主编）

ISBN 978-7-03-069924-4

Ⅰ. ①社⋯　Ⅱ. ①刘⋯　Ⅲ. ①商务–英语–语用学–研究　Ⅳ. ①F7

中国版本图书馆 CIP 数据核字（2021）第 198189 号

责任编辑：常春娥／责任校对：贾伟娟
责任印制：李　彤／封面设计：蓝正设计

科学出版社 出版
北京东黄城根北街 16 号
邮政编码：100717
http://www.sciencep.com

北京捷迅佳彩印刷有限公司 印刷
科学出版社发行　各地新华书店经销

*

2021 年 10 月第 一 版　开本：720×1000　1/16
2021 年 10 月第一次印刷　印张：15 1/2
字数：268 000

定价：98.00 元
（如有印装质量问题，我社负责调换）

国家社会科学基金一般项目"社会–认知视角下 BELF 交际中的元语用话语研究"（项目编号 16BYY193）成果

广东省教育厅 2021 年度普通高校重点科研平台和项目"商务话语研究科研创新团队"（社科）(项目号：2021WCXTD007）成果

总　　序

　　自2007年教育部批准设置商务英语本科专业至今，随着国家"一带一路"倡议的提出，我国国际贸易、国际投资等国际商务活动快速增长，设立商务英语专业的学校也得以迅猛发展，截至2018年，共有367所高校开办商务英语本科专业，探索人才培养模式，服务于国家和区域经济发展需要。商务英语在国外不作为一个独立专业，但在我国，随着国家高等教育大力发展新兴交叉学科总体战略目标的提出、人才培养需要的增加及商务英语教学实践的深入，商务英语学科理论研究日益受到国内专家学者的重视，并已经取得一些研究成果。一些论文在国内外有影响力的期刊上发表，也有若干涉及商务英语教师发展的著作相继出版。

　　在人才培养和学科建设方面，广东外语外贸大学国际商务英语学院也在一直努力探索开拓。继2007年申办商务英语本科专业之后，我们先后率先在外国语言文学一级学科下开设了商务英语研究二级硕士学位授权点和博士学位授权点，形成了完整的本科、硕士和博士人才培养体系和学科层次。商务英语研究的独特性和学科交叉性、研究内容的包容性、研究方法的多样性已突破了外国语言学及应用语言学学科的限制，它融合了语言学、经济学、管理学、社会学、教育学等多个学科类别，具有鲜明的跨学科性质。我们这次编辑出版"商务话语与文化研究丛书"，就是一种交叉学科研究的尝试。在国内学界享有盛誉的科学出版社高瞻远瞩，大力扶持商务英语研究，欣然同意出版这套丛书。丛书为国内商务英语话语与文化研究者提供一个平台，较为系统地展示国内学者在商务话语与文化领域的研究新成果，供广大同行分享。

　　本丛书由商务话语与商务文化两类研究话题构成，首批著作主要涉及以下话题：多模态广告话语研究、英语商业广告语篇隐性连贯的识解机制研究、社会-认知视角下BELF（business English as a lingua franca）交际中的元语用话语研究、中美上市公司年报MD&A（management discussion and analysis）中语言策略对比研究、转型期中国农村保险销售互动话语研究、商务会议冲突管理中的高效信息交换研究、中外会计文化对比研究、语言博弈论视角下的跨文化商务谈判互动研究、基于认知视角下的跨文化商务传媒语篇研究。本丛书的作者均为商务话语或商务文化研究领域的学者，相信本丛书的出版将进一步促进国内商务话语与文化研究的发展。

　　本丛书是一个开放的平台。鉴于商务英语研究的跨学科性质，我们希望本丛书以外国语言学及应用语言学为坚实的学科基础，旁及其他学科，研究者能在中外比较研究中、在不同视角中、在学科交叉中、在观点碰撞中去从事学术研究。欢迎广大同仁提供自己的新作，和我们一起紧扣时代需要，探索和拓展新领域，发现和研究新问题，为国家社会经济文化建设服务。

　　本丛书的出版得到广东外语外贸大学高水平学科建设项目的大力支持，也得到科学出版社编辑们的鼎力相助，在此对他们表示衷心的感谢。本丛书的首批著作是近年来广东外语外贸大学商务英语学科领域的部分研究成果，"路漫漫其修远兮，吾将上下而求索"，我们深知学术求索之艰辛，丛书中可能存在有待商榷的学术问题，敬请专家学者给予批评指正。我们也热忱欢迎同行学者不吝赐稿，为本丛书的成长壮大添砖加瓦。我们愿与国内同行一起，为商务英语学科的发展壮大而努力。

郭桂杭
2018年6月于广东外语外贸大学

目　　录

总序

第1章　导论 ... 1
1.1　引言 ... 1
1.2　理论基础和主要观点简述 ... 4
1.3　核心概念阐释 ... 8
1.4　本书的结构和主要内容 ... 17

第2章　语用学研究的社会-认知视角 ... 19
2.1　引言 ... 19
2.2　SCA 的交际观 ... 21
2.3　SCA 的三大核心概念 ... 24
2.4　SCA 的语用能力观 ... 34
2.5　交互文化性 ... 37
2.6　小结 ... 38

第3章　BELF 交际的语言与策略特征 ... 39
3.1　引言 ... 39
3.2　ELF 研究的缘起及发展 ... 39
3.3　BELF 使用的交际特征 ... 43
3.4　BELF 交际的语言特征 ... 53
3.5　BELF 会议中的交际策略 ... 61
3.6　小结 ... 75

第 4 章　BELF 交际中的交互文化语用能力 76

4.1　引言 76
4.2　BELF 的交际特征 76
4.3　语用能力和交互文化语用能力 78
4.4　BELF 交际中交互文化语用能力的表现 82
4.5　小结 93

第 5 章　BELF 会议中的共知基础建构 95

5.1　引言 95
5.2　BELF 会议中的元语用表达 96
5.3　SCA 框架下元语用表达的共知基础建构 98
5.4　语料的收集与描述 101
5.5　BELF 会议中建构共知基础的实例分析 103
5.6　讨论 114
5.7　小结 116

第 6 章　BELF 会议中元语用表达的语用操控性 117

6.1　引言 117
6.2　元语用意识的语用操控性 118
6.3　会议主席的机构权力 120
6.4　语料与分析方法 122
6.5　元语用表达及其操控性分析 123
6.6　机构权力与语用操控 132
6.7　小结 134

第 7 章　BELF 投诉回应中共知基础的建构 135

7.1　引言 135
7.2　商务投诉与投诉回应 137
7.3　语料的收集与描述 139
7.4　元语用表达的共知基础建构分析 142
7.5　投诉回应中元语用表达的功能总结 152
7.6　小结 155

第 8 章　BELF 投诉回应中的协商意识 ······ 156

- 8.1　引言 ······ 156
- 8.2　BELF 交际中的协商 ······ 157
- 8.3　语料来源与分类 ······ 158
- 8.4　投诉回应中元语用话语协商意识的体现 ······ 160
- 8.5　小结 ······ 169

第 9 章　BELF 投诉回应中的凸显调节 ······ 170

- 9.1　引言 ······ 170
- 9.2　凸显性及 SCA 中的凸显理论 ······ 171
- 9.3　语料与方法 ······ 173
- 9.4　元语用表达的类型及凸显性调节分析 ······ 175
- 9.5　BELF 投诉回应中的机构角色与凸显性调节 ······ 187
- 9.6　小结 ······ 189

第 10 章　结语 ······ 190

参考文献 ······ 196

- 附录 1　录音转写中使用的符号和标记列表 ······ 225
- 附录 2　PBmtg3 会议情况和会议内容简介 ······ 227
- 附录 3　PBmtg27 会议情况和会议内容简介 ······ 229
- 附录 4　PBmtg300 会议情况和会议内容简介 ······ 231
- 附录 5　PBmtg3、PBmtg27、PBmtg300 的参与者和会议信息 ······ 233
- 附录 6　PBmtg414 会议情况和会议内容简介 ······ 235

第 1 章

导 论

1.1 引 言

商务英语通用语（English as a business lingua franca，BELF）交际中的元语用话语（metapragmatic utterances）体现语言使用的反射性（reflexivity），具体表现为来自不同母语文化的交际者，对交际进程与效果进行协调适应的意图与努力，如例 1-1 中的黑体部分（例子选自维也纳-牛津国际英语库，VOICE[①]。"S1"代表 Speaker1，其余依此类推。）。

例 1-1（选自会议 PBmtg3）

S1: er (1) also **i('d) like to make c- comment that** er (1) [first name1] was (.) he visited korea (.) e::r (.)

S2: march

S5: <6> march </6>

S1: <6> march </6> sometime in MARCH (1) er and **we had a very e:r good discussion** (1) e:r and e:r we agreed to (.) do some ACTIVE er activities (1) in convenience store (1) e:r but … **that means** (.) the [thing1] (.) er in korea (.) in convenience store (.) was NOT successful as we planned

---

[①] VOICE 是"The Vienna-Oxford International Corpus of English"的缩写。VOICE 语料库包含自然发生的面对面使用的 BELF 互动交流的转写文本，本书选用的例子都保留原始形式，没有经过任何改动。如"i"一般应为"I"，"korea"一般应为"Korea"，"march"一般应为"March"，但此语料库大小写代表不同意思，例子保留了语料原貌。符号和其所代表的意义见附录 1。全书同此说明。

例 1-1 选自韩国经销商和德国生产商的一次关于产品销售会议中的对话，其中使用的元语用话语 "i ('d) like to make c-comment that" 预告后续话语内容，使与会者有所准备；"we had a very e:r good discussion" 是对双方三月份会谈的积极评价，把之前讨论的内容激活，重新纳入当下讨论中，利于激活双方的共知基础，推进交际的进行；"that means" 表达对观点重述的意图，引导对所述观点的理解。BELF 交际中这类元语用话语的使用可以激活、寻求或创建相关语境因素，如交际期待、共同经历、良好意愿等，建构共知基础（common ground），对交际进程和效果进行协调适应，旨在完成交际任务。

元语用现象及其研究发端于 1984 年《语用学期刊》（*Journal of Pragmatics*）刊载的元语用研究专刊（何自然等，2006：289）。此后，相关研究主要从宏观角度阐述元语用研究关涉的不同方面与层面（Caffi，1994；Mey，1993；Hübler，2011）、元语用意识凸显度（salience）与层级性（Verschueren，1995/2010，1999，2000；侯国金，2005，2011），以及元语用意识及其标识语（Grundy，2000；Verschueren，2000；冉永平，2005）等方面展开。也有研究对特定语言结构进行元语用分析（Bublitz & Hübler，2007；Ran，2013；蔡少莲，2006；吴炳章和张德玉，2012）。从研究视角看，多数采用语用学和功能视角讨论元语用意识及其标示语（如 Verschueren，2000；Silverstein，1993），还有的从跨文化的视角研究，如 Blum-Kulka 通过对以色列文化中的礼貌现象进行元语用分析，试图发现礼貌的普遍性问题；Penz（2007）探究了在跨文化合作项目中元语用评论语对建构共知基础的作用；Dafouz-Milne（2008）基于媒体语料，研究在不同文化中，元话语标识语说服作用的异同。总之，元语用研究涉及宏观和微观层面，研究成果丰硕。但以往研究对 BELF 交际中的元语用问题关注不够，结合社会与认知两个纬度对其中使用的元语用话语的探讨更为少见。

BELF 交际中的元语用话语受到独特的社会和认知因素制约，体现为来自不同语言文化背景的交际者选择语言手段对交际进程与效果进行相互协调适应的意识与努力。英语通用语（English as a lingua franca, ELF）研究始于 20 世纪 80 年代，为语言交际建构了语言使用的新语境，赋予语用能力以新的内涵（冉永平和杨青，2015），随着研究的深入，研究者对一些关键问题逐渐取得共识。首先，ELF 指不同母语文化背景的人之间使用英语的交流活动（Jenkins，2011，2015；Seidlhofer，2011），BELF 指不同母语文化背景的交际者在商务场合使用英语进行交流。其次，ELF（包括 BELF）不存在实体，而是一种语言实践活动、功能或交流方式（Alptekin，2010；Mackenzie，2014；Kecskes，2015；冉永平，2013），扎根于不同文化的互动之中，具有流动性、灵活性、相依性和混合性。另外，BELF 研究已不再关注单一的"霸权"的英语，而关注不同的英语变体和相对频繁出现的语法和句法特征（House，2009；Mackenzie，2014），英语逐渐成为他者语言（冉永平和杨青，2015），多元标准和多中心论正在为人们所接受（武继红，2017），也即 BELF 正经历一个非本族化（non-nativisation）过程。总之，BELF 研究不再致力于识别各种变体的共核特征（core features），而是探究交际过程的功能性和多元互动性（Kecskes，2015），即关注不同母语背景的交际者之间如何相互协调适应，容忍多元化的文化差异及多元语用语言现象，实现成功交际（冉永平和杨青，2015）。已有研究表明，在商务发言讨论中，BELF 交际者要花比自己母语多 26.5% 的时间表达同样的思想（参见 Hincks，2010），尽管如此，在共同的目的和利益驱动下，交际者大都充分利用各种资源，设法完成任务（Jenkins et al.，2011；Mauranen，2012；Mackenzie，2014；Seidlhofer，2011）。BELF 交际中的元语用话语体现出交际者在自我意识和他人意识（Caffi，1994）的驱动下，对意义的表达与理解进行协调适应的意识和努力，应从个体认知和社会两方面全面深入地揭示其使用的动机与机制。

Kecskes（2007，2013，2017，2019）整合了社会与认知两个纬度，提出以社会-认知视角（socio-cognitive approach，SCA）研究语用问题，关注交际中个体认知因素和社会文化因素的动态互动过程，特别是互动中的涌现特征，是 21 世纪语用学理论的最新发展。在 SCA 框架下，BELF 交际中的元语用话语体现自我中心（即个人认知因素）与合作（即社会因素）的互动转化。BELF 交际者为完成任务，基于自我意识与他人意识，选择元语用话语激活相关语境因素，明示交际意图，使之变得凸显或更加凸显，建构涌现集体共知基础，引导与制约交际按期待的方式进行，旨在达成意义的共知和互解，完成交际任务。

本书的主要目标是建构 BELF 交际中元语用话语的功能发挥模式。该目标细分为以下四点：①描述 BELF 交际中元语用话语的语言表征特点、主要类型及使用频率；②在 SCA 框架下描述 BELF 交际的语境动态性及语境制约性；③调查在不同语境因素制约下，BELF 交际者的认知心理状态，描述交际者自我中心与合作的动态转化过程；④在 SCA 框架下揭示 BELF 交际中元语用话语对交际协调适应的动机与机制。

本书的主要贡献有以下四点。

首先，增加对元语用意识在 BELF 交际中功能发挥的认识。以往元语用研究多专注单语、单文化（monocultural）环境，虽然也有个别学者探究跨文化语境下的元语用现象，但没有对 BELF 交际中元语用意识及其标示语的探究，本书进行的系列研究增加对元语用意识在 BELF 交际环境中功能发挥模式的认识。

其次，增加对 BELF 交际的非实体性特征的了解。BELF 研究开始转向探讨交际的动态性、灵活性和相依性。本书在 SCA 框架下，揭示来自不同母语文化背景的交际者如何选择元语用话语，包括元语用表达，相互协调适应，最终达成意义的表达与理解，增加对 BELF 交际的动态过程的了解。

再次，提高对 BELF 交际者跨文化和交互文化语用能力的认识。ELF 研究关注的焦点问题是英语使用的跨文化语用表现、跨文化语用交际能力及跨文化语用"无能"（冉永平，2013）。BELF 交际中的元语用话语体现交际者的跨文化和交互文化语用能力，本书通过了解交际者如何使用元语用话语，寻求语言使用过程中的协商空间，相互介入，协调适应，可以提高对 BELF 交际中跨文化和交互文化语用能力的认识。

最后，指导商务英语教学和商务实践活动，并对对外汉语教学和汉语作为商务通用语的研究提供启发和借鉴。BELF 交际日益普遍，本书对其中元语用话语功能发挥模式的建构可以在实践上指导商务英语教学与实践活动，如商务机构对消费者投诉的处理以及商务会议中的团结协作等。另外，随着国力的增强，中国在国际商务领域的地位举足轻重，学习汉语的外国人越来越多，本书对对外汉语教学和汉语作为商务通用语的研究也具有启发意义。

1.2 理论基础和主要观点简述

本书的研究对象为面对面互动的 BELF 交际中使用的元语用话语，包括元语用表达，具体指不同母语文化背景的交际者在商务场合使用英语进行交流时选择的元语用话语或元语用表达。BELF 交际的目的明确，合作共赢的意识较强，虽然交际者之间缺乏共有的语言文化背景知识，但基于共同的目的和利益，交际者双方会选择元语用话语对交际进程和效果进行协调适应，设法完成交际任务。本书基于以上认识，观察和描写 BELF 交际中元语用话语，包括元语用表达的语言表征、类型，并在 SCA 框架下揭示这些语言手段对交际进行协调适应的动机与机制。

本书以 SCA 为理论基础，揭示 BELF 交际中元语用话语，包括元语用表达，所体现的对交际协调适应的动机与机制。SCA 主张融合社会因素和个体因素，考察交际过程中的合作与自我中心在交际的不同阶段所表现出的不同的倾向性和程度。Kecskes（2010：60）指出，交际中，"合作是一种以关联为尺度、以意图为导向的交际实践，而自我中心所体现的是以凸显为尺度，以注意为导向的交际特征"。选择 SCA 作为本书的理论基础主要基于三点原因：①BELF 交际关涉不同母语文化的交际者，SCA 的提出为跨文化交际中语言使用提供解释与研究的视角以及分析的概念与框架，正契合本书的研究目标；②BELF 交际过程的描述需要跨学科视角，而 SCA 整合交际所涉及的个体认知和社会因素，强调认知与社会相结合的必要性和可行性，体现语言研究的跨学科视角；③探究 BELF 交际中元语用话语对交际协调适应的动机与机制需要采用动态交际观，分析交际中的动态涌现特征，而 SCA 区分前语境与现实情景、原意图与涌现意图、个人凸显与集体凸显等，并从自我中心和合作两方面论述它们之间的互动转化，在 SCA 下考察元语用话语的使用可以更清晰地揭示 BELF 的非实体性特征。

在 SCA 的理论框架下，BELF 交际可分为两阶段：①交际初始，交际者（A 和 B）基于前语境，在最为凸显的知识或信息引导下，选择与当前情景语境最适切的意义交际，该过程体现了自我中心驱动；②交际进行中，交际者（A 和 B）的前语境、个人凸显义与当前情景语境互动，此时，交际者不能仅以自我为中心，在表达意图时要进行关联选择，注意涌现凸显义，当发现交际中出现问题或存在潜在问题时，选择元语用话语或元语用表达进行协调适应，努力寻求并建构涌现共知基础，确保交际按预期进行，如图1-1所示。

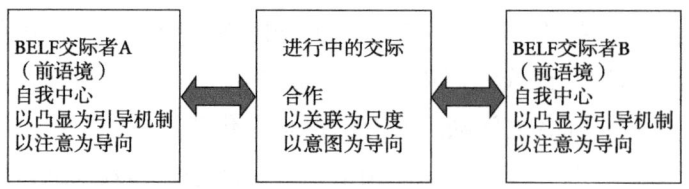

图 1-1 SCA 框架下 BELF 交际中的自我中心与合作

本书主要回答以下五个研究问题：①BELF 交际中元语用话语的主要语言表征特点及其类型有哪些？②BELF 交际中元语用话语的使用受到哪些语境因素的制约？其动态性如何？③BELF 交际者在交际过程中如何建构共知基础？④BELF 交际中元语用话语如何调节语境因素的凸显性？⑤BELF 交际中元语用话语功能发挥的模式是什么？

本书的主要观点有以下五点。

（1）BELF 交际中使用的元语用话语体现交际者对交际进行协调、协商和适应的意识与努力。元语用话语体现语言使用的自返意识，是元语用意识在语言层面留下的痕迹（linguistic traces）。在 BELF 交际中，交际者之间缺乏共知基础，但在共同的利益和目的驱动下，为完成交际任务，选择元语用话语彼此协调适应。通过对 BELF 交际中元语用话语的语言表征特点与类型的描述，可以了解其使用背后的动机与机制。

（2）BELF 交际中语境信息的互显和互知是其动态性特征。SCA 的语境观是动态语境观，Kecskes（2013）区分前语境（包括集体共有前语境和个体私有前语境）和现实情景语境。其中集体前语境属于共有知识，是同一语言社区成员的共享信息，是正常交际的必要条件，这在 BELF 交际中是恰恰缺乏的，因此容易产生交际曲折现象。为使交际顺畅进行，BELF 交际者选择元语用话语，搜寻和共建集体共知基础，协调适应交际过程与效果，保证信息能够互显和互知，该过程体现 BELF 交际的动态性特征。

（3）共知基础的共享与共建确保 BELF 交际者在自我中心和合作中找到平衡。SCA 提出共知基础既是交际的前提，又在交际中涌现和共建。BELF 交际中元语用话语的使用体现交际者对共知基础的共享与共建的意识与努力。在交际初期，交际者多以自我为中心，随着交际的进行，交际者之间会协力共建共知基础，让交际进程按双方期待的方式推进，合力完成任务。

（4）凸显是 BELF 交际的引导机制。凸显是言语产出和理解的引导机制。SCA 区分内在凸显和涌现凸显；个体凸显和集体凸显。前者突出该机制的动态性；后者突出该机制的个体性与共同性。在 BELF 交际中，个体凸显易于形成以自我为中心的言语行为，而集体凸显提供的保障可能不够充分，因此，在合作中，元语用话语的使用可以明示意图，创造涌现凸显和集体凸显，使之参与到交际进程中，对交际进行协调适应。

（5）意图与注意的互动是 BELF 交际中元语用话语的功能发挥模式。SCA 中合作是以关联为尺度、以意图为导向；自我中心则以凸显为尺度、以注意为导向。BELF 交际中的元语用话语创造意图与注意之间的互动，对话语的产出和理解过程进行协调适应，确保任务完成，因此达成意图与注意之间的成功互动是交际成功的保障。

本书重点研究以下四个方面。首先，描述 BELF 交际中元语用话语的语言表征类型及其受到的语境制约。通过描述 BELF 交际中使用的元语用话语的语言表征、类型和使用频次，以及交际受到的语境制约，可以了解 BELF 交际的动态性特征。其次，揭示 BELF 交际中元语用意识对交际过程协调适应的动机与机制。在描述 BELF 交际中元语用话语的语言表征特征的基础上，重点考察交际者的前语境与当前情景语境的互动，元语用话语如何共建集体共知基础，达到集体凸显，协调适应交际的进程与效果，完成交际任务。再次，BELF 交际的动态性描述。相比母语交际，BELF 交际的不确定性和风险性更高，同时，交际者为完成任务又表现出更大容忍度和耐心，互动频繁，有更多的试错（trial-error），过程曲折，对描述 BELF 交际中协调适应的动态性具有重大意义。最后，描述 BELF 交际中自我中心与合作互动过程的内容。自我中心与合作是言语交际中的客观存在。在 BELF 交际中，自我中心与合作不断变化，体现复杂的动机和语境制约。

对本书的研究思路可以简要概括如下。首先，基于 VOICE 语料库和自建的商务投诉回应的语料库观察和描述 BELF 交际中元语用话语的语言表征、主要类型与频次及其语境制约性，同时，利用问卷、访谈等研究方法调查交际者对 BELF 的信念、态度与动机，然后在 SCA 下分析归纳不同情境下，元语用话语对交际过程的协调适应的动机与机制，最后，揭示 BELF 交际中元语用话语功能发挥的模式，研究流程如图 1-2 所示。

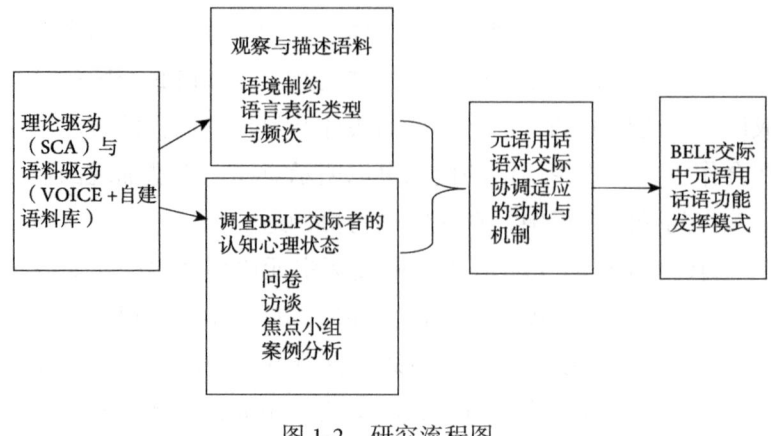

图 1-2　研究流程图

1.3　核心概念阐释

1.3.1　交互文化语用学

当今国际交往中多元文化性越来越明显，越来越多具有不同母语和文化背景的交际者选择一种通用语，如英语进行交流，在此过程中，交际者的母语文化不可避免地会影响交际所用的通用语。传统的语用学理论采用单语言（monolingual）、单文化视角，假定交际规则和原则以及话语产出和理解过程具有普遍性，致力于普适原则和规则的描写与发现。诞生于 20 世纪 80 年代的跨文化语用学（cross-cultural pragmatics），基于传统语用学和跨文化交际学理论，对比言语行为在不同文化中的实现方式以及文化差异造成的交际冲突、语用失误等，这种对比建立在"泛文化"（pan culture），即国家文化基础上，忽略或不考虑不同亚文化群体以及个体间的差异。

交互文化语用学（intercultrual pragmatics）诞生自人们意识到跨语言和跨文化交际已成为 21 世纪语用学研究的一项新挑战（Kecskes，2013）之时，它结合社会、认知等多维视角，观察来自不同文化的群体或个体如何利用语言文化资源，建构共知基础，调节和协商意义的产出和理解，完成交际任务（Baker，2015；Gudykunst，2002；Bargiela-Chiappini & Nickerson，2003；Kecskes，2004a，2013）。语用学从跨文化语用学发展到交互文化语用学，在很多方面都发生了根本性的变化。

目前大多研究并未对 cross-cultural 和 intercultural 两个术语做区分。Huang（2012：14）把跨文化语用学和交互文化语用学笼统定义为"对跨越文化和语言的交际中语言使用的系统研究"。国内不少研究也把 cross-cultural 和 intercultural 都译为"跨文化"（参见贾玉新，2006；朱武汉，2016）。本书把"intercultural pragmatics"译为交互文化语用学，将其与跨文化语用学区别开来，因为跨文化语用学主要强调文化的差异与不同，文化因素被视为影响交际成功的障碍，而交互文化语用学探讨来自不同文化背景的人们在互动时的语言使用，强调不同语言文化的互动与融合，文化差异被视为可用资源。交互文化语用学的诞生体现人们对文化认识的转变。

传统语用学研究把文化看成静态的语境因素，涉及具有共同特征的国别、种族群体身份，先于交际而存在。发端于20世纪80年代，蓬勃于20世纪90年代的跨文化语用学，是将文化因素引入跨文化交际中意义研究的一种宽泛的语用学，属于交际中两种或多种语言之间的跨面研究，基于传统语用学理论，探究语用原则和准则在不同语言文化中的遵守和违反程度，从而了解其普遍性（Wierzbicka，1991，2003；House，2000；Spencer-Oatey，2000；Thomas，1983；Kasper & Schmidt，1996），旨在"提升对语言交际中语用语言现象和社交语用现象的解释"（何自然和冉永平，2009：92），避免跨文化交际失败的产生，推动其顺利进行（李丹云，2013；于国栋，2003）。早期最有影响的是 Wierbicka（1991）和 Blum-Kulka 等（1989）围绕礼貌/不礼貌言语行为进行的研究。

交互文化交际最早伴随着殖民主义出现在 19 世纪和 20 世纪（Piller，2011：18），涉及的主要领域是语言教育和文化培训，包括冷战时期的外派人员的军事和外事训练、应对反恐战争中中西文化冲突以及经济全球化中的多元文化性。交互文化语用学是交互文化交际在应用语言学领域发展的最有影响的学科之一（Baker，2015：19），鉴于跨文化语用研究的主要议题，如文化差异、他者性（otherness）和文化优越性等越来越受到批评和质疑，交互文化语用学最终从语际语（interlanguage）语用学和跨文化语用学中分离出来，成为独立的研究领域。交互文化语用学研究多语、多文化语境下的交互文化性（interculturality）、共知基础和凸显等（Kecskes，2013，

2017），解决了如何在保护文化的同时又关照交际需求的困境（Mey，2004：28），发展了传统语用学研究。

2004 年由 Istvan Kecskes 主编，德国德古意特（Mouton de Gruyter）出版社发行的学术期刊《交互文化语用学》（*Intercultural Pragamtics*）标志着这一新兴学科的诞生。语用学的权威期刊《语用学期刊》在 2006 年第 38 期辟专刊探讨交互文化语用学和社会语言学，该期刊的主编 Mey（2006：1793）在编者按中指出，语用学研究中加入交互文化视角，有助于我们了解到各种文化因素的存在如何影响对语言行为的界定和区分，甚至意识到在多大程度上误解其实是无法避免的。2013 年标志着交互文化语用学已发展成为一门成熟学科。首先，Istvan Kecskes 和 Jesús Romero-Trillo 主编的论文集《交互文化语用学的研究趋势》（*Research Trends in Intercultural Pragmatics*）汇集了近 20 项相关研究，分别从语言与认知、社会与文化以及语篇与文体三方面分析交互文化交际中的语言使用，语料来自不同语言使用的真实场景，包括英语、俄语、汉语、葡萄牙语等。同年，英国牛津大学出版社出版了 Istvan Kecskes 的专著《交互文化语用学》，该书系统阐述了语用学研究的社会-认知视角，该视角可以作为交互文化语用研究主要的理论框架。此外，Spencer-Oatey（2000，2008a），Spencer-Oatey 和 Franklin（2009）以及 Zhu（2011）等学者对交互文化交际中的语用策略和言语行为表现等进行了研究，特别是 Spencer-Oatey（2000，2008b）提出的和谐管理模型在概念层面对文化和人际关系进行了提升和概括，对交互文化语用研究有指导意义。总之，从跨文化语用学发展到交互文化语用学，在研究的理论视角、语料选择、研究方法及议题都发生了变化。本书的系列实证研究是在交互文化语用学视角下展开的。

1.3.2 元语用和元语用话语

近年来，元语用意识和语言使用中的元语用现象受到了广泛关注。Caffi（1994）对元语用研究的三个层次的划分奠定了元语用研究的基础。这三个层次包括：①语用学的元理论研究；②语言使用的有效性条件研究；③元语用的语篇管理和调节意识研究。本书的元语用话语和元语用表达的研究属于第三层次，即围绕交际者的语言选择，观察元语用意识如何引导和调控交际的进行和展开，从而了解交际者对话语过程进行管理的交际意图，最终解释语言使用背后的运作机制。

虽然对元语用这个概念有各种不同的解读（Bublitz & Hübler，2007；Caffi，1994；Lucy，1993；Silverstein，1993），但元语用从本质上与自返性和指代性密切关联。元语用意识体现"说话人对自己和他人交际行为的得体性做出判断的能力"（Caffi，1994：2461），体现说话人的自我和他人意识（Caffi，1994）。也就是说，元语用行为可以指向自我也可以指向他人（Tanskanen，2007）。例如，元语用话语"I don't want to be rude but…"揭示了说话人对语言使用的自我监控，预先意识到接下来要说的话或行为可能不适当，而元语用话语"You are saying nonsense"指向他人，其功能是评价他人话语的适当性。Hübler 和 Bublitz（2007：6）从功能角度将元语用定义为"对实际运用中的元话语的语用研究，这些元话语是对正在进行的话语或文本进行评论和介入的手段。"这个定义涉及元语用的两个主要功能，即评论和干涉或干预。

不同的研究使用不同的术语描述元语用意识在语言层面留下的"语言痕迹"（Verschueren，1999/2000），例如，元语用标识语（Verschueren，2000）、元语用话语（Hübler & Bublitz，2007；Tanskanen，2007）和元语用评论语（Ciliberti & Anderson，2007；Sinkeviciute，2017）等，其中 Smith 和 Liang（2007：172）对元语用话语的定义与本书的研究对象最为接近。他们将元语用话语定义为"不是指内容，而是指听众如何理解、使用或适应话语内容的表达方式"。这一定义关注到元语用话语体现的加强交际参与者之间相互理解的功能。

本书把元语用话语定义为明示说话人对语言使用的反射意识，以及为了达到特定的交际目标和/或需求而监控或干预正在进行的交际互动的语言表达。在结构上，元语用话语以句子、从句、固定和半固定的结构以及程式化语言的形式出现。在语义上，它们并不直接与所讨论的问题或主题相关，而体现说话人对他们所参与的互动进行讨论和评判的能力，正如 Caffi（2007：86）指出："说话人既是交际的参与者，也是自己的交际行为和互动交际行为的观察者。"元语用话语传递的是元语用信息。

在 BELF 交际中，元语用话语的使用体现来自不同母语文化的交际者的交际能力，即体现说话人对自己和/或他人的话语内容、交际行为和过程以及交际中的人际情绪和关系等进行管理、干预和调节的意识，如例1-2。

  例1-2（选自VOICE语料库会议PBmtg3。S4是母语为德语的奥地利人，S1和S2是母语为韩语的韩国人，他们正在谈论公司的例会时间。）

  S4: <L1ger> ja? {yeah} </L1ger> (1) but you you: were not at <spel> i s m </spel> (1)

  S2: <soft> no </soft>

  S1: not e:r **i already told** [S5]

  S4: yeah (.)

  S1: <soft> **in my pr-** </soft> (.) **in my pres- previous email** (.) er our company policy. (1) e:r we made decision that we (will) (.) participate (.) er <spel> i s m </spel>(.) o- <5> every other </5> year.

  例1-2中黑体部分"i already told""in my pr- </soft> (.) in my pres- previous email"是元语用话语，它们指向紧随其后的信息，引导听话人去理解随后所说的内容（公司的政策）。该表达可以寻找和激活共享的经历和前期的相关讨论内容，即以前的电子邮件往来，从而建构信息和知识的共知基础，促进对公司政策的互知和互解。

  对语言使用的元语用研究不仅可以揭示说话人对交际中所言和所为的监控和管理意识，而且还可以揭示说话人的做事方式及缘由。元语用意识标识语的使用可以让说话人将自己和他人的言语框定为"正确或错误、准确或模糊、合作或不合作、直接或误导等，以创造或维持即时情境语境所需要的社会关系"（Hübler & Bublitz, 2007: 3）。前期相关研究探究了元语用意识的不同功能，如话语管理、操控、监控、干预以及问题解决等（见Caffi, 2007; Hübler & Bublitz, 2007; Kytölä & Westinen, 2015; Penz, 2007; Silverstein, 1993; Verschueren, 1999/2000）。此外，元语用意识和研究在二语语用学领域已经得到了较为广泛的关注（如 Mwinyelle, 2005; Pearson, 2001; Rose et al., 2001），礼貌/不礼貌研究（如 Culpeper, 2011a, 2011b; Fukushima & Haugh, 2014; Spencer-Oatey, 2011），以及文化与交互文化研究（如 Fukushima & Haugh, 2014; Karlander, 2017;

Spencer-Oatey，2011）和政治话语（如 Locher & Wortham，1994；Worthama & Locher，1999）。近年来，网络交流中的元语用意识和话语也得到关注（如 Bridges，2017；Kleinke & Bös，2015）。

1.3.3 英语通用语和商务英语通用语

不同的学者对英语作为通用语这个概念的内涵和外延有不同的限定。ELF 指"既没有共同的母语也没有共同的（民族）文化的交际者之间的一种接触语言"（Firth，1996：240）；"来自不同母语的交际者之间的接触语言"（Jenkins，2014：2）；"额外习得的一种语言系统"（摘自 VOICE 语料库）；不同的母语使用者"所选择的交际媒介"（Seidlhofer，2011：7）；"一种语言使用模式，使用的语言不是任何交际者的母语"（Kecskes，2007：10）；语言的功能（Mackenzie，2014）。目前，人们普遍认为应该从功能而非形式上界定 ELF，因为它不是英语的一种变体，而是"使用英语的、富于变化的方式"（Seidlhofer，2011：77）。此外，Seidlhofer 指出：

> "ELF 的使用是一个实施控制的过程，它是对一个人在交际中的贡献是否成功的持续监控，包括相应的适应性行为，也就是广义上的语言协商。因此，ELF 的使用包括持续的语言适应，是在特定环境中交际参与者之间共享的交流模式的逐渐增加的过程。"
> （2011：60）

这意味着，为了成功交际，ELF 使用者要适应其他参与者的能力水平和文化背景知识等，并在必要时进行意义协商和调节，以便增加共享的交流模式。本书遵循 Seidlhofer（2011：7）对 ELF 的定义，把 ELF 看作不同的第一语言使用者选择的交际媒介。ELF 交际中可能包括英语为母语者，当然，他们不应该成为交际的主体。

为了理解 ELF 交际的本质，Canagarajah（2007：935）认为最好是通过特定的话语实践活动了解 ELF 的使用，这是因为将 ELF 交际者聚集在一起的不是他们所共享的语言或社会文化背景，而是他们所追求的交际目标和所能获得的利益，这会使每个个体出入多个不同的交际共同体，从事不同的话语实践活动，以实现不同的交际目的。正因为此，ELF 在商务语境中的使用，即 BELF，迅速发展成一个独立的研究领域。

BELF 指母语不是英语的交际者在商务交际中选择英语作为中立和共享的交际代码进行交际（Louhiala-Salminen et al., 2005：403-404）。BELF 会议和会谈中，在共同的兴趣和目标驱动下，来自不同母语文化的参与者在一个有相对明确标准的交际框架内使用英语作为媒介进行交际，每个个体的角色受到商务机构的制约。

BELF 交际中，商务是其使用的目的和领域，其特征是目标导向、资源的有效利用和商业伙伴之间双赢的愿望（参见 Kankaanranta & Planken，2010：381）。"以目标为导向"是指 BELF 参与者通常更愿意通过各种方式进行合作以实现目标。交际的领域是国际商务，来自不同背景的参与者就商务相关的问题进行交流。由于共同的目标和共享的知识和专业背景，交际者之间会重视交际资源的有效利用，更重要的是，所有的参与者都会为了完成正在进行的交际任务而共同努力，做到双赢。

在以往的研究中，ELF 被定义为不以英语为第一语言的讲话者之间，作为"中立"和共享的交流代码使用的英语（Louhiala-Salminen et al., 2005：403-404）。正如 Canagarajah 声称，ELF 是"一种价值无涉或中立的英语形式"（2013：175）。然而，ELF，包括 BELF，绝不可能是一种文化贫乏和交际者身份中立的交流形式（Baker，2011），因为"所有的交流都涉及参与者、目的、语境和历史，这些要素中没有一个可能是'中立的'"（Baker，2015：3）。此外，ELF 的前期研究主要关注在不完全遵循英语母语的规范和形式的情况下，交际是如何成功的。不同的研究探究了 ELF 交际者的语用能力表现、跨文化和协作技能、适应和协商策略以及如何创造性和创新性地使用语言资源（Jenkins et al., 2011；Mackenzie，2014；Mauranen，2012；Seidlhofer，2011，2016）。针对 BELF 交际，研究发现，在很大程度上，BELF 交际的成功需要：①语言使用直接且清晰，而不是语法的准确性；②使用商务专用的词汇和商务体裁，而不仅仅是普通英语；③语言表达的选择要考虑建立融洽的商务关系，而不仅仅是信息内容的传递（Ehrenreich，2016：138；Kankaanranta & Planken，2010）。

1.3.4 SCA 中的共知基础

在交际中，为了相互理解，交际双方必须具有相关知识的共知基础（Clark，1996a）。共知基础是指"人们共享的所有信息的总和"（Clark，2009：116），其中包括世界观、共同的价值观、信仰和情景语境（Kecskes，2013：151）。共知基础和合作在社会-文化研究领域（如 Clark，1996a；Clark & Brennan，1991）和认知-哲学研究领域（如 Barr，2004；Barr & Keysar，2005；Giora，2003；Colston & Katz，2005；Kecskes & Mey，2008）均被视为成功交际的必要条件（Kecskes & Zhang，2009）。社会-文化的相关理论认为，共知基础的许多方面是先前经验的结果，而这倾向于忽视共知基础的动态涌现特性。同时，认知-哲学的相关研究重视共知基础的动态涌现性，却忽视了交际中不同因素的交互作用和先前经验的重要性。Kecskes 和 Mey（2008：4）认为，无论是社会-文化还是认知-哲学理论本身都不能完全令人信服，因为共知基础既包括先验的因素，也包括后天的因素。基于此，Kecskes（2008，2010，2013，2017，2019）、Kecskes 和 Zhang（2009，2013）将这两种不同的理论整合成一个辩证的研究视角，结合自我中心和合作两个方面，称之为社会-认知视角（SCA）。

在 SCA 中，共知基础"指人们所共享的包括世界观、价值观、信仰和情景语境因素在内的所有信息的总和"（Kecskes，2013：151），是"一种将共享知识的心理表征以记忆的形式呈现出来的努力，可以激活（activate）这些记忆，可以寻求（seek）这些共享知识，也可以在交流过程中创造（create）出人际关系和知识"（Kecskes & Zhang，2013：340）。

Kecskes（2013：160）区分了共知基础的两个方面：核心（core）共知基础和涌现（emergent）共知基础。前者是针对某一语言社区而言，相对静态的（历时变化的）、普遍的、共有的知识，属于特定言语社团的，基于先前的互动和经验而形成的共识知识和信念，包括常识、文化意义和形式意义（Kecskes & Zhang，2009）；后者是针对交际个体而言，在交际过程中建构的，由现实情景语境触发，相对动态的、特殊的知识，主要包括交际者之间共享的个人经历和交际者对当下情境的判断和看法。核心共知基础与涌现共知基础在交际中共同作用，且相互转化，具有动态性。

SCA 认为，交际者之间的共知基础是在整个交际过程中由交际双方事前和事后共同构建的动态构念。它产生于意图和注意的相互作用中；由意图的相关性驱动；并以注意的显著性得以实现（Kecskes，2013：166）。交际者之间共享的共知基础越多，他们传达和解释信息所需要的努力和时间就越少（Kecskes，2013：151）。此外，共知基础的建构重在质量而不是数量，因为共知基础建构的效率取决于其提高注意的程度，并且需要根据实际的情景语境进行调整（Kecskes & Zhang，2013：389）。例如，在注意力缺乏或者交际者之间存在其他认知障碍或知识差的时候，听话人可能会忽略话语已经激活的共知基础，或者他们可能会错过交际中已经更新的信息。在这种情况下，就需要付出更多的努力，建构共知基础。

因此，为了让听话人理解所表达的信息和交际意图，说话人会选择特定的语言手段促进共知基础的建构。Mey（2008：267）指出，"语用行为基本上是'基于共知基础的语言使用'，涉及情景的其他参与者以及决定'基础'的物质和其他条件。"这意味着说话人的语言选择是基于他们对所有参与者共享的共知基础的理解。他进一步指出，共知基础涉及三个要素：共同行动、（语言和非语言的）交流，以及广义的人类活动（Mey，2008）。因此，为了成功地传达信息和意图，说话人依赖于参与者对共知基础的恰当理解，而共知基础可以通过语言和非语言手段在共同活动中得以建构。

1.3.5　SCA 中的凸显意义

凸显是一个符号学概念，指的是符号的相对重要性和突出性，也就是在所有的可能性中最可能的那个就是凸显的。凸显在交际中起重要的作用。从交际过程看，与交际有关的前知识对意图和注意之间的互动影响很大（Kecskes & Zhang，2009），这些前知识驱动说话人交际意图的表达和听话人对注意的处理。与意图有关的、注意上凸显并可及的知识会促进交际的成功，因此，凸显是交际进行的引导机制。

交互文化语用学对凸显的研究强调三个方面，这些在前期研究中未曾受到重视：①语言凸显与感知凸显的相互作用；②凸显对话语产出和理解同等重要；③凸显受特定语言和文化制约。

1.4 本书的结构和主要内容

本书共分十章。第 1 章为导论。第 2 章为"语用学研究的社会-认知视角",先概述 SCA 的交际观、SCA 的三大核心概念,即语境、共知基础和凸显意义,然后在 SCA 框架下重新阐释语用能力问题,最后介绍交互文化性。

第 3 章为"BELF 交际的语言与策略特征"。英语的使用从传统的单语范式逐渐转向多语及多元文化相融与并存的复合范式,BELF 交际受到多元文化、商务活动的性质和任务、参与者的权力(power)、责任与义务以及交际者英语水平等多重语境因素的制约,该章通过梳理 ELF 的缘起及其研究现状,了解 BELF 的来源与发展,聚焦 BELF 的交际特征及其语境制约性,探究 BELF 交际中的语言使用与交际策略。

第 4 章为"BELF 交际中的交互文化语用能力",首先概述 BELF 的交际特征,然后梳理在交际语境从单语言、单文化发展到多语言、多文化的过程中,人们对语用能力认识的变化,并在此基础上,提出交互文化语用能力的概念,旨在对 BELF 交际中的语用能力重新概念化,最后,基于 VOICE 语料库中的实例,分析 BELF 交际中交互文化语用能力的表现。

第 5 章为"BELF 会议中的共知基础建构",考察了 BELF 会议互动中元语用话语在建构涌现共知基础中的作用,揭示了 BELF 交际的动态性、涌现性、协作性和容忍性等,加深读者对元语用意识在 BELF 会议语境中如何实现相互理解的机制的理解。

第 6 章为"BELF 会议中元语用表达的语用操控性",根据 SCA 探究 BELF 会议中元语用话语的语用操控功能,特别关注会议主席话语中元语用话语如何行使机构权力,完成会议议程。基于 VOICE 语料库中的三次 BELF 会议观察会议主席话语中主要元语用话语的使用,从信息指向、过程指向和人际关系指向三个维度考察元语用话语的语用操控性。本章的研究发现有助于促进商务英语作为通用语的交际活动的有效沟通,并能为英语教学和专业培训提供启示。

第 7 章为"BELF 投诉回应中共知基础的建构",探讨接线员对客户直接投诉回应的电话互动中使用的元语用话语在构建共知基础中的作用。语料来自 15 段电话录音，总时长大约两小时，选取其中的五个片段进行分析，发现接线员主要选择五类元语用话语建构共知基础。主要功能是明晰表达叙述和解释、确认与核对信息、协商合理的补偿、建立密切的人际关系，与机构规定保持一致。该章的研究增强我们对机构投诉处理过程中元语用意识的了解。

第 8 章为"BELF 投诉回应中的协商意识"。该章基于一家民航公司投诉中心的"英语投诉回应电话"录音，分析接线员在使用元语用话语时所体现的协商意识。从自我意识和他人意识两个维度，考察了元语用话语协商意识的具体表现，发现在机构权利与义务、英语水平以及多元语言文化等语境因素制约下，接线员主要通过自我指向的元语用话语，明示了对所涉信息内容和话语组织的协商意识，以及对所涉机构的权利与义务、交际行为与方式的协商意识。从元语用视角分析投诉回应等具体的商务交际实践，揭示了机构语境中交际者如何通过语言协商，解决商务纠纷，实现交际目的。

第 9 章为"BELF 投诉回应中的凸显调节"，从交互文化语用学的角度，依据 SCA 中的凸显意义理论，探讨 BELF 交际中，元语用话语在投诉回应中调节凸显性的作用。语料来自中国一家航空公司投诉中心的 42 个英文电话录音转写文稿，分析其中使用的元语用话语，发现交际者主要使用元语用话语调节相关信息或知识在具体情境中的涌现凸显性。研究发现，投诉者与接线员之间存在两种凸显调节模式：即趋同和趋异，这有助于进一步探讨商务语境中的交互文化语用问题并可以服务于接线员人员的专业培训。

第 10 章为"结语"，简要回顾了笔者从事元语用研究的缘起，总结了本书的主要内容和贡献以及未来的研究展望。

第 2 章

语用学研究的社会-认知视角

2.1 引　言

语用学是语言学的一个分支，聚焦社会语境中的语言使用。传统上语用学研究有两大路径，一个是基于交际个体意图的认知-哲学路径，另一个是基于社会语境的社会-文化互动路径。Kecskes（2013）认为人类交际具有双重性：既具有独立的个体认知，也具有社会性。一方面人类具有独立的个体认知，另一方面，个体认知又根植于特定的社会文化中，两者在交际中的作用同等重要。传统的格莱斯语用学把交际者假定为理性人，强调交际的合作性（cooperation），忽略个体认知在交际中的作用，因而不能全面揭示复杂的交际现象。Kecskes（2013）针对交互文化交际（intercultural communication），整合基于意图的合作理论和基于自我中心主义（egocentrism）的认知理论，提出语用学研究的社会-认知视角（SCA）。该视角认为，语用学研究应兼顾交际者作为认知个体的自我中心主义和作为理性社会人的合作性，因为语言使用不仅受到普适原则和规则的制约，还受到文化特有规则和原则的制约，同时还要关注现实交际情景中的涌现特征，观察和描述注意与意图、个人中心主义与合作之间的相互作用，以此探究来自不同文化背景的交际者如何依赖已存的语用常规与现实情景中的涌现因素的互动，进行意义的表达与理解，完成交际任务。

SCA 有三大特征。其一，体现语用学研究的跨学科性。SCA 强调语用与认知的结合，而这也正是语用学研究的发展趋势。探讨交际与认知的关联理论（Sperber & Wilson，1986/1995）和语言顺应论（Verschueren，1999）都强调认知在语言交际中的作用。关联理论从认知心理学角度研究话语的理解，认为人类心智向高效率方向进化，注意力和认知资源倾向于自动处理那些具有关联的信息，话语理解过程涉及心理表征的推理和计算（何自然，2007：19）。语言顺应论提出，研究语言使用要结合物理、心理、社会等语境维度，具体考察四个方面：顺应的语境相关因素，顺应的结构对象，顺应的动态过程和顺应过程的意识凸显程度。然而这两个理论仍旧是探讨一般性交际问题，不能有效解释交互文化语用问题，当然也就无法有效解释 BELF 使用中的交际问题。

其二，体现交互文化视野，适合考察双语或多语环境下语境动态性、意义凸显和共知背景的寻求和建构等。传统的单一语言和文化视野下的语用和交际理论不能有效解释二语、双语以及多语的使用和理解（Kecskes, 2003）。SCA 主要关注双语或多语环境下的凸显意义、涌现背景、涌现意图等，试图从多语言、多文化的角度考察 SCA 的解释力，分析视域突出整体性，超越句子和话语层面，上升至语篇层面，强调交际过程中社会因素和个人认知互动的涌现性等。Kecskes（2008，2013，2017，2019）进一步提出交互文化性和交互文化的概念，描述前知识和涌现因素互动的现象和结果，深入观察交互文化和 ELF 交际的动态涌现特征。

其三，持有动态语境观。语用研究中存在两大对立的语境观，即外部主义（externalist）和内部主义（internalist）。前者源自语言哲学，强调语境的选择性，认为词语的意义由语境决定；后者强调语境的构成性，认为词语自带语境信息。SCA 认为这两种语境观都具有片面性。人类交际具有动态性，交际中意义的表达和理解既有规则性可寻又充满可变性，因此语境既是构成性的，也是选择性的。SCA 综合外部主义和内部主义语境观，辩证地看待语境的构成性和选择性，并将语境信息细分为前经验与现实情景经验、注意与意图、核心意图与涌现意图，认为它们可以在交际进行中动态转化，共同作用于交际过程。

本章先概述SCA的交际观、SCA的三大核心概念，即语境、共知基础和凸显，然后在 SCA 框架下重新阐释语用能力问题，最后介绍 SCA 中交互文化性的概念。

2.2 SCA 的交际观

SCA 认为交际是尝试-错误-再尝试（trial-and-error, try-again）的动态过程（Kecskes & Zhang，2009）。传统的格莱斯语用学把交际视为受意图驱使，交际者之间相互识别意图并合作完成交际任务的过程（Clark，1996b）。认知研究发现（Barr & Keysar，2005；Giora，2003；Keysar & Bly，1999），现实中的交际进行并不总是像双方所期待的那样合作，而是表现出以自我为中心的特点。因此，Kecskes（2008，2013）指出要采用 SCA 分析交际中的语言使用，SCA 尤其适合分析交互文化交际中的语用现象。

SCA 的提出基于两大理念。第一，说话人和听话人在交际中是平等的参与者，他们既产出又理解话语，该过程依靠储存在交际者私有语境（privatalized）中最易提取的、凸显的知识。虽然在交际进行的不同阶段，参与者的角色在说话人和听话人之间转换，交际的目标和功能也因此而发生变化，但实际上他们是具有相同思维习惯、知识和技能的同一个交际个体。因此，只有从说话人和听话人两方面全面分析话语的产出和理解才能准确阐释言语交际。SCA 认为交际都是以自我为中心。对说话人而言，话语在交际中表达的命题意义是完整的，带有丰富的语用特征，反映自己的意图和偏好，体现认知意义上的自我中心。也即，交际中话语表达的命题对于说话人而言是具体明确的，只是对听话人而言可能不是具体明确的。

第二，交际是一个动态过程，交际者不仅受到社交条件的制约，同时也改变社交条件。因此，交际由两组不可分离的、相互作用和互动的特征构成，如表 2-1 所示：

表 2-1　交际中的个体特征和社交特征

个体特征	社交特征
前经验/知识	现实情景经验/知识
凸显	关联

续表

个体特征	社交特征
自我中心	合作
注意	意图

资料来源：Kecskes，2013：47

SCA 融合基于意图并以合作为取向的语用观和基于注意并以自我为中心的认知观，描述交际的涌现特征，旨在更全面地揭示交际的复杂性和动态性。在交际中个体认知特征与社会特征交互作用，合作和自我中心在交际的不同阶段有不同程度的呈现，交际是意图和注意互动的结果，受驱于私有化或个体化的社会文化背景。交际者通过形成与当前现实情景相关的意图以示合作，合作就是对他人的意图加以关注，同时交际者表现出自我中心，即现实情景语境激活交际者的前经验，让大脑认知中的最凸显的知识或信息参与当下话语的产出和理解，如图 2-1 所示：

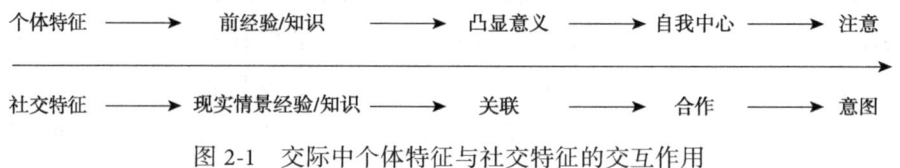

图 2-1　交际中个体特征与社交特征的交互作用

具体而言，SCA 明确意图和注意的辩证关系。意图是动态变化的，与注意一起构成交际的主要元素。意图不仅是私人的、个体的、预先谋划的，还是社会的、临时的和涌现的，它包括事先意图和涌现意图，两者为同一现象的两个方面，在交际的不同阶段，受到不同程度的注意。表达意图使用的语言形式和交际者的背景知识等因素共同制约和引导话语的理解。一般在交际初始，事先意图可能占主导，在交际进行中，涌现意图可能更突显，意图是交际进行的主要驱动力。此外，交际的互动过程影响话语的产生和意图的传达和改变，因此意图的涌现性表现为交际者的共同构建。

注意指交际者可利用的认知资源，这些资源使交际成为一种有意识的行为（Kecskes & Zhang，2009）。当交际中意图通过语言得以表达，交际者会在不同的阶段对此付出不同程度的注意。影响注意程度的因素主要有三个：①交际者的前经验；②与情景相关知识的出现频次、熟悉度或常规性；③交际者的认知状态和/或注意资源的可及性。这三个要素的互动导致在交际的任何阶段都会出现对于交际者最为突显的信息或知识，因此，他们会在特定交际情景和阶段，调用最为突显或最可及的，与当前情景相关的知识或信息，进行话语的产出和理解，这就是自我中心主义。说话人与听话人的认知资源不同，或者他们掌握知识的突显度不同，所以会根据自己的认知状态结合现实情景进行注意资源的调用与处理。

此外，个体化或私有化是 SCA 理论中关于语境因素的关键要素。私有化是某个语境因素主观化的过程，通过该过程，交际个体将语境因素融合进个体的前经验和当前经验中，对集体经验做出个体化的解读和内化。例 2-1 选于电影《天使的眼睛》（*Angel Eyes*），妈妈和儿子正在谈话，同时妈妈在检查儿子刚买回来的杂货，她知道儿子在那天早上与一个男士打了一架。

例 2-1

SON: I met someone today.

MOTHER: Good. Oh, you got the broccolini? Thank you.

SON: She is a woman.

MOTHER: You did not have to tackle her too, did you?

SON: She is a police officer.

MOTHER: Are you in trouble?

SON: I don't think so.

（选自 Kecskes，2013：48）

儿子的话语"I met someone today"设定了交际情景，构成了部分现实情景语境，儿子想谈论自己的经历，然而妈妈的注意力当时集中在查看儿子是否去杂货店买了她需要的食物。当儿子告诉她见的是一位女士，她开始对此感兴趣，但注意力仍没有全部放在该信息上，而是拿儿子以前的事调侃。但当听儿子说到这位女士是警察时，她开始全神贯注，想知道儿子是否遇到了麻烦。因为他们对"police officer"的个体私有语境信息存在差异。"police officer"一词通常与一个高度规约负面的语境相关联（即集体凸显）。但是，儿子因为与警察的积极正面的经历而使其集体凸显发生了改变，使之私有化，"police officer"一词失去了其负面含义。

由此可见，私有化是集体凸显个体化的过程。这一过程由现实情景语境激发，形成一个意义构建的动态过程。交际者的前经验或已有知识通过相对确定的文化模式或规约得以呈现,而这些文化规约与现实情景因素不断互动,相互影响,互相融合。因此,交际过程中意义构建是动态的,既依赖于相对确定的文化模式和规约又离不开情景涌现性特征。

2.3　SCA 的三大核心概念

2.3.1　语境

语境是语用学研究的要素,也是 SCA 的三大核心概念之一。前文提到,语用学研究中有两大语境观:外部主义和内部主义。外部主义语境观源自语言哲学,可以追溯至弗莱格和维特根斯坦等,认为语境可以选择词汇特征,决定话语意义,因此也被称为语境依赖观(context-dependency)。弗莱格认为词语只有在句子中才有意义(Frege, 1884)。维特根斯坦也持相似观点,认为语言表达只有在语境中才能获得意义,语境通过激活特定因素,修改和/或确定词语意义(Wittgenstein, 1921)。外部语境观的极端观点声称,其实并不存在任何语义系统,意义完全由其语境确定(如Barsalou, 1993, 1999; Evans, 2006)。与此相反的内部语境观认为,词汇创造语境(如 Gee, 1999; Violi, 2000)。Violi(2000)声称,经验来自与相似情景密切关联的重复性体验。词汇表达的意义能反映即时情景语境,例如,"万寿无疆""恭喜发财""百年好合""您贵姓""You are all set""Be my guest""Have a nice day"等语言结构自带标准化的使用情景,创建了专属语境,属于情景限定语(situation-bound utterances, SBUs)。Gumperz(1982)也指出,语言结构以某种方式携带其自身语境或投射一个语境。Kecskes(2013)提出标准语境(standard context)的概念,指交际者已经有多次重复经验的常规情景。在标准语境中,交际者会预料到将会发生或不会发生什么,并且依靠语境产出话语,理解和预测该语境下事情如何运作。词汇正是通过标准语境获得意义的。

SCA 认为语境非常复杂,涉及语言、认知、物理、社会等多维因素,外部和内部语境观都不全面,因为词汇和语境之间双向互动,词汇既可以创造语境，同时又使词汇意义具体化，语用研究要兼顾语境的选择作用和构成作用。因此，SCA 融合内部和外部语境观，区分前语境（prior context）和现实情景语境（actual situational context）。前语境又分为集体共有前语境和个体私有前语境。前者是一种标准语境；后者是交际者的私有化语境。交际者的前语境与现实情景语境共同作用产生话语意义。在不同的交际阶段，现实情景语境和前语境的作用会有不同，如例 2-2 和例 2-3：

例 2-2[①]

SAM: Coming for a drink?
ANDY: Sorry, I can't. My *doctor* won't let me.
SAM: *What's wrong with you?*

（选自 Kecskes，2013：134）

例 2-3

SAM: Coming for a drink?
ANDY: Sorry, I can't. *My mother-in-law* (*my wife*) won't let me.
SAM: *What's wrong with you?*

（选自 Kecskes，2013：134）

例 2-2 和例 2-3 中的情景限制语 "what's wrong with you?" 有不同的含义，这不是因为现实情景语境的作用，而是因为词汇 "doctor"、"mother-in-law" 和 "my wife" 所承载的集体共有前语境不同。如果使用 "doctor"，根据集体共有前语境（即遵医嘱不能饮酒），"what's wrong with you?" 的意思就是 "你身体哪里出问题了？"；如果是 "mother-in-law"，根据集体共有前语境（即岳母可能比较凶悍），"what's wrong with you?" 的意思就是 "你惹什么麻烦了？"；如果使用 "my wife"，"what's wrong with you?" 的意义将会依赖于现实情景语境，意思可能是 "你们夫妻关系出了什么问题？" 或 "你是妻管严吗？"。当然，在多数情况下，交际中的前语境和现实情景语境共同作用影响着话语的产出和理解。

---

① 例句中的斜体为原文所有，全书同此说明。

为了更清晰地分析语境这两方面的互动关系，Kecskes（2008）提出了意义动态模型（Dynamic Model of Meaning，DMM），如图2-2所示。

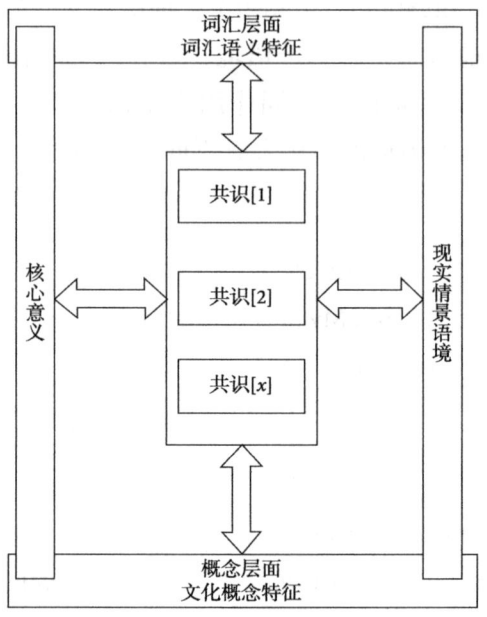

图2-2 意义动态模型（译自Kecskes，2013：142）

注：图中的英文原文如下："词汇层面"为Lexical Level；"词汇语义特征"为Word-Specific Semantic Properties（WSSPs）；"核心意义"为CORESENSE；"共识[1]"为Consense [1]；"共识[2]"为Consense [2]；"共识[x]"为Consense [x]；"概念层面"为Conceptual Level；"文化概念特征"为Culture-Specific Conceptual Properties（CSCPs）；"现实情景语境"为ACT. SITUATIONAL CONTEXT

DMM的提出基于两个主张：

（1）人类交际的动态行为蕴含了语言和现实情景语境的互动过程。

言语编码表达了交际者的前语境，同时应对了现实情景语境。词汇离开语境，意义就具有不确定性，但每一个词语本身也储存了语境，即使现实情景语境没有出现，以指代反复出现的经验作为参照，交际者仍然可以根据前经验创造出语境。例如，当听到"牛年大吉，恭喜发财"，即使缺乏现实情景语境，该句子本身就能够创造出一个相关语境，即牛年新春的祝福语，因为这些表达在汉语中编码了很强的集体凸显意义。

（2）交互文化交际需要一个特定的意义模型。

DMM不仅能够解释单一语言处理过程，还能解释二语或多语的意义构建和理解过程，这样才能更有效地分析意义构建的复杂性。来自不同文化的交际者对各自背景知识的组织方式不同，知识系统也各不相同，甚至同一文化的交际者处理语境和储存语境信息的过程都受到个体因素和集体共有因素的作用和影响。具体说来，前经验创造了个体语境（private context），个体语境多以词汇形式储存于大脑或记忆中，融合了与前经验相关的核心知识（core knowledge）和可能不被同一语言社区成员所共享的个体专有知识（individual-specific knowledge），因为个体专有知识是社会文化语境在交际个体中的私有表现。公共语境（public context）指个体语境中的共有部分，为特定语言社区成员所共享的经验或知识，因为它指代了相对类似的、被常规化的概念内容。例 2-4 中，"Pumpkin" 在美国文化中具有积极的概念特征，因为它代表秋天和万圣节，所以在美国孩子的爱称里常有这一词汇。

例 2-4

FATHER: Listen, Pumpkin, how about going for ice cream?
MARGIE: Cool, let's go.

（选自 Kecskes，2013：143）

语境的涌现性构成SCA的核心语境思想（周红辉和冉永平，2012）。在交互文化交际中，非母语交际者有关目标语词汇的前经验与母语者的前经验有很大差异，因为他们经历了有限的目标语的社会化过程，前经验和当前经验的相互作用共同构建话语意义，如例 2-5 所示：

例 2-5[①]（NNS 是韩国学生；NS 是美国学生）

NNS: So to me, uh, when I first came in here, hh when I eat some when I ate some bagels?

NNS: hh Ba(h)gels (though/so) ah, give me a *pressure* hh to eat because there is so many

NS: hh

NNS: cream cheese in there

NS: I know the cream cheese

NNS: Yes. Now I can eat but at that time? at that point I can't, I

---

① 所引文献原文话轮句末有的有标点，有的无标点。全书同此说明。

couldn't eat cuz it's **a little bit *burden***, it was a little *burden* to eat? And

NS: When you say *burden*, what do you mean?

NNS: *Pressure*, I mean

NS: Oh Okay

NNS: Yeah

NS: I

NNS: It's too much.

（选自 Kecskes，2013：147）

例 2-5 中，韩国学生和美国学生正在讨论在美国吃硬面包圈加奶酪的经历，她努力解释上面的奶油奶酪对她来说太腻了，然而她找不到合适的词语表达此意，起初选用了短语"give me a pressure"，这是韩语表达法"boo darm"的直译。她知道这种表达可能不是最佳方式，于是在下一句中进行自我修正，选用了"a little bit burden"。她还不是很确定此表达的恰当性，于是使用声调重复了一遍。她想继续解释，这时美国学生打断了她，质疑了这一说法。很明显，他们对于词汇"burden"的前经验不同，韩国学生认为这种说法最能表达她的意思，而美国学生对此感到不解。韩国学生随后又使用了"pressure"，这次美国学生终于理解了她的意思。

例 2-5 也说明在交互文化交际中，有时现实情景语境不一定能帮助阐明交际意义，因为交际者理解同一词语时会套用不同的概念内涵，这是由于他们对于词语的前经验不同。一般而言，非母语者对目标语中词汇的前经验是有限的，他们与母语者交际时缺乏共知基础，可能导致误解和不解。Kecskes（2013）指出，与前经验有关的共知基础属于核心共知基础，与现实情景语境相关的共知基础属于涌现共知基础。交际者可以利用语言和非语言手段激活、寻求和创造共知基础，但在交互文化交际中，寻求、特别是创造共知基础显得尤为重要，这是因为交际者之间缺乏可以激活的核心共知基础。

2.3.2 共知基础

共知基础指"人们所共享的包括世界观、价值观、信仰和情景语境在内的所有信息的总和"（Kecskes，2013：151）。语用学界对共知基础的观点有语用观和认知观两大派别。持语用观的相关研究（如 Clark & Brennan，1991；Clark，1996a）把共知基础视为一种预先存在的思维表征，重视交际中的合作，把交际看作由意图引导的实践活动，在此过程中，交际者相互识别意图与目的，共同努力，完成交际（Clark，1996b）。因此，作为预先存在的思维表征的共知基础就是交际成功的保证。持认知观的相关研究源自认知心理学、语言语用学和交互文化交际，该观点认为共知基础不再是预先存在的静态知识，而是后发事实（post factum），是在交际进行中涌现的，具有动态性。

SCA 综合语用观和认知观，辩证地看待共知基础，认为它既是交际的前提，是预先存在的，又是在交际中涌现和共建的，因此区别了"核心共知基础"和"涌现共知基础"。前者是针对某一语言社区而言，相对静态的（历时变化的）、普遍的、共有的知识；后者是针对交际个体而言，相对动态的（共时的）、由现实情景语境触发的、特殊专门的知识。

SCA 对核心共知和涌现共知又进一步细分。核心共知被细分为三类：常识、文化意义和形式意义（Kecskes & Zhang，2009）。常识是关于世界的一般知识；文化意义包括人类社会、某个国家或语言社区的文化常规、信念和价值；形式意义指语言系统的知识。涌现共知对现实情景语境更敏感，依情景的变化而变化。它的建构依赖两种意义：共享意义（shared sense）和当前意义（current sense）。共享意义是交际者之间（不是语言社区）共享的个人经历；当前意义是对当下情景的看法和判断。核心共知与涌现共知在交际中共同作用且相互转化。在交互文化交际中，交际者共享的核心共知非常有限，能激活的核心共知很少，更多是在建构交互文化的过程中寻求和创造共知基础。

Kecskes 指出，交互文化交际与其他类型的交际一样，既有成功又有失败，并不会因为交际者之间文化背景的差异而出现更多的曲折和误解。交际的成败并不与交际者之间的文化差异直接相关，交互文化交际中共知基础的建构也可能会非常顺畅。例 2-6 中三个女孩，分别来自中国（CH）、哥伦比亚（CB）和巴西（BR），她们正在讨论在美国开车的经历。

例 2-6

CH: Errh. I remember when I first came to this country, first thing

I did ... second day ... errh ... is to buy a car.

(All giggle.)

CH: I came here on Friday. I bought a car on Saturday. (Giggle a little.) Just look around, you know ...

CB: But ... how about your license, driving license?

CH: I have the international ...

CB: Oh. The international license will work here.

CH: Errh ... of course after a time, you can get a US license.

BR: It is really easy.

CH: It is not a big deal ... It is very easy.

CH: You want to say something.

BR: I just wanted to say I don't have a car. That's kind of ... not so nice taking the bus, all the time, going shopping by bus, so whatever, so ...

（选自 Kecskes，2013：166-167）

她们在对话中创造了共知基础，即对美国驾照和在美国驾驶的知识，交际进行得较为顺畅。相对于单一文化交际，交互文化交际的独特之处在于参与者来自不同的文化背景，她们对美国的社会文化不了解，因此需要建立有关驾照和驾驶的共知基础。她们对驾照的一般知识属于核心共知基础，对于在美国哪种驾照可以使用和如何使用，以及什么时候可以获得美国驾照属于临时建构的涌现共知基础。

交互文化交际中共知基础建构的另一种情况是"不确定"方式（"Not Sure" Approach），指交际者对交际期待存在不确定性。对本族语者和非本族语者来说，这种"不确定"方式的原因和表现是不同的。对非本族语者而言，"不确定"方式源于交际者之间有限的核心共知基础以及对各自语言能力的不了解，因此只能依赖现实情景语境明确意义的表达与理解，并在此过程中监控意义的产出、合作、预测问题、尽量多提供信息。这种对交际不确定的行为可能是基于以往的经验教训。对于与非本族语者交流的本族语者而言，他们对非本族语者的行为反应和态度可能是下意识的，是依照非本族语者的语言水平进行的自动回应。例2-7中韩国学生和中国学生的对话表明，本族语者和非本族语者对交际期待采用不同的方式和态度。

例 2-7

KOREAN: And then language problem. Sometimes I obviously look like a foleign... foreign person... foreigner here... so they assume I don't speak English so they sometimes... I don't know... they sometimes don't understand what I'm saying... even though I'm speaking English. It hurts me a lot... I don't know.

CHINESE: Could you follow them?

KOREAN: Of course.

CHINESE: But they find it hard to follow you?

KOREAN: Mhmm I don't know why. I think it's because of my... how I look like you know. I don't know, it hurts me a lot.

CHINESE: I don't think it matters very much because just for your physical appearance. Did you try slowing down your space?

KOREAN: *Yes eventually they understand I can speak English but still in their mind they have strong strategy... I mean... I'm sorry... stereotypes prejudice like... you look foreign.*

CHINESE: Foreigner.

KOREAN: And you probably don't speak English so they don't even bother themselves to speak to me.

（选自 Kecskes，2013：168）

例 2-7 表明，本族语者对交际中这种"不确定"行为通常与以前经历的具体事件和行为无关，可能是基于对非本族语者的一般性看法，这种看法不一定是负面的。这种对交际期待的"不确定"态度使交际中经常会使用支持性行为、重复、提供背景信息和"随它"（let-it-go）策略等。

2.3.3 凸显

凸显是个符号学概念，指的是符号的相对重要性和突出性，也即在所有的可能性中最可能的就是凸显的。凸显在 SCA 中是引导机制。从交际过程看，与交际有关的前知识或前经验对意图和注意之间的互动有很大影响（Kecskes & Zhang，2009），这些前知识或前经验驱动说话人交际意图的表达和听话人的注意。注意上凸显并可及的知识或经验会促进交际的成功。在交互文化交际中，同一词语在各自文化中可能有不同的凸显意义，并因此可能造成误解，如例 2-8。

例 2-8（韩国学生和美国学生对 patronize 一词的理解不同。）
KOREAN: Jill, do you want me to help you with your essay?
AMERICAN: Don't patronize me, please.
KOREAN: You say, you don't want support?
AMERICAN: Please just don't … Okay?
（选自 Kecskes，2013：57）

在这个对话中，由于文化背景知识的差异，交际双方对"patronize"有不同的解读。这是由不同的前经验（包括对该词的使用频率、熟悉度、动机等）造成的。在美国文化中，"patronize"的宾语如果是人，则具有消极的、负面的意义，而在韩国文化中，该词具有积极的意义。因此，"patronize"在交际者各自文化中凸显意义的不同，导致交际中误解的发生。

SCA 中的凸显理论区分语言凸显与感知凸显，并强调两者的相互作用。语言凸显指某个语言实体，即词汇意义，在记忆中的可及性及其如何影响语言的产出和理解。词汇或语言表达的凸显意义与使用频率、熟悉度、规约性和典型性相关（Giora，1997，2003）。感知凸显或物理凸显（physical salience）指某个实体的状态或某一属性从周边环境中突出出来，引人注目。这类凸显可以自动吸引注意力。

SCA 中的凸显理论体现跨学科视角，强调话语生成中的认知作用，意在回答"为什么我们能准确地用我们的说话方式说出我们想说的内容"这一问题。凸显决定说话人大脑记忆对某一实体或信息的可及性，具有心理语言的属性，它不同于 Giora（1997，2003）提出的"等级凸显假设"（Graded

Salience Hypothesis）。等级凸显假设只关注听话人的语言理解，而 SCA 中的凸显涉及语言产出与理解两个方面，并且凸显受特定的语言和文化的制约。例 2-9 说明凸显在意义产出和理解中的作用。

例 2-9
ALAN: Morning.
BERTA: What is so good about it?
ALAN: I did not say "good."

（选自 Kecskes，2013：184）

例 2-9 中，英语问候语 "morning" 的集体凸显义是 "早上好（good morning）"，即使使用它的缩略版 "morning"，仍然隐含着 "good morning" 的意思。涌现情景凸显指某个物体或语言单位在情景因素制约下，语言产出过程中的凸显，与生动性、说话人的动机、提及的临近性有关，发生共时变化。比如在超市，对收银员的问题 "How are you doing today?"，你只需回答 "Fine, thank you."，没必要提供具体信息说明自己今天过得如何。因为在现实情景语境中，该话语的寒暄功能显而易见。

基于以上三大概念，交互文化交际中的语言使用不仅受社会条件的制约，同时也改变社会条件。交际是由个体与社会不可分离的相互作用和互动特征构成的。交际者通过形成与当前现实情景相关的意图以示合作，合作就是对他人的意图加以关注，同时表现出自我中心，即激活大脑认知中的最凸显知识或信息产出和理解话语。注意是交际者可利用的认知资源，这些资源使交际成为一种有意识的行为（Kecskes & Zhang，2009），注意到交际者的意图可以促进交际的顺利进行。当意图通过语言得以表达，交际者会在不同的阶段对此付出不同程度的注意。影响注意程度的要素包括交际者的前经验，情景相关知识的出现频率、熟悉度或常规性以及交际者的认知状态和/或注意资源的可及性。这些要素在互动的不同阶段决定交际中某些信息或知识的凸显度。交互文化交际中交际者的涌现性意图尤为常见，交际者利用各种手段和策略调节某些信息的凸显度，引起他人的注意，表达自己的意图，建构涌现共知基础，实现交际目的或满足交际需求。

2.4 SCA 的语用能力观

语用能力指在特定情景下，根据不同的交际目的，恰当使用语言的能力（Chomsky，1978：224）。二语或外语使用者的语用能力的发展和表现与母语不同。母语语用能力是语言社会化的产物，即母语语用能力的发展与交际个体的社会化过程同步。但二语或外语使用者的社会化过程在习得母语的过程中已经完成，他们二语或外语语用能力的发展和表现受到其母语语用能力以及学习目的语的意愿、动机和能力的影响。在二语研究中，语用能力指"能够产出和理解适合二语社会文化环境的话语的能力"（Kecskes，2013：64）。Kecskes（2013）认为，二语和多语环境下的语用能力具有独特性，是语言习得和语言社会化两方面共同作用的结果，体现为在母语语用能力的支配和主导下，交际者依据新学习的语言使用环境做出的调整和适应。为描述二语语言社会化，Kecskes（2003）提出"概念社会化"（conceptual socialization）这一术语，以区别于母语社会化过程，指"满足新语言、新文化功能需求的概念体系上的转变"（Kecskes，2013：67）。在概念社会化过程中，母语占主导地位的概念基础逐渐被重建，为通过第二语言渠道获得的新知识和信息创造空间，并与之交融（Kecskes，2003；Ortactepe，2012）。

许多语言学家（如 Leech，1983；Thomas，1983）大都将语用能力描述为某种知识，或以某种知识为前提的能力，强调文化之间的差异性，而忽视个体间差异。SCA 关注多元文化语境下语言使用的适切性和多语使用者语用能力的发展。Kecskes（2013）认为语用能力主要表现为使用者根据现实情景语境及自己的偏好所做出的调整。应该指出的是，多语环境下的语用能力不能用目的语文化的标准来衡量和要求，而要依据话语在交际情景下的适切性来判断，所以语言研究不应只关注语言形式、语义组合及目的语文化下的语用标准，更要注重语言使用的真实性，重视多元化背景下语言使用的语用维度和语用特征（冉永平，2013）。

对于二语和多语使用者语用能力的发展和变化，Kecskes（2013）进一步指出，语用能力的发展构成了母语、二语和多语社会化的一部分，语用能力通过使用者在某一语言社区的社会化而得以发展,语言和社会文化知识是相互构建的,正如 Ochs(1996:407)所言,"语言的习得和社会文化知识的习得不是对立的,自从人类进入社会的那一刻起,这两方面就是关联的"。语言社会化理论强调活动的重要性,语言的社会化和语言发展同步进行,依赖于两个过程:①通过语言使用的社会化,即在会话序列中引导初学者如何具体使用语言;②使用语言的社会化,即使用语言编码和创造文化意义。这一语言社会化理论同 SCA 相吻合,因为两者都强调语言的使用对于培养社会文化行为恰当性的重要作用,也强调社会化过程对于发展语言技能准确性的重要作用。

交互文化语用学研究的社会化与母语语言社会化不同。二语或多语使用者的母语概念体系已经存在,那么在交互文化交际中,已有的母语概念体系如何在新出现的二语或多语影响下发生变化,新的策略、行为模式和社会文化知识如何与已有的模式发生融合和相互影响。SCA 认为,已经存在的基于母语的概念体系的变化主要是概念层面的变化,反映在语言代码的使用中。变化是一个过程,有高低起伏。此外,语言和文化两者之间存在双向影响。主观化决定学习者接受哪些新元素并将其融合到既有的体系中。在概念社会化过程中,交际者的母语主导的概念体系得到逐步的再构架,给交际者使用二语知识和信息留出空间,这会使交际者意识到另一种新的文化如何区别于自己的母语文化,在语用产出中能够考虑到这一差异,并培养一种能够反映两重文化的身份。

语用能力表现在选择适合语境的,符合交际期待的话语,包括适当的说话方式和思想组织方式。Kecskes(2007)认为交际者可以使用某一语言中属于某一语言社区的意义表达就等于掌握了某一语言说话的偏好方式(preferred ways of saying things)和组织思想的偏好方式(preferred ways of organizing thoughts)。说话的偏好方式最典型的是程式化语言(formulaic language)和修辞语言的使用。语言社会化还取决于了解在某一特定语言社区中哪些言语行为是适当的,以及了解如何在某一特定场合中表达符合交际期望的话语。所以,二语概念社会化需要直接融入目标语中。

Kecskes(2007;2013)专门研究程式性语言使用,特别是其中一种"情景限制语"(situation-bound utterance,SBU)。SBU 指受标准语境制约的、高度规约化的、预制的语用单位(Kecskes,1997,2000),这类语言结构的使用直接反映交际者的语用能力和语言社会化程度，因为其使用直接与特定的社会事件和情景相关联。从语用能力发展中概念社会化的发展和变化来看，SBU 的使用尤为重要，因为这些语言表达反映了某一言语社区的社会文化模式和行为期待。母语使用者掌握了大量的 SBU，而非母语者并非如此，所以在交互文化交际中，SBU 的使用可能会导致交际误解和中断。在例 2-10 中，SANDERS 打电话订比萨，接电话的比萨店的女店员（用 WOMAN 指代）英语流利，但从口音判断其可能是非英语母语者，正是她不恰当地使用 SBU "Is that it?" 造成交际暂停。

例 2-10
SANDERS: I'd like to order a medium pizza.
WOMAN: Is that pickup or delivery?
SANDERS: Pickup.
WOMAN: *Is that it*?
SANDERS: What?
WOMAN: *Is that it*?
SANDERS: Is that what?
WOMAN: (No response. Silence)
SANDERS: We want three toppings: pepperoni, mushroom, cheese
WOMAN: OK, you want pepperoni, mushroom and cheese
SANDERS: Right.
WOMAN: Okay, about 20 minutes.

（选自 Kecskes，2013：72-73）

女店员使用 SBU "Is that it?" 引起交际的暂时中断。在此对话中使用 "Is that it?" 通常表示结束现阶段的交际，转向新的内容或终止对话。然而对于 SANDERS 而言，此次订餐活动还未结束，因为他还没有告诉对方要定什么种类的比萨，经过短暂的中断和困惑，SANDERS 继续告诉店员想要的比萨种类。由此可见，交互文化交际中 SBU 的使用对于交际双方都很重要，因为它们蕴含了丰富的社会文化内容，体现交际者的语用能力。

2.5 交互文化性

在交互文化交际中,交际互动涉及至少两种不同的语言和文化的相互影响,Kecskes(2013:5)提出第三文化(a third culture)、交互文化性和交互文化等一系列概念来专门探究交互文化交际的特性。第三文化的提出是相对于不同母语交际者的母语文化而言的,以此描述在交互文化交际中,来自不同语言文化背景的交际者在互动过程中产生的涌现特征。Bhabha(1994)首次使用第三空间(a third space)的概念描述在交际中经协商,重构文化身份的可能性。交际中用于建构和重构身份的空间是动态的,第三空间是开放和扩大视野的机会(Hannula,2001),交际者的身份不是事先确定的固定身份,而是在第三空间中动态重塑的。交互文化性是包含相对固定成分和临时涌现成分的临时系统,在交际互动中的建构依赖于代表交际者各自言语社区的、相对固定的文化模式和常规。交互文化强调不同语言文化的融合与互动,具体指交际者在互动中基于已有的文化背景知识和临时涌现的情景因素共建的临时性知识。由此可见,交互文化不是某个言语社区语言文化知识的单向传播,不是不同的文化背景知识,如交际范式和规则等的简单组合与呈现,是交际者在完成任务过程中,相互协调、竞争、调整和再协调,涌现为各种动态表现和多元化融合的现象(Baker,2015:53),是在文化接触中建构的文化(Koole & ten Thije,1994:69)。为此,交互文化语境下的语用更多体现为自下而上的多元文化互融性(Kecskes,2013),这种融合性成为一种交际资源,为来自不同语言文化背景的英语使用者呈现或凸显自我文化提供了新的语境空间(冉永平和杨青,2016:289),例2-11是一位巴西女学生和一位波兰女士的对话,体现了多元文化相互融合中的交互文化性。

例 2-11

BRAZILIAN: And what do you do?

POLE: I work at the university as a cleaner.

BRAZILIAN: As a janitor?

POLE: No, not yet. Janitor is after the cleaner.

BRAZILIAN: You want to be janitor?
POLE: Of course.

（选自 Kecskes，2013：15）

两位交际者使用英语作为通用语进行交际，分别代表不同的文化（巴西文化和波兰文化）。在交际互动中她们把各自的前知识和经验带入其中，创造了交互文化。在交流中两位都没有找到合适的英语词语描述这位波兰女士的工作，当波兰女士说自己的工作是"cleaner"时，巴西学生纠正为"janitor"，此时波兰女士予以否定，因为她自己确定了一个工作等级，即 janitor 高于 cleaner，这种区别在英语中其实并不存在，是在此次交际中临时创造出来的涌现元素，即交互文化。

2.6 小　结

SCA 结合社会文化和个人认知两个维度考察来自不同语言文化的交际者之间的互动交际，拓展了语用学研究的视域，增添了新的议题。在交互文化交际中，交际者的个体认知与社会因素相互作用，共同表达意图和构建意义，因此要观察注意与意图、个人中心主义与合作、面子与权利之间的互动，描述交际过程中凸显如何引导共知基础的搜寻与建构，管理人际关系，完成交际任务。因此，语用学研究不再专注于传统的议题，如合作、礼貌、会话含义、言语行为等，分析对象也超越了言语行为和单个语句，上升至更宏观的话语或话语片段，关注焦点是在不同文化之间的互动和融合中，交际者如何完成交际任务和满足需求。

第 3 章

BELF 交际的语言与策略特征

3.1 引　言

　　日益深化的全球化趋势正在使英语由一门外语变成国际通用语，即 ELF。其社会角色的变化引发了不同于英语本族语者在单语语境下的使用范式，改变了英语使用的交际特征。英语的使用从传统的单语范式逐渐转向多语及多元文化相融与并存的复合范式，并成为当代英语使用语境的一种新常态（冉永平和杨青，2016：287）。BELF 交际指母语非英语的交际者在从事商务活动中，选择英语作为共享交际代码进行的交际活动（Louhiala-Salminen, et al., 2005：403-404），受到多元文化、交际任务、参与者的权力关系、相应的责任与义务以及交际者英语水平等多重语境因素的制约，本章通过梳理 ELF 的缘起及发展，了解 BELF 的研究现状，分析 BELF 的交际特征及语境制约性，最后聚焦 BELF 交际中的语言和交际策略的使用。

3.2　ELF 研究的缘起及发展

　　ELF 研究始于 20 世纪 80 年代，在诸多学者的努力下已经成为应用语言学界独立的研究领域（文秋芳，2014；Jenkins et al., 2011；Wen, 2012），建构了语言使用的新语境（冉永平和杨青，2015；2016），是当代应用语言学研究的重要课题（冉永平，2013）。ELF 交际最初被认为是"糟糕简单的英语"（Bad Simple English），后来专指母语非英语的交际者之间使用英语的交际活动，其发展历程可以概括为三个阶段。第一阶段从 20 世纪 80 年代开始到21世纪初期，研究重心是探索ELF使用中英语变体在语音、词汇、语法形式等方面的实体特征，试图发现ELF使用的语言"共核"。第二阶段从21世纪初期开始，研究重心从寻找和总结英语变体稳定的共核特征，转向描述ELF交际的动态性、变化性和不确定性特征。目前ELF的发展进入第三阶段，ELF的使用不再以英语母语者语言的准确性和适当性为标准，而更加关注ELF交际中英语使用的互动建构性和多语、多模态资源的并用（文秋芳，2014），观察和描述交际者如何为达到交际目的，整合利用各种语言和非语言资源，创造性地使用各种交际策略，确保交际的顺利进行和任务的完成。

有研究表明，ELF交际者在交际中较多使用明示解释意图的标记语、更积极地共建话语、创造涌现情景凸显等（House，2011；Jenkins et al.，2011；Kecskes，2013；Seidlhofer，2011，2016）。虽然还有学者（如Firth，1996；House，2000）坚持认为ELF交际专指非英语本族语者之间用英语交流，但越来越多的学者（如Jenkins，2000；Mauranen，2015；Seidlhofer，2011）并不排除英语母语者参与交际的情况，因为在商务和学术等交际场合，来自不同语言文化背景的英语使用者，包括英语本族语者参与的多方交流日渐频繁，为ELF研究提供了丰富语料，ELF研究的范围和视野也进一步扩大。

随着ELF研究的深入，学界对ELF的本质等问题已基本达成共识。ELF指不同母语文化背景的交际者之间使用英语的交流活动（Firth，1996；Jenkins，2011，2015；Seidlhofer，2011）。目前学界普遍认同ELF是一种语言实践活动、功能或交际模式（Mackenzie，2014；Kecskes，2007；冉永平，2013），应从功能而非形式上对其加以限定和研究（Seidlhofer，2011）。ELF研究也不再致力于识别各种英语变体的共核特征，而是探究其交际过程的功能性、多元互动性和多维关注性（Cogo & Dewey，2012），衡量ELF交际能力的主要指标有得体性和有效性（冉永平和杨青，2015），因为"ELF语境的多元性和动态性成了一种交际资源，为来自不同语言文化背景的英语使用者呈现或凸显自我文化提供了新的语境空间"（冉永平和杨青，2016：289）。

虽然ELF研究与跨文化和交互文化研究都关注来自不同语言文化背景的交际者之间的交流互动，但研究的侧重点不同（Kecskes，2013，2014；

Zhu，2015）。首先，ELF 研究聚焦不同语言文化的交际者之间如何进行意义的互动与磋商，实现交际目的和满足交际需求。另外，ELF 研究聚焦交际者在共享和共用不同语言和文化资源中体现的灵活性与创造性。因此，ELF 研究多从多学科视角探究具有不同母语背景的交际者达成意义共知与共识的过程与机制。总之，ELF 关注不同母语背景的交际者选择英语作为交流媒介，如何充分利用多语和多文化资源，相互支持，协同合作，成功交际，达到目的。

从研究的具体内容看，目前 ELF 研究主要涉及以下几方面。

第一，对涌现语法（emergent grammar）结构模式的总结。研究发现，ELF 交际中的语法倾向于简单化或出现错误，比如第三人称单数形式-s 的缺失、名词复数-s 的缺失、复合句式的减少等（Mackenzie，2014）。此外，ELF 交际中动词过去时态出现规约化的趋势以及多余介词的"创造性"使用，如 answer to、contact with、criticize about、discuss about、mention about、reject against、stress on、understand about、study about 等（Cogo & Dewey，2012：52；Seidlhofer，2011：145）。针对口语交际，Mauranen（2012：191-92）指出，ELF 交际中常出现话语话题的突显和强调的句法模式，例如，"These differences they are important." "This report we will do it later." 等。总体而言，这些涌现语法模式的使用是为了增加话语意义的明晰度，保障交际的顺利进行。

第二，ELF 交际中的词语使用与理解问题。Mackenzie（2014）发现，尽管 ELF 交际者拥有比英语母语者少的词汇量，但他们会使用大量的近似语或约略语、创造语、多语借用语、翻译借代语等进行交际，尤其对模糊限制语和词语变体等的使用拥有很高的容忍度，无论交际者是否是故意使用这些词语。另外，Mackenzie（2014）还发现，ELF 交际中出现了大量的词义收缩和扩充现象，这或许是由于交际者的创造性，或许是因为交际者对词汇的记忆不准确。

第三，在语言表达和构成方面，有研究专门探究 ELF 和交互文化交际中特定语言结构的使用，如程式性话语和"怪异结构"（odd structure）（Kecskes，2019；Kecskes & Kirner-Ludwig，2019）。英语中有大量的程式性话语（如 "Call me after work." "Can I take a message?" 等）、比喻用语（如 blue moon、red herring、see red、white lie 等）、固定用法（如 at the ready、by and large、let alone 等），以及丰富的成语（如 bad/rotten apple、 close/near to the bone、fill someone's shoes 等）。这些规约性表达和结构数量巨大，对 ELF 交际者构成挑战，容易造成记忆混淆、使用不准确的情况，可能出现类似 a friend of her、being taking care of、make a great job、put more attention to 等不符合英语使用规范的怪异结构。

近年来，Kecskes（2019）、Kecskes 和 Kirner-Ludwig（2019）从说话人意图和话语序列的互动角度，分析了 ELF 交际中语言使用的结构与内容特征，重点讨论了怪异结构。他们指出，如果语言结构满足以下两个条件或其中之一，就可称之为怪异结构：①在结构上违反了传统的常规结构序列（如形式不一致；指代不清；信息矛盾）；②打破了会话的话题与情景框架。对于大部分 ELF 交际者来说，这些不符合英语语法规则的怪异结构是正常的，并非交际失败的表现，而是交际者在当前语境中为了意义的表达而做出的最佳选择，说话人和听话人对怪异结构可能的回应策略总结见表 3-1。

表 3-1 听话人和说话人对怪异结构可能的回应策略

听话人：怪异结构出现的不确定标记语	
策略 1	不确定标记语：What? Excuse me? Pardon? I don't understand. What do you mean? 等
策略 2	其他人（试图）修正
策略 3	核实共知基础：Right? Correct? 等
策略 4	无修正
说话人：怪异结构出现引起的自我修正	
策略 1	（试图）结构性自我修正
策略 2	（试图）通过重复进行自我修正
策略 3	提及假定的共知基础：as you know; we know that …; obviously; I mean; in other words 等
策略 4	无修正

译自 Kecskes，2019：216

第四，ELF 使用中身份与口音的关系也是 ELF 研究的重要内容之一。Seidlhofer（2011：128）指出 ELF 交际者使用的英语或多或少有自己母语的口音特征，他们各自的口音只要不影响理解，不造成理解障碍，是完全可以接受的，甚至是表达身份的一种可取方式。Mackenzie（2014）指出，在全球化的后现代，ELF 交际者构建或构架出不同的自我身份，这种即时动态的自我构建过程包括组装（assembling）与拆散（disassembling）自我、采纳

（adopting）和脱卸（shedding）自我、学习和忘记自我。在 ELF 交际中，交际者至少拥有一种身份，即他们可以说两种不同的语言。Kirkpatrick（2007）提出了"身份-交际连续体"模式，认为下层的（basilectal）方言使用能构建交际个体的身份，而上层的（acrolectal）、正式的语言适于跟其他语言社区的交际者进行交际。然而，Mackenzie（2014）质疑这一模式，她认为印度英语和新加坡英语有自己的可以构建自己的身份的英语方言，但亚洲的英语使用者没有自己的基础层面的英语方言，他们或许只能依靠自己的母语构建自己的身份。她进一步指出，在全球化、多元化的今天，ELF 使用者，尤其是跨国公司的员工，把使用英语进行商务交际的行为作为自我的国际身份特征，或者说，他们把 ELF 使用作为自我身份不可分割的一部分。

总之，从参与者背景看，前期研究多关注欧洲人的 ELF 使用情况（Murata，2016），目前对亚洲人使用 ELF 情况的研究开始增多。从研究视角和对象看，前期研究多从语言学习、会话分析、语篇等视角研究 ELF 交际中策略的使用（如 Björkman，2014；Firth，1996；House，1996；Kecskes，2007，2014）、话语标记语和元话语功能（如 Kaur，2012）以及使用者的态度、信念及身份意识（如 Jenkins，2007）。从研究领域看，ELF 研究主要关涉外语教学（如 Jenkins，2000；Kirkpatrick，2011）；也有不少探究在具体媒体和机构等相应环境下对 ELF 的使用，其中有些已经发展成独立的研究方向，如商务情景下 ELF 的使用（如 Ehrenreich，2016；Mauranen，2012），即 BELF。

3.3 BELF 使用的交际特征

BELF 指不同母语文化背景的交际者在商务场合使用英语作为通用语的交流活动，即在商务活动中使用的 ELF 就为 BELF。在英语逐渐成为他者语言的过程中（冉永平和杨青，2015），作为 ELF 的一个分支，BELF 逐渐成为一个独立的研究领域。作为商务场合下的语言实践活动、功能或交流方式的 BELF（Alptekin，2010；Mackenzie，2014；Kecskes，2015；冉永平，2013），具有流动性、灵活性、相依性和混合性等特征（Dewey，2007）。

目前，BELF 研究在概括总结交际中相对频繁出现的语言特征的基础上（House，2000；Mackenzie，2014），致力于探究交际过程的功能性和多元互动性，即关注不同母语背景的交际者如何监控交际过程，协商意义，调节情绪，增加共知基础，最终实现成功交际（Kecskes，2015；Seidlhofer，2011；冉永平和刘平，2015）。

BELF 与 EFL 在研究范式上存在明显区别，主要表现为：成功交际的基础、说话人/作者的交际目的、对非本族语者的看法、交际失败的根源、文化标准、英语的归属权（Kankaanranta & Louhiala-Salminen，2013：29），见表 3-2。

表 3-2　BELF 与 EFL 研究范式比较

标准	EFL	BELF
成功交际的基础	与本族语者相似的语言技能	商务交际技能和策略
说话人/作者的交际目的	模仿本族语者的语言使用	完成任务和建立关系
对非本族语者的看法	学习者、麻烦制造者	独立的交际者
交际失败的根源	语言技能欠缺	商务交际技能欠缺
文化标准	本族语者国家文化	商业团体的文化和交际者各自的母语文化
英语的归属权	英语本族语者	英语不属于某个人，而是属于所有人

资料来源：译自 Kankaanranta & Louhiala-Salminen，2013：29

BELF 的交际特性主要表现在以下几个方面。

（1）合作共赢驱动下的协商与适应。BELF 交际中，协商合作而共同完成任务是交际的首要目标和共识（Kankaanranta & Planken，2010：381）。BELF 交际者的母语文化背景不同，交际者之间缺乏集体共知基础（Kecskes，2013），英语是共享的交际工具，交际者的英语水平也可能参差不齐，因此，BELF 交际往往需要更多时间表达同样的思想（Hincks，2010）。然而，在合作共赢目标驱动下，当遇到或预料到交流可能会受阻的情况时，交际者会通力合作，协商意义，相互适应，设法完成交际任务（Cogo & Dewey，2012；Mauranen，2012；Seidlhofer，2011）。

BELF 交际之所以能够进行，不是因为交际者共享英语语言、语篇知识或价值观（Canagarajah，2007：935），而是因为他们可以协商。Cogo 也持相似观点，认为 BELF 使用的交际常规既不是事先确定的，也不是语言规范之外强加上去的，而是"交际者利用共享的语言文化资源，为达到交际目的进行协商的结果"（Cogo，2010：296）。协商强调交际者的共同参与，对当下交际做出贡献，合力推进交际（Zhu，2015：69）。当然，协商中交际者的贡献和效果存在个体差异，合作意愿较强、乐于分担责任、有想法和创造性的交际者表现更出色且收获更大（Pitzl，2005，2010），见例3-1。

例3-1 （选自VOICE语料库的商务会议中的PBmtg463会议，S1和S2是塞尔维亚人，母语是俄语，是经销商代表，其中S2是公司领导，年长；S3和S4是奥地利人，母语是德语，是食品公司的销售代表。开头的数字如"544"代表话轮的序号，余同。）

544 S1: when is the LAST moment that you have to give the estimations. (1)

545 S4: <L1ger> muessen wir fragen demnaech- {we have to ask soon} </L1ger>

546 S1: could could it <9> could it </9>

547 S4: <9> **i think** </9> within (1) till end of november

548 S1: could it could it wait until the end of the year? (1) to see the results of the campaign and to see to SEE

549 S3: **yeah we just can: (.) be on the safe <7> side </7> and say okay we bring it down to two hundred fifty thousand <1> pieces </1>**

550 S1: <7> look </7>

（省略8个话轮）

559 S1: **maybe two hun- two hundred fifty thousand (.) would still be (.) too much (.) we don't know and then <6> what </6> happens (.)**

560 S3 <6> mhm </6>

561 S4: mhm

562 S1: if you <7> plan it and we </7> i mean

563 S3: <L1ger><whispering><7>xxxx</7></whispering></L1ger> {pen scratching on paper}

564 S4: <to S3><L1ger><1> vier hundert tausend {four hundred thousand}</1></L1ger></to S3>

565 S2: <1> [S3] suggested to </1> put one

566 S4: <to S3><L1ger><@> sind mir reingegangen </@> (1) wobei vier hundert <2> tausend fuer belgien: </2> {i got through whereby four hundred thousand for belgium} </L1ger></to S3> (.)

567 S2: <2> two <spel> o </spel> three </2>

568 S4: <to S3><L1ger> ist realistisch haette ich <3> gesagt ist </3> wirklich realistisch {that's realistic i would say that's actually realistic}</L1ger></to S3> (2)

569 S2: <3><soft> one and half </soft></3>

570 S1: **mhm to: to really to play it on the safe side i would (.) i would say (.) er (1) that we should wait a bit until the end of the year <4> if it's possible </4>**

571 S3: <4> yeah we'll </4> talk with <5> with [S5] </5>

交际双方在讨论下一年的销售计划，S1 询问最迟需要汇报销售计划的时间，S4 要求 11 月底之前确定销售计划。他用了元语用表达 "i think" 表明协商的意图。当 S1 表示希望推迟到年底时，S3 用了两个明示协商和说服意图的元语用表达 "we just can: (.) be on the safe <7> side" 和 "and say okay"（话轮 549 行）给出建议性销售计划，即 250 000 件。S1 质疑销售任务定得太高，"maybe two hun- two hundred fifty thousand (.) would still be (.) too much"（话轮 559）。这时，S3 和 S4 开始用他们的母语德语就销售计划私下讨论（话轮 563 至话轮 568）。之后，S1 坚持等到年底再报销售计划，他使用多个明示协商意图的语言表达，如 "to really to play it on the safe side" "i would say" "if it's possible"（话轮 570）。最后 S3 同意这个问题以后再讨论，双方就该问题达成协议。这个例子中的协商行为不仅发生在交际两方之间，也发生在群体内部，他们会利用各种语言资源，包括各自的母语，积极进行协商。

（2）BELF 交际的"实践社区"特征。全球化时代，任何事情似乎都没有确切的边界，语言使用具有"可塑性"（malleable）和"渗透性"（porous）（Hall & Carlson，2006：232），即不同的交际活动中的语言使用互相影响，相互渗透，越来越缺乏独特性和边界性。正如 Hall 和 Carlson（2006：232）指出，在全球化时代，我们需要新的概念和术语解释涌现的临时结构，这些结构的构成成分和边界在不同的社交活动中具有"可塑性"和"渗透性"。在这个背景下，一些学者（如 Hall & Carlson，2006；Pavlenko，2000）提议用"实践社区"（communities of practice）（Lave & Wenger，1991）的概念描述交互文化交际中的语言使用。Lave 和 Wegner（1991：98）把实践社区定义为"人、活动和世界之间关系的集合"，这个关系集合随着时间的推移而变化，并且包括与其他间接相关和重叠的实践社区的关系。Wenger 等（2002：4）将实践社区定义为"有相同的关注、共同分担一系列问题，或对某一话题有同样热情，以及通过不断的互动来加深在某一领域的知识和专长的一群人"。可见，实践社区中的参与者是为了共同的社会、家庭或职业目标而聚集在一起的由个体组成的社会团体成员，实践社区的形成需要一定的互动和接触时间。

BELF 交际具有实践社区的特征。首先，BELF 交际具有共同的商业目的。无论是商务会议、日常事务性沟通还是商务谈判，BELF 交际都具有很强的目标和任务导向性，即以完成特定的交际任务或建立和维持商务合作关系为共同的目标。其次，很多 BELF 交际都发生在有较长期、稳定的合作基础的商务伙伴之间，正如 VOICE 语料库中收录的商务会议等交际活动。即使在临时性的，刚刚形成的 BELF 交际群体中，也有证据（Gumperz，1968；Kecskes，2015）表明，交际者从交际初期就会着手创造自己的语言使用模式，即便知道某些表达方式不符合英语使用规范，仍会坚持使用，体现实践社区的语言使用特点。

另外，BELF 交际者虽然缺乏有关语言文化方面的核心共知基础，英语水平和技能也可能参差不齐，但他们共享商务方面的前经验，如商务运作和管理知识、专业知识和商务沟通技能等，这些集体共有的商务共识（collective business common ground）可以确保交际有效进行，如例 3-2。

例 3-2 （选自 VOICE 语料库中的 PBmtg463，S1、S2 和 S7 是塞尔维亚人，母语是俄语，是经销商代表，其中 S2 是经销公司的领导，年长；S3 是奥地利人，母语是德语，食品公司的销售代表。）

162 S1: and yeah the trucks do you: continue: with (the) trucks next year (.)

163 S3: the: trucks er you mean the dispenser

164 S1: yes =

165 S3: = the power trucks?

166 S1: the yeah the power trucks

167 S2: yeah that was there (1)

168 S7: the power trucks <6> (mhm) </6>

169 S3: <6> yeah </6> we continue. (.) <7> we just </7>

170 S2: <7> because </7> someone told me it will be stopped

S1 提到"trucks"，询问对方明年是否还用卡车运货。S3 增加了有关"trucks"使用的信息，补充了"dispenser"，意思是经销商使用的"trucks"，元语用表达"you mean"表明修正补充信息的意图，S1 对此确认。随即 S3 进一步补充信息，把"trucks"修正为"the power trucks"，但他也表示了不确定性，随后得到 S2 和 S7 的确认。S3 最后表示明年还会继续使用卡车送货。在交际过程中，双方使用的语言结构简单，有很多省略成分，但基于双方共享的商务运作的前知识，双方积极补充交际中所需的信息，交际顺利进行。

把 BELF 交际看作实践社区，语言使用就不再是脱离语境的，而是受具体语境的制约，交际者从宏观、中观和微观的不同维度，分析语言使用的特征、动机和机制，包括多元文化、交际任务的性质、机构权利和义务、个体差异（Kecskes，2014，2015；Ortactepe，2012）以及英语水平等（Cekaite，2007）。在宏观上，可以分析全球化背景下 BELF 交际的动态变化和文化交融性以及英语使用在社会文化环境下的可塑性和渗透性。在中观上，可以分析在不同类型的商务活动中，在特定商务环境制约下，BELF 语言使用的行业特征。在微观上，可以观察在具体的交际任务、参与者的关系史、机构权利和义务等语境因素制约下，BELF 交际活动中的语言使用，特别是出现的临时性和涌现性特征，包括 BELF 交际者的个体差异对实践社区中语言使用规范的形成和影响的作用。BELF 交际者都是独立的个体，每个个体都有各自的母语文化，各自代表的商务机构的企业文化可能也有差异，他们的机构角色、机构权利和义务以及个人能力和意愿的强弱都会影响语言的使用。

此外，与其他任何实践社区一样，BELF 交际也同样关注和谐关系的建立与维持，重视交际中的合作、礼貌、面子和身份等问题，有时对其他参与者甚至表现出更高程度的共情、理解、包容和支持（Kankaanranta & Louhiala-Salminen，2013），如例 3-3。

例 3-3（选自 VOICE 中的 PBmtg3 会议：S1 是韩国人，母语为韩语，是经销公司的销售经理；S4 和 S5 是奥地利人，母语为德语，其中 S4 是会议主席，也是食品公司销售经理，S5 是销售助理。）

1976 S1: in the FIRST place we don't like to cause any er <1> conflict </1>

1977 S5: <1> mhm </1>

1978 SX-2: mhm

1979 S4: YEAH <2> **i mean** </2>

1980 S1: <2> e:r </2> in terms of (1) er licensing e:r

1981 S4: right

1982 S1: ISSUES

1983 S4: **i mean** on the OTHER hand of COURSE it's (.)

1984 S1: **you have you spent (.) (you) INVESTED a LOT (.) to [org40]**

1985 S4: right

1986 S1: **and er er i (.) FULLY understand that (.) you DON'T want to (1) cause any TROUBLE with them.**

1987 S4: yeah bec- <3> er </3> we CANNOT because (.)

1988 S1: <3><soft> so </soft></3>

1989 S1: **i know** (.)

1990 S4: they <4> will </4> SUE us.

S4 是销售经理，也是会议主席。S4 指出要对方重视授权事宜，没有经营许可是犯法的。但他在给对方提要求时比较委婉、间接，顾及对方的接受性，两次使用元语用表达"i mean"（分别见话轮 1979 和 1983），策略性表达自己的意见。在此过程中，S1 表示完全理解授权事宜的重要性，并站在对方的角度计算成本和效益，自始至终表现出高度的合作态度和充分的理解。

当然，商务交际中也存在竞争（Angouri, 2012），特别是商务谈判和客户投诉处理等商务事件中，存在一定程度的利益冲突，交际中出现负面消息和情绪时，人际关系的管理与维护对成功交际也至关重要，如例 3-4。

例 3-4 （选自 VOICE 语料库中的 PBmtg3 会议：S1 和 S2 是韩国人，母语是韩语，是经销公司的销售经理；S4 和 S5 是奥地利人，母语是德语，其中 S4 是会议主席，也是食品公司的销售经理，S5 是销售助理。）

1151 S1: e:r (.) that was (also e:r) er convenience store is (1) is part of this result (.) because we pushed a LOT (.) and actually it it (.) the convenience store didn't (.) e:r sell off to the consumers then it really (1) come back to us as a a: return goods (.) and also there's some (.) e:r postpone- (1) postponement of er delivery from YOUR side so we had some (.) little little bit of out of stock situation e:r

1152 S4: for four months or what?

1153 S1: NOT four months but er (.) e:r

（正式会话停顿 00:00:15）{停顿期间，S1 和 S2 用韩语交谈，S4 和 S5 开始用德语交谈}

1154 S1: i think it was just one time er (.)

1155 S2: one <3> time </3>

1156 S1: <3> one </3> time d- (.) one time delay yeah

1157 S5: mhm

1158 S1: anyway (.) THAT (.) with a e:r (1) the (1) that was not major e:r er contributor for er thi- this poor performance

that er e:r (that's) what happened er last year (.)
1159 S4: mhm
1160 S1: in overall sense (.) <soft> okay </soft> (.)

例 3-4 中，S1 和 S2 在指出销售中存在的问题时，尽量照顾对方的面子和感受，旨在维持良好的合作关系。S1 在分析公司销售业绩不佳的原因时，提到对方延期发货是原因之一，强调"fromYOUR side"（话轮 1151），指责对方没及时发货。这在一定程度上有损对方的面子和双方的合作关系。当 S4 询问有关发货延期的细节时，双方都开始用各自的母语私聊，15 秒之后，S1 和 S2 开始缓和指责的口气。S1 使用元语用表达"i think"明示根据自己的记忆，这件事情发生过一次，以此来缓解给对方造成的消极影响，然后进一步解释延期也不是造成业绩不佳的主要原因。这个例子表明，在 BELF 交际中即使在合作中出现了问题，双方也会互相理解，从对方角度考虑，重视良好关系的维持。

（3）多元文化的互动融合性。BELF 交际者的语言文化背景不同，因此 BELF 的交际过程也会受到不同语言和社会文化的影响，属于交互文化交际。不同社会文化的价值观、信念、规范和准则等体现在交际行为中（Gumperz，1982；Gumperz & Roberts，1991），但在交互文化交际中，交际者之间的语言文化差异不是阻碍交际进行的因素，而是一种可用资源，交际者可以利用不同的规约、言语风格、叙事结构等建构自我和他人的身份（Blommaert，1998：4）。

语用研究的 SCA 辩证地看待文化，认为文化既是先验的，有规则的，也是动态变化的、涌现性的（Kecskes，2013）。在交互文化交际中，交际者依赖各自前经验中相对标准的文化模式和期待进行交际，在交际进行中，这些不同的文化模式和期待以协同的方式与现实情景因素互动融合，修正交际者彼此的前经验，产生新的交互文化，即创造第三文化（Kecskes，2013）。第三文化不是指将交际双方的文化叠加起来产生的另一种文化，而是指交际双方各自的文化模式和行为规范在实际情景语境的互动中发生了改变，修正原有的旧意义，赋予新意义。可见，交互文化是在交际中即时共建的，产生于动态的交际互动过程中，具有偶发性、情景性及涌现性（Kecskes，2013）。也即，我们要辩证地看待交互文化，它既是先验的，也是涌现的。

BELF 交际属于交互文化交际，母语交际属于文化内交际。Kecskes（2013）采用整体性系统的思想，将两种交际置于一个连续统下讨论。虽然它们分处这个连续统的两端，但在不同情景因素制约下，具体的交际活动在连续统上左右移动，见图 3-1。交际的主要制约因素包括交际英语使用水平、共享的核心共知基础、建构的涌现共知基础、商务专业背景知识以及语境敏感度等。

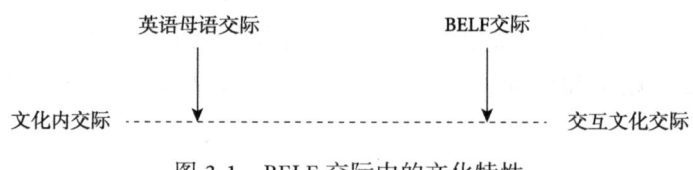

图 3-1　BELF 交际中的文化特性

在以英语为母语的交流中，交际者之间共享集体共知基础，交际的进行主要依靠共享的标准文化模式，按相互期待的方式进行，如例 3-5。

例 3-5（租车交流）
CLERK: What can I do for you, sir?
CUSTOMER: I have a reservation.
CLERK: May I see your driver's license?
CUSTOMER: Sure. Here you are.

（选自 Kecskes，2013：89）

例 3-5 展示了在英语国家租车的标准文化模式，交际者使用了与租车这个交际事件密切关联的一系列语言表达"What can I do for you?" "I have a reservation." "May I see your driver's license?"，这些都被称为情景限定语（situation-bound utterance）（Kecskes，2000，2003）。租车的标准文化模式和与该模式"绑定"的各种语言表达式，对于英语本族语者来说存在于前经验中，按预期使用即可，因此，英语本族语交际更多地依赖先验的有规律的文化知识。

英语水平是制约 BELF 交际进行的影响因素之一。对于文化内交际而言，因为是母语交际，英语水平一般不是问题，但对于 BELF 交际者来说，英语水平很可能制约交际的进行。当然，当遇到表达和理解的问题时，

BELF 交际者会主动选择适当的语言手段和交际策略等方式解决交际中的表达和理解问题（Canagarajah，2007；Jenkins et al.，2011；Mackenzie，2014；Mauranen，2012；Seidlhofer，2011，2016），有时甚至借助各自的母语文化资源，因此，BELF 交际中存在语码转换现象，语言使用具有杂糅性、混合性和临时性。

母语交际者更多地依赖先验知识和特定言语社区内共享的文化知识，也即集体共知基础，但在 BELF 交际过程中，交际者之间缺乏集体共知基础，他们带入交际中的个人先验知识属于不同的文化和语言，因此，不同的文化模式和交际预期在交际互动中相互融合和修正，产生第三文化，即交互文化。然而，BELF 交际者具有流动性和临时性的特点，所创造的交互文化很难成为任何特定文化或语言的一部分，交互文化只是即时的创造和临时的存在，主要作用是促进当下交际的顺利进行和任务的完成。当然，根据 BELF 交际活动的时间长度、频率和强度，交互文化存在的时间长短不一，但一旦所形成的实践社区解散，所创造的交互文化会随之消失，这就体现了 BELF 交际动态性和临时性特征。

3.4 BELF 交际的语言特征

3.4.1 意义透明化与结构简单化

BELF 交际中的语言使用倾向于意义更直接透明、结构更简单、指示更清晰。在词语层面，交际者倾向于不使用或较少使用意义不透明的、高度规约化的、承载社会文化意义的程式化语言（formulaic language）。程式化语言指固定的多词搭配，包括固定的语义结构（如 as a matter of fact、suffice it to say）、隐喻（如 hold your breath、head of the state）、短语动词（如 put up with、get along well）、习语（如 spill the beans、kick the bucket）和情景限定语（如 You are all set、I'll talk to you later）等（Howarth，1998；Kecskes，2000；Wray，2002）。这些固定的多词搭配表达整体意义，不是分析意义，即这些搭配的意义不是每个词或词语各自意义的叠加。这类表达在英语中占很大的比例，体现语言使用的流畅度和地道性，是英语母语交际的"心脏和灵魂"（the heart and soul）（Kecskes，2013：104），属于英语母语交际者"优选的说话方式"（Wray，2002）。

BELF 交际者具有不同的社会文化背景，缺乏语言使用的核心共知基础。另外，交际个体的语言水平、意愿和其他交际参与者的语言流利度等因素都会制约和影响程式化语言使用的频次和效果，容易产生交际曲折现象，如例 3-6。

例 3-6（LEE 是韩国人，以下是 LEE 与前台接待的对话。）
LEE: Could you sign this document for me, please?
CLERK: *Come again...*?
LEE: Why should I come again? I am here now.

（选自 Kecskes，2013：110）

例 3-6 中，前台接待用升调讲出"Come again...?"的意思是"What did you say? Please repeat that!"，但韩国学生没有理解这个程式化表达式在英语中的意义，而是按字面意义进行信息处理，结果造成误解。"Come again...?"这个固定表达在英语本族语者和非本族语者语言使用中的心理凸显不同，本族语者使用整体法进行信息处理，而非本族语者使用分析法进行意义处理，造成交际中的误解。因此，BELF 交际者会选择意义更加透明的语言结构表达意义，不仅仅受限于自身的语言知识水平，也是因为担心给其他交际者的信息理解带来障碍，因而避免使用程式性话语，以减少对方的认知付出，取得更好的交际效果，体现了一定的群体包容性。

一项实证研究也证明（Kecskes，2007），ELF 交际者使用程式化语言的比例远远低于本族语者，交际者依靠语义上更透明的语言来确保其他参与者的理解。基于 VOICE 语料库的商务会议中 BELF 使用的观察发现，即使 BELF 交际者使用程式化语言，也倾向于将它们改得更加透明，如"draw the limits"（对比"draw the line"）、"preserve their face"（对比"save [sb.'s] face"）、"turn a blank eye"（对比"turn a blind eye"）、"keep in the head"（对比"bear/ keep [sb./sth.] in mind"）、"smooth the process"（对比"smooth the path/way"）。

此外，BELF 交际在句法结构上尽量避免使用复杂的词组、复合句式或话题标记语等，虽然英语本族语者更倾向于使用优选的组织思想方式，如从属连词、从句，以及话语标记语的使用等（Kecskes，2007），如例 3-7。

> 例 3-7（选自 VOICE 语料库中的 PBmtg463 会议，S1 和 S2 是塞尔维亚人，母语是俄语，都是经销商代表，其中 S2 是经销公司的领导，年长；S3 和 S4 是奥地利人，母语是德语，都是食品公司的销售代表。）
>
> 226 S1: yeah he will order he will (all that) he he was planning to order trucks for november (.) he will have the order today so i- it will inCLUde trucks
> 227 S3: m<11>hm </11>
> 228 S1: <11> also </11>
> 229 S4: mhm (.) great {parallel conversation between S1 and S7 in serbian starts}
> 230 S2: if he doesn't if he doesn't mark down to
> 231 S3: yeah i che- i wrote down and and i will check it (.)

S1 使用的几乎都是简单的句子结构，很少使用连词和语篇标记语，如"he will order""he was planning to order trucks for november""he will have the order today""it will inCLUde trucks"（话轮 226）。同样，S3 也用简单的并列句，如"i wrote down""i will check it"。

3.4.2 规约性与创造性

语言既是一个以记忆和使用为基础，整体性的、相对开放的系统，又是一个以语法规则为基础，分析性的、相对封闭的系统（Skehan，1998）。也即，语言同时具有程式性（formulaicity）和可分析性（analyticity）特征。Sinclair（1987，1991）指出，语言使用在交际中一般遵循"习语原则"（idiom principle）和"公开选择原则"（open-choice principle）。前者指交际者使用存储在长期记忆中的预制语块（也就是程式化语言）组织语句，完成交际任务；后者是利用语法规则，自由选择合适语词，从零开始搭建语句，完成交际任务。

不同的原则下加工语言所采用的策略和付出的认知努力不同。习语原则是利用默认的整体性加工策略，按照规约意义产出和理解语言；公开选择原则是利用分析性加工策略产出和理解语言结构。关联理论指出，交际者总希望付出较小的认知努力获得最大的认知效果（Sperber & Wilson，1986/1995），这是交际的"经济原则"（economy principle）（Sinclair，1991：110）。程式化语言的使用可以减少语言加工过程中的认知负担，因为这些结构是预制的，使用时可整体提取，心理凸显意义更可及。另外，语块（chunk）的结构越大，交际双方付出的认知努力越小（Wray，2002）。因此，对于母语交际者而言，预制语言的使用体现了"优选的说话方式"，虽然他们可以在习语原则和公开选择原则之间自由切换，但习语原则往往起主导作用。交际中程式化语言的使用也体现了母语使用的流畅性和地道程度。

在交际中，交际者一般优先遵循习语原则，尽可能选择规约化的程式化表达，其次才会利用公开选择原则，即时根据语法规则创造语言表达。基于大型语料库的研究，Altenberg（1998）宣称，我们的语言使用中有80%都属于程式化表达。无论这个比例是多少，可以确定的一点是交际者在通常情况下倾向于根据记忆使用语言，而不是优先创造语言（Kecskes，2019：47）。在例3-8中，交际者使用的所有的语言表达几乎都是规约化的，看不到任何语言的创造性。

例3-8（在商店里店员和顾客的对话。A：店员；B：顾客）
A: What can I do for you?
B: Thank you, I am just looking.
A: Are you looking for something particular?
B: No, not really.
A: If you need help, just let me know.

（选自Kecskes，2013：108）

在BELF交际中，习语原则和公开选择原则均有体现，但交际者更多依靠公开选择原则。Kecskes（2007）发现，在ELF交际中，规约化的语义固定表达式（如after a while、for the time being、for a long time）、动词词组（如take care of、put up with、try to）、口头惯用语（如you know、I mean）等的使用频率很高。但是，不同母语背景的ELF交际者对一些规约化的程式化语言的使用表现出一些语用偏好，其功能发挥的方式与结果与母语使用者可能不同。这是因为 ELF 交际者缺乏有关语言和文化的核心共知基础，存储在长期记忆中的预制语块不仅数量少，而且组织松散，无法像母语使用者那样快速准确地整体提取成语、惯用语等程式化语言。此外，即使他们尝试使用这些固定的语块，也可能由于记忆偏差，出现"怪异结构"。因此，相比较而言，BELF 交际中的语言使用更多地依靠公开选择原则即时创造语言。

Kecskes（2007）曾以程式化语言为例，从 ELF 角度，探究非英语本族语者之间使用英语交际时，体现的语用特征及认知凸显性。研究发现，英语本族语者对固定的语义搭配、动词词组和惯用语这三类程式化语言的使用比例较为平均，而非英语本族语者的程式化语言使用比例却很低（仅为 7.6%），且这三类程式化语言在交际中出现的比例也不均衡。这是因为来自不同文化背景的非英语本族语者之间缺少足够的共有知识，他们的语言选择往往不是依赖母语文化中的集体凸显意义。集体凸显意义体现交际主体之间的共有背景，是交际群体在认知上普遍拥有的凸显知识。

如果使用"即时产出语言"（ad hoc generated language），在遵循习语原则并使用规约化的"预制语言"（prefabricated language）和遵循公开选择原则的情况下把交际中两种不同的语言使用置于一个连续统的两端，那么英语母语交际更靠近预制语言一端，体现语言使用的规约性；BELF 交际更靠近即时产出语言的一端，体现语言的创造性。也就是说，母语交际中规约性的预制语块的使用频率更高，而 BELF 交际中更多地使用即时产出语言，如图 3-2 所示。

图 3-2　BELF 交际的创造性
资料来源：译自 Kecskes，2019：45

当然，具体的交际活动在连续统上所处的位置还受到一系列其他语境因素的制约，主要包括交际需求、意图、话题、实际情景语境以及交际参与者等（Kecskes，2019）。这些因素共同制约交际中这两种语言，即预制语言和即时产出语言的使用数量和形式。

对于创意产品的创造性，Sternberg 和 Lubart（1999：3）把适当（appropriateness）和实用（usefulness）作为创意产品的特质。他们把创造定义为产出既新颖（独创的、出乎意料的）又适当（有用的、适用的）的产品的能力。针对语言使用，创造性是一种赋予词汇字面意义以外的新的意义的能力（Bouillon & Busa, 2001: xiii）。Pitzl（2012）探究了 ELF 交际中的语言创造性（linguistic creativity），把语言创造性定义为："在进行的交际互动/语篇中创造的新的（即非编码的）语言形式和表达，或者用非规约的方式使用现有语言形式和表达"（Pitzl, 2012：38）。Pitzl 的定义既包括创造的结果也包括创造的过程，虽然她主要关注 ELF 交际中不属于英语母语使用者"优选的说话方式"的语言形式和表达。

对于 ELF 交际中的创造性，以往研究表明（Ehrenreich, 2009：140），为达到特定目的而使用英语的交际者，从本质上采取一种语用的态度对待语言创新和变异，也即，ELF 交际中的语言创新和变异是在特定意图驱动下进行的。Kecskes（2019）将这种创新称为"刻意创造"（deliberate creativity），指在交互文化交际中，交际者在公开选择原则驱动下，有意识创造出既不同于英语，也不同于交际者母语的临时性语言结构的过程（Kecskes, 2019：45）。

BELF 交际中的创造性依据两个标准判断：①对所在的语言实践社区而言是否是新的表达方式；②是否可以理解。语言表达方式是否为新，是相对于规范和规约而言的。如果创造性依赖于已存在的规范和规约，那就是一种再创造的行为（act of re-creation）（Pennycook, 2007），如果没有已存在的规范和规约做对照，也就无从判断创造性。此外，创造的语言形式或创造性的语言使用过程只有可以被理解才有意义（Cornbleet & Carter, 2001：64），任何无法理解的语言创造都毫无意义，也就不能算创造。当然，语言的可理解性也有程度的差异。Smith 和 Rafiqzad（1979）将语言的理解程度分为三个层次，从低到高依次是可读性（intelligibility），即使用的词语是能辨认的；可理解性（comprehensibility），即能明白词语所表达的意思；可解释性（interpretability），即能明白词语表达的言外之意。

在 BELF 交际中，对语言使用的创造性的判断更加复杂。在全球化背景下，英语分化出多种英语变体（variety），形成一个松散的"英语语言联合体"(English Language Complex)。Kachru(1992:356)建议摆脱"欧洲中心论"的束缚,因为本土化的英语使用不是有缺陷的英语,而是受当地语言和文化影响形成的变体,因此他把英语使用分为三个同心圈。内圈(inner circle)是本族语变体,即将英语作为母语的国家,如美国、英国、加拿大、澳大利亚等,代表传统的规范英语;外圈(outer circle)是制度化的非本族语变体,是英语作为第二语言或官方语言的国家,如印度、新加坡、菲律宾、尼日利亚等,缘于历史、政治、宗教等因素,英语在这些国家成了一种官方语言,成为法庭、议会等特定语境中的机构性语言;扩展圈(extending circle)是运用性变体,是将英语作为外语学习的国家,如中国、韩国、日本、尼泊尔、德国等,如图3-3所示。

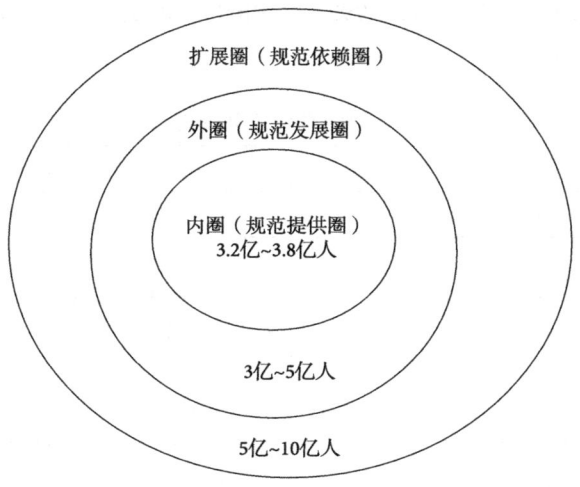

图3-3 译自Kachru(1992)的同心圈理论

注:图中的英文原文如下:"扩展圈(规范依赖圈)"为expanding circle(norm-depending circle);"外圈(规范发展圈)"为outer circle(norm-developing circle);"内圈(规范提供圈)"为inner circle(norm-providing circle)

同心圈理论的提出具有重大的意义,该理论变革了"标准英语—非标准英语""本族语者—非本族语者"的二元对立关系,将所有使用英语的国家纳入同一个体系当中,强调英语的中立特性(neutrality),它不属于任何一个国家或群体,英语为母语的国家不再代表英语使用的规范和标准,"外圈"和"扩展圈"国家使用的英语变体各有其特征和标准,不再被认为是英语使用中所犯的错误或出现的偏差,而是对英语使用的发展和创造。

Kachru（1992：356）把世界英语变体中的外圈看作是规范内的（endonormative），是规范发展的（norm-developing）；扩展圈是规范外的（exonormative），是规范依赖（norm-dependent）或规范遵循（norm-following）；处于内圈的本族语者则提供规范（norm-providing）。交际者在规范遵守和规范发展或规范提供中的作用很可能是不同的。此外，Boden（1999）区分了两种创造，即组合型的（combinational）和探索式-变革型的（exploratory-transformational）。前者指用不寻常的方式把两个普通的想法组合或联系起来，比如隐喻、类比和诗意想象；后者指某个领域中的某种思维方式的改变，如数学、生物或语言使用（Boden，1999：352）。

针对 ELF 交际中的语言使用，在前人研究的基础上（如 Chomsky，1972；Boden，1999；Kachru，1992），Pitzl（2012：36）区别了两种类型的创造性，见表 3-3。

表 3-3　两种类型的创造性对比

类型 1	类型 2
将个体化的规范带入交际中	将个体化的规范带入交际中
在规范之内 ● 规则生成的（rule-generated） （对比 Chomsky，1972） ● 组合型的（combinational） （对比 Boden，1999） ● 规范遵循的（norm-following） （对比 Kachru，1992） ● 规范外的（exonormative）	超越规范 ● 生成规则的（rule-generating） ● 探索式-变革型的 （exploratory-transformational） （对比 Boden，1999） ● 规范发展（norm-developing） （对比 Kachru，1992） ● 规范内的（endonormative）
带来共时的语言变异	可能带来历时的语言变化

译自：Pitzl，2012：36

表 3-3 中，类型 1 的创造是在规范体系范围之内，根据规则生成的、构成性的创造。这些创造源自规范并依靠规范，具有无穷种创造方式，可以创造出新的语言表达，带来共时的语言变异。类型 2 的创造是生成规则的，在某种程度上超越了现存的规范体系，属于探索式-变革型的，有可能促进语言改变，并最终改变规范系统本身，可能带来历时的语言变化。

用规范遵循和规范发展来描述语言的变异和改变的共时维度—历时维度，一方面可以描述 BELF 交际中语言形式的改变，另一方面强调交际过程中语言的互动共建。在 BELF 交际中，规范发展和规范遵循并不相互排斥，事实上，两者对创造过程都是必要的，因为新的语言规范要从现存的规范中涌现出来，同时也依赖于现存的规范。BELF 交际具有动态性和变化性，缺少稳定性的形式特征，规范发展属于一种情景性的或群体内的规范发展，某些非规约性的语言实践也许随着时间的推移终究会变成规约用法（Seidlhofer，2009a）。

BELF 交际中创造新的语言表达通常是为了临时填补词汇空白（lexical gaps）（Clark，1994：785），一个新的用法常常是让交际得以持续的一种生存机制（survival mechanism）（Carter，2004：98），也就是说，语言创造有时不一定是有意而为之的，很可能只是现场应急。有学者指出，词汇创造有转瞬即逝的特性，很多新出现的用法只是出现在某个特定的场合，为了某个特定的目的，然后就消失了，如下面这些来自 VOICE 语料库的例子，括号中是规范的英语用法：carved in stones（对比 carved in stone）、pieces by pieces（对比 piece by piece）、in the right track（对比 on the right track）、remember from the head（对比 off the top of your head）、a bigger share of this pie（对比 a slice/share of the cake）、the big crest of the wave（对比 the crest of a/the wave）、two different sides of the same coin（对比 two sides of the same coin）。当然，有些创造具有永久性，可能会保留下来成为语言规范的一部分（Clark，1994：785）。

3.5 BELF 会议中的交际策略

BELF 交际者在完成任务的过程中，语言的使用以内容和信息的有效传递为主，语言形式的准确性不再是衡量 BELF 使用的标准，衡量交际成功与否的关键是信息传递是否有效，任务是否完成（Firth，1996；Kecskes，2013），因此，交际过程中商务交际的技能和策略的选择和使用更重要。BELF 使用中，当遇到交际困难和挑战时，交际者选择特定的语言手段和策略，发出协商的信号，干预交际中潜在的误解或不解，包括核查理解、自我修正、互动修正（Mauranen，2006）、重复、询问、随他（letting it pass）

（Firth, 1996; Pitzl, 2010）等。Pitzl（2010）从互动视角，基于国际会议语料，利用意义协商模型分析 BELF 会议中交际者如何通力合作，协商解决沟通失误的问题，并注意到元语用评论语的干预功能。此外，Zhu（2015：83-84）总结了跨文化交际和 BELF 交际中协商的动机，主要包括保持渠道畅通、消除不同、提高效率、寻求批准、达成协议、抢占上风和团结一致等。另外，BELF 交际者尽管在英语国家文化的背景知识方面缺乏集体共知基础，但他们共享商务专业知识和术语的使用，交际中会出现高度专业化的商务词汇和特定领域的术语。此外，关于交互文化交际，Kecskes（2007）发现交际目的的实施优于双方的合作，也就是说，交互文化交际多受目的支配，说话人会尽可能选择所掌握的交际手段，如重复、重述、释义等策略，以构建双方的共有背景或互知信息。

BELF 交际中策略的使用是为了解决实际存在的问题或预防潜在的问题（Björkman, 2014; Mauranen, 2007）。前期相关研究主要关注 BELF 交际中的调解、身份建构以及促进理解和提高交际效率的策略等（如 Hynninen, 2011; Jamshidnejad, 2011; Knapp, 2011; Kaur, 2010, 2011, 2012），其中大多数对 BELF 交际中策略的研究关注某个具体策略。

Björkman（2014）对 ELF 在学术语境中使用的交际策略进行了比较全面的描写和分类，对其他情景下 ELF 的使用同样具有借鉴意义，见表 3-4。

表 3-4　Björkman（2014）对交际策略的分类

自我引发（Self-initiated）	他人引发（Other-initiated）
明晰策略（Explicitness strategies）	确认核查（Confirmation checks）
● 重复（Repetition）	● 释义（Paraphrasing）
● 简化（Simplification）	● 重复（Repetition）
● 表明重要性（Signaling importance）	● 显性提问题（Overt question）
● 释义（Paraphrasing）	澄清请求（Clarification requests）
理解核查（Comprehension check）	信息共建（Co-creation of the message）
词汇替换（Word replacement）	词语替换（Word replacement）

下面基于 VOICE 语料库中职业商务（Professional Business）部分的两次商务会议 PBmtg3 和 PBmtg414（会议背景信息见附录 2 和附录 6），总结 BELF 会议中使用的主要交际策略的类型和频次，旨在了解 BELF 会议互动中策略的使用。PBmtg3 会议中一方是母语为德语的奥地利人，另一方是母语

为韩语的韩国人,双方在会议上就食品在韩国的销售问题进行讨论。PBmtg414 会议中,一方是母语为荷兰语的荷兰人,另一方是母语为德语的奥地利人,双方协商产品促销和销售事宜。

BELF 会议中策略的分类标准是 Björkman(2014)的交际策略模型。通过语料观察发现,两次会议中共出现七种不同的交际策略:重复、解释、理解核查、修复、澄清请求、共建以及共情,在这些策略中,重复和修复既可以由自我引发也可以由他人引发,共建又可以进一步细分为组内共建和组间共建,见表 3-5。

表 3-5 BELF 会议中交际策略的使用

自我引发(Self-initiated)	他人引发(Other-initiated)
重复(Repetition)	重复(Repetition)
	澄清请求(Clarification request)
解释(Explanation)	共建(Co-creation)
	(1)组内共建(in-group co-creation)
理解核查(Comprehension check)	(2)组间共建(out-group co-creation)
	修复(Repair)
修复(Repair)	共情(Empathy)

下文将结合两次会议中的例子,在具体交际情景中分析 BELF 会议中交际策略的使用。

3.5.1 自我引发的交际策略

自我引发的交际策略是指说话者为了达到特定的交际目的,如增强话语的外显性,核查他人对话语的理解,或是替换他人可能不懂的语词等,主动选择的策略(Björkman,2014)。两次会议的语料中出现四种这类交际策略:重复、解释、理解核查和修复。

1. 自我引发的重复

重复是指重现交际中已经出现过的话语,目的可能是促进理解、建立连贯、表示确认或是表明话轮的转换(House,2003)。自我引发的重复是指说话人在他人没有明确需要的情况下,对所说话语以完全相同或略有改变的方式重新表述，如例 3-9。

例 3-9 （PBmtg3：S1 和 S2，韩国人，销售公司的物流经理；
S4 是奥地利人，食品公司的销售经理，会议主席。）

118 S1: (but) <7> we did </7> we did. e:r put put e:r i also (.)
119 S2: <7><soft> yes </soft></7>
120 S1: appreciate your time because (.) just kn- knew that (1) your office hours (.)
121 S4: o:h that
122 S1: <1> finish two </1> o'clock in the af- <2> erm afternoon </2>
123 S2: <1> @@ </1>
124 S4: <2> **in this** </2> **in this job there is no office hours**
125 S2: @ <3> @@@ </3> @
126 SX-m: <3> @@@ </3>
127 S4: **we don't have office hours**
128 S2: @@ <4> @ </4>
129 S1: <4> ba- </4> bad for you
130 S2: <soft> @@@ </soft>
131 S4: right
132 S2: <soft> @@ </soft>

双方谈论工作时间，S1 对对方在非办公时间，即下午两点后处理有关业务的安排表示感谢。S4 回复说"in this job there is no office hours"，然后又用略有不同的表述重复"we don't have office hours"。S4 使用自我引发的重复策略强调和突出"我们没有办公时间"这一重要信息，目的在于让对方感觉到 2 点以后谈论工作并没有打扰到自己，可以减轻对方的心理负担，创造出和谐一致的友好氛围。

2. 解释

解释是指用不同的语言形式，表述相同或相似的内容。BELF 交际者之间缺乏核心共知基础，当说话人预计其他参与者可能需要了解更多的背景知识时，会主动提供所需信息，如例 3-10。

> 例 3-10 （PBmtg3：S1 解释自己国内的经济政策。）
> 865 S1: that also: er (.) a bit (.) IMPACTED (.) also there's a erm erm individual (1) CREDIT CRISIS. **that means** (.) the government to: er (.) GOVERNMENT used to(.) e:r (2) be e:r (2) the er (.) **(you know)** government used to (.) er ALLOW (.) bigger spending (.) for er es- especially the young GENErations (1) to revive theECONOMY <5> but </5> actually that t- turned out to be a (.)
> 866 S4: <5> mhm </5>
> 867 S1: wrong decision because people (.) er spent too much money without proper planning. (1)
> 868 SX-m: <soft> okay </soft>

S1 在介绍自己国家的经济状况，当谈论到个人信贷危机的时候，使用元语用表达"that means"明示要进一步解释的意图，之后 S1 对政府的政策进行了详细解释。S1 预计对方可能不了解韩国的经济政策，为预防问题的出现，主动进行详细的解释，提高交际效率。

3. 理解核查

交际者用"理解核查"策略可以随时了解其他参与者是否跟上自己的说话进度（Jamshidnejad，2011），可能用非常简短的问句，如"Okey?"和"You know?"，也可能是较长的句子，如"I'd like to have your understanding."。如例 3-11 和例 3-12。

> 例 3-11 （PBmtg3：S1 介绍自己公司以及自己工作的情况。）
> 406 S1: but at the time i was (.) responsible LOGISTICS. (.)
> 407 S4: mhm (1)
> 408 S1: e:r a- and i took over this e:r (.) management (1) early two thousand (.) JANUARY two thousand TWO
> 409 S4: mhm
> 410 S1: **okay?** (.) e:rm (.) and the COMPANY started (1) consumer

good business (1) e:r er nineteen ninety-five. (.)
411 S4: mhm (.)
412 S1: e:r with (2) one or two e:r international brands such as er (1) er (.) [ORG3] writing instruments (.) **you <2> know** ()[org3] ?</2> (.)
413 S4: <2> mhm </2>

S1 在介绍自己的工作变化之后，用"okay?"核查对方是否一直跟上自己的说话节奏。之后 S1 略微停顿，以核查对方的反应。然后 S1 继续提供公司业务的相关背景信息，用"you <2> know ( )[org3]?"再次核查对方的理解情况。

例 3-12 （会议 PBmtg3：S1 在介绍自己公司的情况。）
841 S1: because we (.) REALLY e:r ran out of time but (1) my plan is to send you the er finalized one (.)
842 S4: <1> mhm </1>
843 S1: <1> er </1> right after we go back (.) via email (.)
844 S4: okay
845 S1: **okay? (2) i e:r (.) like to have your (.) understanding** (.) i'm at- page four (1) er this is e- our economy situation (.) from year two thousand two and also the forecast for this year. (.)

S1 介绍完他的计划后用"okay? (2) i e:r (.) like to have your (.) understanding"核查对方是否理解他的意思，这个话语指向后面的信息"I'm at- page four"。这类元语用表达的使用可以对交际进程进行监控，确保交际效果。

4. 自我引发的修复

自我引发的修复指说话人在没有受到任何来自他人提示的情况下，意识到自己所述的信息内容或方式等有误或不当，马上对先前话语进行修正。语料显示有些修复是有关语言使用的，而有些则与交际内容相关，如例 3-13。

例 3-13 （PBmtg3：S1 在谈论公司的发展史。）

414 S1: an:d we we we have some PET FOOD (.) from states (1) **those are (.) those were** the two e:r items we start with.<3> then </3> we added (.)

415 S4: <3> mhm </3>

416 S1: er as time goes by we added e:r some famous brands like (1) [ORG4] (.)

417 S4: <soft> mhm </soft> (.) which you still have. (.)

418 S1: which is er a- at the moment the BIGGEST (1)

419 S4: m<4>hm </4>

420 S1: <4> revenue </4> contributor. (.) <soft> okay </soft> (1)

421 S4: REALLY? (.)

422 S1: yes this yea:r (.) **i mean REVENUE not the (.) bottom line**

423 S4: okay @@ <5> @@@ </5><@> that's what i thought because oth- </@> (.)

424 S3: <5> @@@ </5>

S1 谈到最初公司销售宠物食品，说完"those are"之后，立即意识到时态用错了，在短暂的停顿之后修正为"those were"。由于这类语言修复在大多数情况下只涉及少数词语的替换，所以一些研究者称这类修复为词汇替换（如 Björkman，2014）。当谈到公司正在销售的著名品牌时，S1 说这些著名的品牌是公司最大的税收来源，对此，S4 表示怀疑，随后 S1 用"i mean"明示修正意图，将最大税收的说法修正为"REVENUE not the (.) bottom line"（话轮 422），即税收不是最少的。对此，S4 表示同意。这是有关内容方面的修复。

3.5.2 他人引发的交际策略

他人引发的交际策略指说话者在他人明示某些需要之后使用的交际策略（Björkman，2014），也包括说话者为强化对他人先前话语的理解而使用的交际策略。语料中出现以下五类：重复、澄清请求、共建（包括组内共建和组间共建）、他人引发的修复以及共情。

1. 他人引发的重复

重复他人话语是 ELF 交际中实现合作的一个重要策略（Mauranen，2012）。语料显示，他人引发的重复不仅包括说话人在他人表明需要后，重复自己所言，也包括说话人为寻求确认，表示赞同而对他人先前话语进行的重复，如例 3-14。

> 例 3-14 （PBmtg414：S2 母语是荷兰语，是销售员工；S3 母语是德语，是奥地利食品公司销售代表。）
>
> 992 S2: <6> but </6> NOW when by by taking over all the the stores from [org11] (.) they enter <7> each others re-</7> they mix <1> up</1>
>
> 993 S3: <7> they MIX up </7>
>
> 994 S3: <1> they </1> really mix up <2> mhm </2>
>
> 995 S2: <2> so now </2> they have the same (.) buying e:r buying <3> e:rm </3><smacks lips> er prices <4> er </4>
>
> 996 S3: <3> mHM </3>
>
> 997 S3: <4> m</4>hm =
>
> 998 S2: = so they know exACTly

S2 在介绍有关他们国家市场行情的一些信息，在说到"but </6> NOW when by by taking over all the the stores from [org11]"时，S3 似乎已经预料到 S2 即将要表达的意思，于是脱口而出"they MIX up"。接下来，在 S2 重复了这句话后，S3 紧接着又重复"they </1> really mix up <2> mhm </2>"。这样一来，S3 可以让自己更好地融入交际当中，形成团结合作的融洽氛围。

2. 澄清请求

澄清请求具有互动性，因为通过使用澄清请求策略，说话人请求对方就他不能理解的地方做出解释。例 3-15 中的澄清请求也包括了确认核查。

例 3-15 会议（PBmtg3：S1 介绍和分享分销渠道。）

745 S1: the LAST one is (our) DUTY-free team (.) where we also sell some product (1) to the duty-free shops DOWNtown (.) in flight (.) e:r (1)

746 S4: <soft> **a duty-<4>free </4> shop downtown?**</soft> (.)

747 S1: <4><soft> okay.</soft></4>

748 S1: DOWNt- e:r the <fast> there's a duty-free shop in DOWNTOWN like HONGKONG you know if you go to </fast> HONGKONG <5> there's a </5> duty-free shop at the DOWNtown. (.)

749 S4: <5> yeah.</5>

750 S4: mhm (.)

S1 正在介绍有关他们国家分销渠道的一些信息。当 S1 说到将商品销往市区的免税店时，S4 可能对此有一些困惑，因此他用问句的形式通过对"a duty-<4>free </4> shop downtown?（话轮 746）"进行重复从而表达了需要澄清的请求。S1 紧接着就对此做出了解释并举例子加以说明。之后 S4 似乎是完全理解了。BELF 会议中大多数的澄清请求使用的都是问句形式。

3. 共建

共建指交际者之间相互填补话语的空白，以此来共同产出一个完整的话语，形成完整的信息（Björkman，2014）。Kirkpatrick（2007）将这种策略定义为"lexical anticipation"。在 BELF 会议互动中，共建又可以进一步分为组内共建和组间共建。组内共建是指来自同一方的说话人相互之间填补话语空白，共同为交际对方提供完整的信息，如例 3-16。

例 3-16 （PBmtg3：S1 和 S2 共建信息。）

1115 S1: er (1) also i('d) like to make c- comment that er (1) [first name1] was (.) he visited korea (.) e::r (.)

1116 S2: **march**

1117 S5: <6> **march** </6>

1118 S1: <6> march </6> sometime in MARCH (1) er and we had a very e:r good discussion (1) e:r and e:r we agreed to (.) do some ACTIVE er activities (1) in convenience store (1) e:r but e:r i shall explain later but (.) that (.) we d- actually WE did (.) to: to try to LIST our i- er product (1) in in con- convenience store but actually (.) that wasn't e:r SUCCESSFUL (.) because we have LOT of (.) returns (1) er from convenience store. that means (.) the [thing1] (.) er in korea (.) in convenience store (.) was NOT successful as we planned

S1 正在谈论某种商品在韩国的销售情况。但是当 S1 回忆某人出访韩国的时间时，似乎记不清了，这可以通过"er"和之后短暂的停顿体现出来。这时，他的同事 S2 说出了具体的时间"march"，完整的信息传递在共建中得以完成。

组间共建是指来自不同方的交际者相互之间填补话语的空白，在双方共同的努力下共建一条完整的信息，如例 3-17。

例 3-17（PBmtg414：S2 是荷兰人，销售公司的员工；S3 是德国人，食品公司的销售。）

1138 S2: a:nd so the result were very good (1) AND e:r and (1) i had a discussion with a buyer (.) er the day before yesterday and er (.) and i told him okay e:r yeah we tested this? (.) er we tested this at at er ten stores and you said in the beginning okay when the r:esults are very good (.) **you we would e::r <5><un> x </un></5>**

1139 S3: <5> **ex**</5>pand

1140 S2: **expand <6> to do to: do the </6> distribution to t- <7> the one </7> hundred stores**

1141 S3: <6> **the distribution mhm** </6>

1142 S3: <7> **mhm** </7>

S2 正在谈论与他们一个买方之间的协议。但当 S2 在描述具体细节时，可能一时找不到合适的词语，这可以通过 "e::r" 和之后的停顿体现出来。来自另一方的 S3 在意识到这一点后，立即帮助他说出了正确的词语 "<5> ex </5> pand"（话轮 1139）。接下来，S2 重复了这个词，表明接受补充，并继续进行介绍。

4. 他人引发的修复

与自我引发的修复相反，他人引发的修复指的是说话人在收到他人提示后重新调整自己话语的行为。BELF 会议中这种策略使用的次数不多，如例 3-18。

例 3-18 （PBmtg3：S1 在介绍产品的推广活动。）

1692 S1: and e:r (1) the ACTIONS we took (1) e:r is the er (.) [org31] is a good example but we e:r (2) TRIED to do some ANNUAL program with [org31] (.) for ongoing display merchandising (2) and we e:r developed (1) (tool) (.) store fit er size rack. er which er (.) i e:r showed the

1693 S4: mhm

1694 S1: **pictures on page twenty-eight** (1) and also we called it wire rack (2) so that was a bi- e:r that was our er <spel> a </spel> **and** <spel> **p** </spel> er (1)

1695 S2: <soft> **seventeen** </soft>

1696 S1: **page seventeen?**

1697 S2: <soft> **mhm** </soft>

1698 S1: **oh yeah pa- sorry page seventeen**

S1 正在介绍产品推广活动。当 S1 提到一种新产品时，他说明该产品图片出现在宣传材料中的 28 页。他的同事 S2 小声提醒 S1 正确的页码应该是 17 页。在与 S2 确认后，S1 先道歉，然后提供了正确的页码。这是典型的他人引发的自我修复策略。

5. 共情

共情是 BELF 会议语料中新发现的一种策略，它指交际者对他人的观点表示强烈的赞同，或就某事件表达与他人相同的体会或相似的经历，如例 3-19。

例 3-19 （PBmtg3：参与者在谈论各自国家申奥的经历。）

342 S1: we'd also tried to get e:r (2) to nominee e:r to to be nominated as the er (1) HOST country for (1) e:r <7> winter </7> olympics? but we (.)

343 SX-m: <7><un> xx </un></7>

344 S1: lost to

345 S4: mhm

346 S1: vancouver (actually). (.)

347 S4: mhm (.)

348 S1: vancouver

349 S3: yeah (in:)

350 S1: CANADA

351 SX-3: <soft> in canada </soft> (1)

352 S1: one of our (1) PROvinc<1>(es) </1>

353 S3: <1> two </1> thousand and ten i think

354 S1: YES (.) yeah

355 S2: yeah

356 S4: mhm

357 S1: because it was a BIG e:r opportunity for them. (.)

358 S3: <fast> yeah because </fast>

359 S1: that's big PROVINCE (.)

360 S3: austria was competing also for (.) <2> having the </2><3> olympic games then </3> SALZBURG was

361 S1: <2> oh really </2>

362 S2: <3> e:r really </3>

363 S1: <4> mm:</4>

364 S2: <4> mm:</4> (.)

365 S4: so we also <5> lost </5>

366 S3: <5> next </5> player.
367 SX-1: mh<6>m:</6>
368 S2: <6> @ </6><7> @@ </7> @@@
369 S3: <6> **(it was)** </6><7> **(just the same)** </7>
370 S4: **we're in the same boat**
371 S2: <1> @@@ </1> @@@ (.)
372 S3: <1> @@@ </1>

S1 在谈论他的国家申办冬奥会未成功的经过。S3 和 S4 也提到了他们国家的一次相似的经历。而且，S3 和 S4 还使用一些话语反复强调双方共同的经历，例如"(it was) </6><7> (just the same) </7>"（话轮 369）和"we're in th same boat"（话轮 370），体现 S3 和 S4 通过分享类似经历，达到共情。

3.5.3 BELF 会议中策略使用的总结

在 VOICE 语料库中选取的两次商务会议中（PBmtg3 和 PBmtg414），主要类型的交际策略共使用 337 次，其中 PBmtg3 会议中使用 203 次，PBmtg414 会议中使用 134 次，按照自我引发和他人引发两大类交际策略进行统计，频次见表 3-6 和表 3-7。

表 3-6 自我引发的交际策略频次统计

自我引发的交际策略	PBmtg3	PBmtg414	总计
重复	10	6	16
解释	19	7	26
理解核查	8	2	10
修复	14	5	19
总计	51	20	71

表 3-7 他人引发的交际策略频次统计

他人引发的交际策略	PBmtg3	PBmtg414	总计
重复	27	25	52
澄清请求	62	40	102

续表

他人引发的交际策略		PBmtg3	PBmtg414	总计	
共建	（1）组内共建	22	13	35	95
	（2）组间共建	33	27	60	
修复		2	3	5	
共情		6	6	12	
总计		152	114	266	

　　表3-6和表3-7统计显示，这两大类策略在两次BELF会议中的分布十分相似，在所有的337个策略中，自我引发策略使用71次，他人引发策略出现266次。他人引发的策略远远高于自我引发的策略，其中澄清请求和共建的出现次数较多。这一结果与Björkman（2014）的研究发现一致，在BELF交际中，有效交际的达成不仅仅是因为交际者会采取积极主动的策略，还在于他们对他人引发的交际策略的使用。在BELF会议中，他人引发的策略使用频率高达约79%。由于BELF交际的特点，交际者经常会要求对方就某一问题进行确认或澄清，否则他们的利益可能会受到影响。此外，他人引发的修复策略的使用频次很低。这可能是因为在BELF交际中，交际者之间有较高的容忍度，如果话语基本可以被理解，一般没有必要去纠正或提醒，特别是与语言形式有关的错误。而且对说话人来说，被纠正或者提醒在一定程度上有损面子。关于自我引发的交际策略，解释策略的使用频次最高，理解核查策略的使用频次最低。在BELF交际中，交际者会主动使用这类策略来增强意义的理解，防止潜在误会的发生（Mauranen，2007）。

　　总体说来，在BELF交际中，影响交际策略选择的因素主要是关系定位和情景变量。首先，这两次商务会议中的说话者都希望增进关系，也即，他们都希望增进谈话双方之间的和谐关系（Spencer-Oatey，2007），至少是维持目前的合作关系。在这种情境下，交际者会尝试运用各种交际策略去解决现实或潜在存在的问题，以维持或促进交流和人际关系。另外，Spencer-Oatey（2007）讨论了四种情景变量：参与者关系、信息内容、权利与义务以及交际活动。其中参与者关系和交际活动在BELF交际中较为突出。权力和距离是参与者关系的两个重要组成部分。在PBmtg3会议中，交际者之间的权力关系虽然不对称，但他们相互熟悉，在PBmtg414会议中，交际者之间的权力关系较为对称而且双方也相互熟悉。

3.6 小　　结

　　本章关注 BELF 的交际特征以及 BELF 使用中语言与交际策略的特征。基于对 VOICE 语料库中商务会议互动语料的分析，可以发现 BELF 交际的语言使用具有明晰性、透明性和刻意创造性特征。在策略的使用上，BELF 交际者的机构角色和人际关系影响策略的选择和使用。

第 4 章

BELF 交际中的交互文化语用能力

4.1 引　　言

本章首先概述 BELF 的交际特征，然后梳理交际语境从单语言、单文化发展到多语言、多文化的过程中，人们对语用能力认识的变化，并在此基础上，提出交互文化语用能力的概念，旨在对 BELF 交际中的语用能力重新概念化。最后，基于 VOICE 语料库中的实例，分析 BELF 交际中交互文化语用能力的表现。

4.2　BELF 的交际特征

BELF 研究吸收了跨文化商务交际学和 ELF 研究已取得的成果，探究商务活动中 ELF 使用的特征与机制。BELF 研究质疑传统应用语言学和跨文化交际研究中认为文化差异和非母语使用者对交际有消极影响的偏见（Charles，2007），不再把文化差异看作是影响交际的阻碍因素，而是将交际的有效性、适当性与语言使用结合起来，强调意义的表达与理解产生于个体参与的交际中，在此过程中，来自不同母语和文化的交际者选择英语，甚至利用各自的语言文化知识，创造并分享知识，建构共知基础，达到交际目的（武继红，2017：104）。BELF 交际具有以下特征。

第一，BELF 交际中英语的使用具有中立性和共享性（Louhiala-Salminen et al.，2005：403-404）。BELF 交际没有固定的使用者，从所有权看，英语不属于交际参与者中的任何一方，所有参与者都是独立的英语使用者，不再是与母语使用者相对的所谓非母语使用者或外语/二语学习者，因此，交际者的地位应该是平等的，他们选择英语作为共同的交际媒介，共享英语语言资源。

第二，合作共赢，协力完成任务是 BELF 交际的首要目标和共识。BELF 交际中英语的使用具有很强的目的指向性（goal-oriented）。一般而言，BELF 交际者会协同合作，把高效完成任务作为交际的首要目标（Kankaanranta & Planken，2010：381），在此过程中信息传递是否有效，任务是否完成是衡量交际成功与否的关键（Firth，1996；Kecskes，2013）。由于交际者来自不同的母语文化，他们之间缺乏集体共知基础（Kecskes，2013），英语水平也很可能参差不齐，当遇到语言表达、文化或专业背景知识不解、误解等信息交流受阻的情况，会利用各种资源建构共知基础，甚至有意或无意地利用各自的母语表达思想，弥补英语表达能力的不足，设法成功进行交际（Cogo & Dewey，2012：116；Poncini，2002）。有研究表明，以英语为工作语言的国际会议总体上是"有意义的、井然有序的、和谐的"（Rogerson-Revell，2008：349）。当然，交际以完成任务和信息传递为取向并不意味着人际关系不重要，BELF 交际同样关注和谐人际关系的建立与维持（Spencer-Oatey，2000；2008b），交际者同样也表现出人际关照，如相互的理解、包容和支持等（Kankaanranta & Louhiala-Salminen，2013），甚至表现出更高的容忍度和相互理解性。

第三，BELF 交际注重英语的交际效能（communicative efficiency）以及各种资源的共享与利用，甚至创新性利用。在 BELF 交际中英语是实现商务沟通的工具，不再是一门需要学习和掌握的外语，交际者不需要，当然也不太可能完全遵守英语母语规范，即使对交际规范有所偏离或违背，也不会被视为语言能力不足或交际失败，因为 BELF 中英语使用的重点在于其功用性，而不是形式的准确性和语音语调的地道性。虽然有研究发现，在商务发言中，BELF 使用者要花比自己母语多 26.5% 的时间表达同样的思想（Hincks，2010），但在共同的目标和利益驱动下，交际者会利用各种可用资源设法完成任务（Jenkins et al.，2011；Mackenzie，2014；Mauranen，2012；Seidlhofer，2011），除传统的直接性、明晰性策略外，他们还创造性利用语言资源，努力传达信息，并随时根据交际对象的语言水平和专业背景知识调整语言使用，旨在建构和扩大共知基础。因此，BELF 研究不再致力于识别各种变体的共核特征，而是探究交际过程的功能性、多元互动性

（Kecskes，2013）以及创新性（Pitzl，2012），即关注不同母语背景的交际者之间如何相互协调适应，容忍多元化的文化差异及多元语用语言现象，实现成功交际（冉永平和杨青，2015）。

第四，BELF 交际具有高度的动态性、特异性、涌现性和包容性（Kankaanranta & Louhiala-Salminen，2013）。BELF 交际中不同交际活动的参与者一般具有很大的流动性，他们为完成特定的商务任务和目的建构临时言语共同体，可能将各自母语文化的影响带入其中，因此交际过程充满不确定性（Kankaanranta & Louhiala-Salminen，2013），交际过程中会涌现出既不完全等同于交际者自身母语文化，也不等同于英语文化的临时性知识，即交互文化（Kecskes，2013），这是多元文化之间互动的必然结果。交互文化的产生说明 BELF 交际的不确定性，文化的多元性和交际过程的动态性成为一种交际资源，为来自不同语言文化背景的英语使用者呈现或凸显自我文化提供了新的语境空间（冉永平和杨青，2016）。虽然某个言语共同体也可能会形成相对稳定的群体规范（group rituals），规范程度取决于 BELF 交际者共同参与的跨国商务活动、共同的行业知识和双方建立业务关系的时间长度（Kankaanranta & Planken，2010）等因素，一旦该共同体解散，形成的群体规范也随之消失。

第五，BELF 交际体现机构权力的不均衡性。与日常随意的 ELF 交际相比，BELF 具有机构交际的特征。在会议讨论、协商和谈判等商务活动中，会议主席或部门领导对日程与话题安排，意义澄清与内容总结，会议开始与结束等都有更多的权力（Handford，2010；Holmes & Meyerhoff，1999；Svennevig，2012a）。这种权力不均衡性除了由于机构角色不同外，还与对 BELF 的语域特征的掌握、商务背景知识的共享程度，以及在各自岗位工作时间有关（Louhiala-Salminen et al.，2005：391），包括显性知识（如专业背景知识和语言水平）和隐性知识（如人际关系的亲疏、语言表达和策略能力及文化背景差异）。

4.3 语用能力和交互文化语用能力

语用能力的概念源自 Chomsky（1957/1965）对语言能力（linguistic

competence）与语言行为（linguistic performance）的区分。前者指语言知识或内在语法，后者指具体语境中的语言使用。在谈及语言使用的意图问题时，Chomsky（1980：59）指出语言行为承载着使用语言知识达到某一目的的能力，也即语用能力，这是"了解语言如何与其使用的情景相关联的能力"（Chomsky，1980：225）。从应用语言学角度，Hymes（1972：281）提出更为宽泛的交际能力（communicative competence）与交际行为（communicative performance）的概念。前者指语法能力与社交语言能力，后者指语言的实际使用。Canale 和 Swain（1980）则认为交际能力包含语法能力、社交语言能力和策略能力。可见，语用能力属于社交语言能力范畴，具体指语言形式的正确性及所表达意义的恰当性（冉永平，2006：48），可细分为语用语言能力（pragmalinguistic competence）和社交语用能力（sociopragmatic competence）（Leech，1983；Thomas，1983）。前者指在特定语境中正确使用语言形式以实施某一交际功能的能力，后者指遵循语言使用的社会规则进行得体交际的能力。

在跨文化交际研究中，语用能力的探究多聚焦于来自不同文化背景的交际者在语用语言能力和社交语用能力方面表现的异同（Thomas，1983），尤其专注于文化冲突的现象，把偏离目标语的语言使用视作"错误"或"语用失误"（Thomas，1983；Boxer，2002），试图发现语用原则和准则在不同语言文化背景中的遵守和违反程度，从而了解其普遍性（House，2000；Kasper & Schmidt，1996；Spencer-Oatey，2000；Thomas，1983；Wierzbicka，1991，2003），旨在"提升对语言交际中语用语言现象和社交语用现象的解释"（何自然和冉永平，2009：92），避免跨文化交际失败的产生，推动其顺利进行（李丹云，2013；于国栋，2003）。

然而，越来越多的学者对此提出异议（Lantolf，2000；Lantolf & Thorne，2006），认为跨文化交际研究对语用能力的讨论存在"单语化偏见"（monolingual bias），而且将本族语者与非本族语者相对立的区分以及将本族语者使用的语言作为标准的思想也存在缺陷（Firth & Wagner，1997），存在民族中心主义的文化优越感。更为重要的是，跨文化交际研究对语用能力的探究以静态视角把语用能力看作是某种知识或以某种知识为前提的能力，并假定知识是静态的，与特定功能和语境相匹配。交际者一旦拥有某些知识，就理所当然能够进行得体交际。此外，跨文化交际研究中对文化差异的对比是建立在国家文化层面上的。这些思想和假设未考虑交际中意义建构的动态性和涌现性，也忽视了语用能力在亚文化群体和不同个体层面的差异性。

鉴于跨文化交际研究的主要议题，如文化差异、他者性和文化优越性等越来越受到批评和质疑，针对 ELF 背景下语言使用的交互文化语用学（Kecskes，2013）逐渐发展成为语用学的一个独立分支。其创始人 Kecskes（2013，2014）结合语言使用的社会和认知两个维度，探寻双语和多语环境下语用能力的发展和表现，聚焦社会文化环境和交际主体的个人意愿或偏好对语用能力产生的影响。此外，交互文化交际中语用能力的研究不仅重视语言手段和语用策略的选择（如 Björkman，2014；Cogo & Dewey，2012；Jenkins，2007，2011；Seidlhofer，2011），更重视交际者在特定语境制约下对交际内容和过程的调解及相互协同能力（Pennycook，2010；Baker，2011）以及和谐人际关系管理能力（Spencer-Oatey，2008b）。

在交互文化语用研究范式下，BELF 使用者语用能力的表现具有独特性。英语本族语者的语言范式和社交规约不再是衡量和评判语用能力的标准，即语用能力不再体现为一种自上而下的静态规约性能力，而体现为交际互动过程中自下而上涌现的、混合的复杂系统。冉永平和杨青（2015，2016）在 ELF 视角下探究语用能力的重构，讨论不同文化背景的交际者的语用语言能力和社交语用能力的有效性和得体性问题，他们把 ELF 背景下的语用能力看作交际者在语境互动中恰当地使用语言形式、语言策略或实施言语行为，表达交际意图等多方面交际能力，体现为特定语境下语言选择、信息建构、关系管理等多元语用能力。本书把这种多元语用能力称为交互文化语用能力，具体指在交互文化交际中，来自不同语言文化的交际者在选择英语作为媒介交际的过程中体现的包括语言和策略的选择、信息建构、关系互动、文化和背景知识的调节等语言使用能力。交互文化语用能力概念的提出是为了凸显选择的语言手段和策略与语境之间动态调节的适应性和创造性以及不同文化之间互动融合产生的交互文化性。

交互文化语用研究主要探寻二语和多语使用者语用能力的表现与发展，强调社会文化环境和交际者的个人意愿或偏好对双语或多语语用能力的影响。语言使用中的语用知识分为语用语言知识和社交语用知识（Leech，1983；Thomas，1983）。前者指语言形式的知识；后者指语境知识。这两者密切相关，交际者既要掌握语言形式，又要了解使用语言形式适合的语境。交互文化交际中的交际者作为具有"多元背景的复合体"（Mauranen，2007：244），其语用能力表现不同于单一语言文化语境，因为在交际互动、协同与协调中会产生交互文化，因此语用能力研究开始重视语言形式及语用策略的选择问题（Cogo & Dewey，2012；Jenkins，2007，2011；Seidlhofer，2011）、对交际的调解及相互协同能力（Baker，2011；Pennycook，2010）以及建立和谐人际关系的能力（Spencer-Oatey，2008a）。总的来说，交互文化语用学对语用能力的探究更加重视包括语言选择、信息构建、文化调解、关系互动等在内的多元语用能力。

交互文化交际中语用能力的表现不是交际参与者各自不同语用能力简单的共存共现，而是在交际进行中的互动与融合。语用能力会影响对会话明说意义（conversational explicature）的理解，如例4-1。

例4-1 （Chris在机场接朋友Peter。）
Chris: Are you hungry?
Peter: I had something to eat on the plane. I am OK.
Chris: All right. Let's go to Wendy's.

（Kecskes，2013: 53-54）

从关联理论的角度，对Peter的回答"I had something to eat on the plane. I am OK."的理解要基于理性分析，即他吃过飞机餐，现在还不饿。交互文化语用学认为要在具体交际情景下理解说话人的明说意义。也许Chris觉察到Peter是出于某种目的掩饰或客气，所以主动邀请他去餐厅吃午饭。从文化差异而言，如果Chris是意大利人，不管Peter怎样答复，他都会带他去餐厅吃饭。意大利人会把Peter回答解读为掩饰和虚伪，真实的明说意义是"我饿了"。如果Chris是英国人，他会从字面意义理解Peter的回答，不会干涉他的自由，因为他认为如果Peter饿了，他会直说。如果Chris是中国人，听到Peter的答复后，会再次确认Peter的真实意图是不是客气礼貌，反复验证后才能明白Peter是不是饿了，是否需要带他去餐厅吃饭。交互文化语用研究中的会话明说要根据个人意图和复杂的语境因素来推断，对交际者的语用能力有更高的要求。

4.4 BELF 交际中交互文化语用能力的表现

本节基于 VOICE 语料库中的 BELF 会议语料,分析 BELF 交际中交互文化语用能力的表现。

4.4.1 语言资源的创造性利用

BELF 交际中交互文化语用能力在语言资源的利用上以简洁、直截了当为主,并有一定程度的创造性或创新性。BELF 交际以完成任务为主要目的,由于 BELF 使用者英语水平差别较大,从词汇到句法结构以简单、直接为主要特征,较少使用母语者通常使用的惯用语、习语、谚语、情景限定语等程式化表达,即使有时使用这些固定或半固定的语言结构,也存在形式的准确性与用法的适当性问题。虽然这些固定或半固定的程式化表达受到本族语者的偏爱,恰当使用可以提高交际效率、流利度以及英语本族语相似度(nativelikeness)(Kecskes,2013),但因为它们大多承载特定的社会文化背景知识,语义具有不透明性和不可分析性,容易造成理解的困扰和记忆偏差,影响意义的表达和理解。有研究发现,实际上,BELF 交际者并不期待其他参与者具有熟练的英语母语能力,假定其他参与者拥有母语能力被认为是不切实际的(Charles,2007;Ehrenreich,2010),交际成功的关键不在于在多大程度上遵循本族语的语言语用及社交语用规约,而在于交际各方是否达成共知和互解,即使某些语言使用偏离了英语规范表达。

有研究发现,BELF 交际者在多元文化语境制约下,为完成任务临时即兴创造性使用语言资源表达意义,这种临场创造性或创新性是推进交流继续进行的一种"生存机制"(survival mechanism)(Carter,2004:98),不是蓄意而为之。Pitzl(2012)把 ELF 使用中的创新分为有意(intentional)创新和无意(unintentional)创新以及规范遵循(norm-following)和规范发展(norm-developing)(Pitzl,2012:30-32)。通过语料分析发现,BELF 交际中语言资源的创新利用多属于无意创新,在一定程度上是对规范的发展。

下面来自 VOICE 语料库英语通用语创意用法（括号中是规范的英语用法）：

- carved in stones（对比 carved in stone）
- pieces by pieces (对比 piece by piece)
- sit in the control of (对比 be in control)
- in the right track (对比 on the right track)
- on the long run (对比 in the long run)
- remember from the head (对比 off the top of your head)
- a bigger share of this pie (对比 a slice/share of the cake/pie)
- go er into much details (对比 go into detail[s])
- two different sides of the same coin (对比 two sides of the same coin)
- draw the limits (对比 draw the line)
- preserve their face (对比 save [sb's] face)
- turn a blank eye (对比 turn a blind eye)
- keep in the head (对比 bear/ keep [sb/sth] in mind)
- smooth the process (对比 smooth the path/way)

总体来说，BELF 使用者容易混淆名词单复数使用，如把 carved in stone 说成 carved in stones，把 piece by piece 说成 pieces by pieces。其次，定冠词的使用较灵活，如把 be in control 说成 sit in the control of。另外，对形式相近介词的使用较随意，如把 on the right track 说成 in the right track，把 in the long run 说成 on the long run。此外，BELF 使用者会在固定搭配的短语内添加形容词、副词或代词，如把 a slice/share of the cake/pie 说成 a bigger share of this pie，把 go into detail[s]说成 go er into much details 等。在中介语和二语习得研究中，这类偏离母语规范的用法往往被认为是错误的，不合语法规则的。在 BELF 使用中，虽然交际者使用这样的表达可能仅仅是为了临场填补词汇和语义表达的空白，但这类语言使用被认为是创造或创新，体现交际者的交互文化语用能力。BELF 使用中的创新一般是基于特定的表达式，相比英语规范的表达，语义变得更加透明和具有可分析性，如用 keep in the head 而不是用 bear keep [sb/sth] in mind。例 4-2 是交际互动中的例子。

例 4-2（以下例子出自 VOICE 语料库中的 PBmtg3 会议，详见附录 2。S1 和 S2 是韩国人，物流经理，S1 年长；S3 和 S4 是母语为德语的奥地利人，S3 是销售人员，S4 是销售经理。）

133 S1: we are we usually er even FRIday we: work until (.) six

134 S4: <L1ger> ja? {yes} </L1ger> (.)

135 S1: we assume that er (.) here in austria (.) people work as (.) WE do.<5><un> ××× </un></5>

136 S4: <5><L1ger> ja: {yes} </L1ger> not </5> REALLY we are a little lazy

137 S2: @ <6> @@@@ </6> @

138 S1: <6> @@@ </6>

139 S3: <6> @@@ </6>

140 S4: do you work on (.) on saturdays also? no

141 S1: no

142 S2: no no (.)

143 S1: not (2) ALL company e:r (1) **bi- bi- e:r takes off** (.)

144 S4: mhm (.)

145 S1: (fri-) er saturday but (1) company like US is a <un> × </un> (ing) company (.) we: er don't work sunday saturday. (.)

146 S4: mhm

147 S1: (but) most korean companies STILL many of them <7> are </7> (open) HALF day. (.)

　　双方在讨论各自公司的上班和周末休息时间。当韩国人用"bi- bi- e:r takes off"时，S4 对此似乎没有理解障碍，尽管这是临时创造的英语中不存在搭配。上下文语境中有关两国工作日和周末安排为理解该搭配提供背景知识和线索。BELF 中这类创新具有构成成分的可分析性和搭配的临时性，意义的表达和理解具有较强的语境依赖性。

4.4.2 高度的包容与理解

BELF 交际都有特定的任务需要完成。在 BELF 会议中，既定议程是否完成，信息是否有效传递，协商是否达成共识是衡量交际效果的标准，而不会计较参与者语言的使用是否符合英语本族语的规范和标准。通常情况下，BELF 交际者对彼此的语言使用表现出很大程度的包容与理解，无论是来自同一个公司的同事之间还是合作伙伴之间，如例 4-3。

例 4-3（选自会议 PBmtg3，参与者的信息见例 4-2 和附录 2。）

406 S1: but at the time **i was (.) responsible LOGISTICS.** (.)

407 S4: mhm (1)

408 S1: **e:r a- and i took over this e:r (.) management** (1) early two thousand (.) JANUARY two thousand TWO

409 S4: mhm

410 S1: okay? (.) e:rm (.) and **the COMPANY started (1) consumer good business (1)** e:r er nineteen ninety-five. (.)

411 S4: mhm (.)

412 S1: e:r with (2) one or two e:r international brands such as er (1) er (.) [ORG3] **writing instruments (.) you <2> know** ()[org3] ?</2> (.)

413 S4: <2> mhm </2>

414 S1: an:d we we we have some PET FOOD (.) from states (1) those are (.) **those were the two e:r items we start with. <3> then </3> we added** (.)

415 S4: <3> mhm </3>

416 S1: er as time goes by we added e:r some famous brands like (1) [ORG4] (.)

417 S4: <soft> mhm </soft> (.) which you still have. (.)

418 S1: which is er a- at the moment the BIGGEST (1)

419 S4: m<4>hm </4>

420 S1: <4> revenue </4> contributor. (.) <soft> okay </soft> (1)

421 S4: REALLY ? (.)

422 S1: **yes this yea:r (.) i mean REVENUE not the (.) bottom line**

423 S4: okay @@ <5> @@@ </5><@> that's what i thought because oth- </@> (.)

424 S3: <5> @@@ </5>

425 S1: <5> e::r </5>

426 S4: <un><6> ××× </6> × </un> (.)

427 S1: <6> this year </6>

428 S1: actually the federal budget starts middle of the (.) year till the (.) second (.) er <7> sept- </7> (2)

429 S2: <7> **septem(ber)** </7>

430 S1: september to: er AUGUST

431 S4: mhm (.)

例 4-3 中，S1 在介绍他的工作职责范围和这些年工作的变化。他的英语使用并不完全符合本族语者的英语使用规范和标准，例如，"i was (.) responsible LOGISTICS. (.)"（话轮 406），"e:r a- and i took over this e:r (.) management"（话轮 408）和"the COMPANY started (1) consumer good business"（话轮 410），但这些完全没有影响信息的交流。S4 一直用"mhm"表示明白和理解 S1 的讲述。同时，S1 也随时注意对方的反应，当他在话轮 412 提到 org3 时，使用"you <2> know"核实 S4 的理解。另外，虽然这段互动中主要是 S1 在介绍自己的工作职责的变化和产品情况，但来自同一公司的 S2 也积极配合，帮助 S1 完善时间等信息（见话轮 429），S3 也用笑声表明自己也参与其中。

4.4.3 共知基础建构中的涌现交互文化

BELF 交际中，交际者的交互文化语用能力体现为在共知基础寻求和创造中涌现的交互文化。交互文化和交互文化性是 Kecskes（2013）在语用学研究的 SCA 中提出的概念，用以描述交互文化交际中不同语言文化的互动与融合的过程和结果。交互文化指交际者基于已有的文化背景知识和临时涌现的情景因素共建的临时性知识。交互文化性则是包含相对固定成分和临时涌现成分的临时性知识系统。交互文化具有动态融合性，不是静态的知识或技能，不是某个言语社区语言文化知识的单向传播，也不是不同文化的交际范式和规则等的简单组合与呈现，而是 BELF 交际者为完成任务，在寻求和创建共知基础中建构的涌现知识。

SCA 中的共知基础分核心共知基础和涌现共知基础。前者是针对某一语言社区而言，相对静态的（历时变化的）、普遍的、共有的知识，包括常识、文化意义和形式意义（Kecskes & Zhang，2009）；后者是针对交际个体而言，在交际过程中建构的，由现实情景语境触发的，相对动态的、特殊的知识，主要包括交际者之间共享的个人经历和交际者对当下情景的判断和看法。核心共知基础与涌现共知基础在交际中共同作用，且相互转化，具有动态性。BELF 交际者之间缺乏核心共知基础，因此交际中更多依靠寻求和创造涌现共知基础，在此过程中涌现的交互文化主要是相关的语言文化知识和商务背景知识。在例 4-4 中，参会者就展示材料中的英语单词"gullible"的意思进行讨论和协商，涌现出与该词相关的交互文化，最终，在共同努力下就该词的用法建构了共知基础。

例 4-4 （选自会议 PBmtg3，S1、S2、S3 和 S4 的身份见例 4-2 和附录 2 中背景知识介绍；S5 和 S6 是母语为德语的奥地利人，S5 是销售助理，S6 是语言学研究者。）

2278 S1: okay (4) er NOW er talking about TARGET. (2) er (.) **kids are (no more) (.) GULLIBLE {word is used in the presentation material} than adults**. per<5>haps even less so </5> they're

2279 S5: <5><un> ××××× </un></5>

2280 S4: excuse me er (.) GULLIBLE I've never heard that word. what does that mean? (.)

2281 S5: hm

2282 SX-1: <pvc> gullabry <ipa> ˈgʌləbri </ipa> </pvc> (more like) <6> that</6>

2283 S4: <6> @ </6>

2284 S5: @@ (.)

2285 S2: <L1kor> × [first name5] ××?</L1kor>

2286 S4: gullible?

2287 S1: gullible gullible (1) yeah **gullible means (2) not english word** (.) **(but) like er GREEDY ?** (.)

2288 S5: e:rm

2289 S1: <fast> er oh oh no no no </fast> (.)

2290 S3: <7> @@ </7>

2291 S1: <7><L1kor> ×××× </L1kor></7> (1) <soft> **sometimes i i'm** (.) **i'm bit confused** </soft>

2292 S2: hm: (.)

2293 S3: @@@

2294 S4: <to S6> **have YOU ever heard it?** (.) <1> **that word** </1></to S6>

2295 S1: <1> yes </1> yes

2296 S4: yeah?<2><L1ger> na {well} </L1ger></2> **then we look it up in the dictionary doesn't matter** (1)

2297 S2: <2> mhm </2>

2298 S4: i've nev- i (.) i'm just CURIOUS because i've never heard <3> it </3>

2299 S6: <3> erm </3> i've heard it but (.) <soft> (i'm not sure) </soft>

2300 S1: **GULLIBLE i i'm not sure but e- either greedy** (.)

2301 S4: m<4>hm </4>

2302 S1: <4> if </4> **i'm correct OR** (.) **easy to be deceived** (.)

2303 S4: mhm

2304 S3: <soft> mhm </soft> (3)

2305 S4: <5> okay </5>

2306 S5: <5> gullible </5> (2)

2307 S1: (if) i'm right @ <6> @@ </6>

2308 S2: <6> mhm </6>

2309 S4: <soft> @ </soft> (.)

2310 S1: but w- **WHY should we d-** (.) <7> **deceive** </7>

2311 S5: <un><7> ××× </7><8> ×× </8></un>

2312 S4: <8> hm </8>

2313 S1: **deceive kids**

2314 S4: <soft> @@ </soft>

2315 S5: <soft> perhaps </soft>

2316 S1: any<1>way </1>

2317 S5: <soft><un><1> × </1> ×××× </un></soft> (2)

2318 S4: **i will look it <2> up </2>**

2319 S1: <2> O:H </2> **yeah i think** <3> **(it) EASY to be influenced** </3>

2320 S5: <3> quite unfit fo:r small child</3>ren

2321 S2: yeah

2322 S1: **or easy to be <4> deceiv</4>ed** i <5> think </5> yeah (and er) gullible er (.)

2323 S2: <4> mhm </4>

2324 S4: <5> mhm </5>

2325 S1: so that's why it says (.) <reading> their INTAKE of advertising </reading>

2326 SX-2: m<8>hm </8>

2327 S1: <8> (is) </8> (1) <6> **reception of advertis**</6>**ing is**

2328 SX-m:<6><un> ×××××× </un></6>

2329 S4: mhm (.)

2330 S1: is LARGER than any other demograph- er demographic group

2331 S4: mhm (1)

2332 S1: okay (.)

2333 S5: mhm (2)

2334 S4: mhm (2)

2335 S1: <soft> (anyway) </soft> (.) SORRY for er
2336 S2: hm (2)
2337 S4: NO NO it's just SORRY for <@> MY </@>
2338 SX-2: @@ <9> e:r </9>
2339 S1: <9><fast><soft> no no no no </soft></fast></9>
2340 S4: <9> **i've just never** </9> **heard** <@> **it** </@>
2341 S2: mhm (.)
2342 S1: **it's bit er quite american er**
2343 S4: @@

例 4-4 大致分三个阶段。第一阶段从话轮 2278 到话轮 2287 行，S1 先提出讨论话题，确定讨论内容，就展示材料中出现的"gullible"一词，S4 表示从未听说过，于是大家开始各自表达对该词的了解程度，一同努力，寻求和尝试建构共知基础。S1 表示听说过该词，但不确定其含义，其他人都表示不清楚该词的意思。在语言知识方面，S1 似乎有一定的专家权（expert power），此外 S1 也比 S2 资深，表现出更大的机构权力和责任意识，积极主动引导和推动交际进行，使用元语用表达"gullible means (2) not english word"推测该词的意思，认为有可能接近"greedy"，其他人随声附和，并未对此质疑，有关该词的共知基础开始建构，涌现的交互文化是：该词不常用，可能不是英语单词，词义接近"贪婪（greedy）"。

第二阶段从话轮 2288 到话轮 2309，继续建构共知基础。S4 和 S6 积极配合，都表达了想知道该词意思的意愿，并出谋划策，建议查阅词典，这鼓励 S1 继续尝试猜测词义。同时，S1 多次使用元语用表达明示不确定性和主观性，调节意义的表达和理解以及表达弱化自己的责任的意图，如"i'm bit confused""i'm not sure""if </4> i'm correct"。在此阶段涌现的交互文化更新为：该词的词义可能是"贪婪（greedy）"或者是"容易上当（easy to be deceived）"。

第三阶段从话轮 2310 行到话轮 2343，有关该词的词义和用法的共知基础建构完成。S1 首先对 gullible 可能的意思是"easy to be deceived"提出疑问，对为什么要欺骗孩子表示不理解。S5 试图解释，S4 再次提议查字典。这时 S1 再次把 gullible 的意思修改为"easy to be influenced"或"easy to be deceived",S2 和 S4 对此都表示同意。此外,S1 从材料的上下文找证据证明这次对该词的理解是正确的,并为之前没有解释清楚道歉,当 S4 再次提到自己从未听说过该词时,S1 用 "it's bit er quite american er" 解释原因,并修正了之前 "not english word" 的说法。在此阶段的互动中涌现的交互文化是:gullible 是美式英语的用法,意思是"容易被影响(easy to be influenced)"。到此为止,经过所有参与者的合作努力,终于完成有关该词的共知基础的建构。

例 4-5 中,来自韩国的 S1(资深经理)和来自奥地利的 S4(销售经理)引导会议讨论的方向,主导交际进行,在共知基础的寻求和建构过程中是主要直接参与者,体现 BELF 中机构权力和语言文化背景知识对交际的影响。S2 和 S3 象征性参与交际,虽然从交际内容上没有实质性贡献,但对各自的领导,即 S1 和 S4 的发言随时回应并表达支持,体现参与共知基础建构过程的积极参与的态度。级别较低的 S5 和次要参与者(side participant)S6 只是偶尔插话。最终有关英语单词 "gullible" 用法和词义的共知基础建构完成,期间涌现的交互文化为:该词不太常用,是美式英语用法,用在商业广告中意思是"容易受到影响(easy to be influenced)"或"容易上当(easy to be deceived)"。

4.4.4　机构权力的不均衡性

在商务机构交际中,交际参与者的机构身份、专业知识以及在行业和公司的工作史等决定其在交际中的话语权和权威性等。在前几个例子中,来自韩国的年长的销售经理 S1 和来自奥地利的销售经理 S4 在交际的不同阶段,针对不同的话题,表现出不同程度的主动性,可以确定交际中的话题选择和信息交流的走向。在例 4-5 中,S4 一直引导讨论的进行,信息传递几乎是单向流动的。

例 4-5　(选自会议 PBmtg3。S4 是销售经理,其余会话者背景见例 4-2 和附录 2。)

180 S4: **e:rm (1) the only thing is that** erm (.) since we have never MET and <1> [first name1] </1> is not here

181 S1: <1> mhm </1>

182 S1: mhm

183 S4: there was a past history and the knowledge

184 S1: m<2>hm </2>

185 S2: <2> m</2>hm

186 S4: erm is basically

187 S2: <3> [S5] </3>

188 S1: <3> you get </3> through

189 S4: in <4> [S5]'s </4>

190 S1: <4> [S5] </4>

191 S2: <soft><4> @@ </4> @@ </soft>

192 S4: in [S5]'s hands because she (.) probably knows more about the <5> history and wha- </5> what (.)

193 SX-1: <5> yes yes (.) (exactly) </5>

194 S4: what used to be (.) and er frankly speaking i also: am not (.) TOO familiar yet <6> or </6> too much involved yet <7> er </7> (.)

195 S1: <6> mhm </6>

196 S1: <7> mhm </7>

197 S4: e:rm (.) into (.) korea?

198 S1: mhm (.)

199 S4: that's why (1) maybe **we will have also time to first of all (.) speak about your company**

200 S1: mhm

201 S4: **in order for me to get a (.)**

202 S1: mhm

203 S4: **get a picture to know y- i mean (.) we have to come to korea anyway**

204 S1: mhm

205 S4: **to to to (1) to get deeper (.) in- involved in the market but i appreciate your your VISIT as a kind of first e:rm**

206 S1: <soft> (sure) </soft> (.)
207 S4: e:rm let's call it (1)
208 S1: <soft> mhm </soft> (.)
209 S4: RESTART <1> since </1> last year was not the: the: (.)
210 S1: <1><soft> mhm </soft></1>
211 S4: the best ye:ar er as i saw in the files maybe we can also talk about that
212 S1: <soft> sure </soft> (.)
213 S4: erm (1) <L1ger> ja {yes} </L1ger> **and then we will present you also the NEWS for this year**
214 S1: <soft> mhm </soft>
215 S2: <soft> mhm </soft>

例 4-5 中，整个交流过程中信息的流动是单向的，奥地利方的 S4 表现出绝对的主导作用，韩方的 S1 和 S2 主要是倾听者，很少参与到实质性信息交流中。首先 S4 使用元语用表达"the only thing is that"将注意力吸引到后续的信息，即他们从未与韩国的两位来访者见过面，以前共事过的比较了解情况的韩方代表这次也没一起来。随后他明确讲到他本人之前对具体情况了解也不多，但未来他愿意更多地参与到合作中。"we will have also time to first of all (.) speak about your company"和"we have to come to korea anyway"是代表公司宣布的计划，即将来会找机会去韩国实地考察了解情况。用"I appreciate your your visit"高度评价了韩国的两位销售经理的到访。最后用"and then we will present you also the NEWS for this year"介绍下一步的话题安排。

4.5 小　　结

BELF 研究是应用语言学领域新的热点，为理解多元文化互动中语用能力的表现提供新的视角和实证证据。相比单语言和单文化交际语境，BELF 在交际目的、资源利用、知识建构、交际过程以及机构权力表现等方面具有独特性,在制约交际行为进行的同时也为交际行为的进行提供可能性(affordances)。本章提出交互文化语用能力的概念,试图将 BELF 交际中的语用能力重新概念化,以凸显其动态涌现性和共建性,并以 VOICE 语料库中的实例分析 BELF 交际在语言资源利用和知识建构方面的表现。对 BELF 交际中语用能力特征和表现的探究提升了对多元文化互动交际的认识,特别是交互文化语用能力概念的提出以及涌现交互文化的讨论都有助于加深对 BELF 交际独特性的了解。

第 5 章

BELF 会议中的共知基础建构

5.1 引 言

有效的交际通过共同创建意义来实现相互理解（Cogo & Dewey，2006；Hülmbauer，2009；Jenkins et al.，2011），BELF 交际者利用各种显性和隐性的语言手段及各种策略来预防和解决在意义表达和理解过程中可能出现或已经出现的问题（Maruanen，2007，2012）。BELF 的使用在许多方面与以英语为母语的交际有本质的不同，BELF 交际者往往需要更高程度的语言和策略能力应对涉及不同语言和文化的全球商业互动所带来的沟通方面的挑战（Ehrenreich，2016：137-138）。

第 1 章引言中提到 BELF 交际有三大特征：①以目标为导向；②有效利用各种资源；③合作双赢（Kankaanranta & Planken，2010：381）。"以目标为导向"指 BELF 交际是目标驱动的。BELF 参与者一般都带着特定的任务参与交际活动，最终达到既定目标驱动交际的进行。为了达到目标，交际者选择各种交际资源，虽然缺乏基于母语文化的核心共知基础，但他们选择英语作为通用语，此外，他们之间共享的专业背景知识和具体的商务知识在交际中起到非常重要的作用，有时交际者也会借助于自己的母语文化资源。总体来说，BELF 交际者会团结协作，设法完成任务，达到共赢。

我们可以把 BELF 会议看作一个商务实践共同体（Business Community of Practice，BcoP），参与者在一个由共同商务目标驱动的，有一定规范的机构框架内，选择英语作为共同的资源进行交流。由于缺乏核心共知基础，交流中可能会遇到困难与挑战，从而影响交流的质量和效率（van Mulken & Hendriks，2015），但 BELF 交际者会努力协同合作，充分利用各种资源，建构涌现共知基础，处理在交际中潜在或实际的问题或困难。Cogo 和 Dewey（2012：116）发现，ELF 交际者在遇到不理解的情况时会采用将问题源明晰化的处理策略。元语用表达的使用就可以看作是一种为解决和预防问题而选择的明晰化策略。交际者选择元语用表达作为显性语言手段或策略，寻求和创建涌现共知基础，促进问题的解决或预防问题的形成和出现。

  本章基于 VOICE 语料库中的一次商务会议，采用 SCA，分析 BELF 会议互动中元语用表达在共知基础建构方面的作用，旨在更全面地揭示 BELF 交际中元语用表达功能发挥的动机与机制。下文先介绍元语用和元语用表达，然后识别和总结 BELF 会议中出现的元语用表达的主要类别，最后考察它们在建构共知基础中的功能发挥。

5.2　BELF 会议中的元语用表达

  元语用与反身性密切相关。Caffi（2007：83）将元语用定义为"基于一般知识（common knowledge）和反身性的话语管理"。她认为一般知识在话语管理中发挥作用，并将反身性和一般知识看作是话语管理的基础。事实上，一般知识或共有知识似乎应该是反身性的基础，也就是说，语言使用中的反身性体现了交际者对所有参与者之间共知基础的了解。Hübler 和 Bublitz（2007：6）从功能角度将元语用定义为"对实际使用中的元话语进行的语用研究，这些元话语是对正在进行的话语或语篇文本进行评论和介入的手段。"这个定义涉及元语用的两个主要功能，即评论和干涉。Smith 和 Liang（2007：172）更详细地将元语用表达定义为"不是指向内容，而是指向听众如何理解、使用或适应信息内容的表达方式"。这一定义强调元语用表达在增进交际双方共有知识和共同理解方面的功能。遵循这一思路，在 BELF 交际互动中，元语用表达的使用表明，来自不同第一语言和文化背景的参与者之间为创建共知基础而付出了努力和尝试，这些语言表达体现了 BELF 交际者参与讨论正在交流的内容的能力。因此，元语用表达就是明确表达说话人意欲建构共知基础的反身性的语言表达，旨在实现 BELF 互动中的相互理解。在结构上以句子和程式化/半程式化的形式出现。在语义上并不直接与讨论中的问题或主题相关，而是表明交际者意欲创建共知基础的意图，而这正是 BELF 参与者所欠缺的，见例 5-1。

例 5-1（选自 VOICE 语料库中的 PBmtg3 会议，详见附录 2。S4 是奥地利人，母语是德语；S1 和 S2 是韩国人，母语是韩语。他们正在谈论旅行的情况和例行的见面安排。）

33 S4: aha. (.)

34 SX-1: <fast><soft> it's okay </soft></fast>

35 S4: do you mind if we take out the jackets? o:r

36 S1: yeah sure (8) {participants sit down at the conference desk}

37 S4: from: FRANKfurt. (.)

38 S1: **actu<4>ally we:** </4> start from PARIS. (.)

39 S2: <4> **actual(ly)** </4>

40 S1: but (1) to (.) to er frankfurt.

41 S4: <L1ger> ja? {yeah} </L1ger> (1) but you you: were not at <spel> i s m </spel> (1)

42 S2: <soft> no </soft>

43 S1: not e:r **i already told** [S5]

44 S4: yeah (.)

45 S1: <soft> **in my pr-** </soft> (.) **in my pres- previous email** (.) er our company policy. (1) e:r we made decision that we (will) (.) participate (.) er <spel> i s m </spel>(.) o- <5> every other </5> year.

46 S4: <5> every second </5>

47 S4: <L1ger> ja {yes} </L1ger>

48 S1: every second（repetition）

49 S4: every second year <L1ger> ja {yes} </L1ger> (3) so (.) **frankly speaking y- you know already** [first name1] is (.) is not here

50 S1: he's on vacation?

-97-

```
51 S4: he's on vacation this week <L1ger> ja {yes} </L1ger> (.)
       SKIING. (.)
52 S1: <soft> (okay) </soft> (.)
53 S4: yeah because <6> if you </6> know this week is is er (.)
54 S1: <6> (so er) </6>
55 S4: SCHOOL holidays
56 S1: mhm (.)
```

例 5-1 中,"actually"(话轮 38 和 39),"i already told""in my pres- previous email"(话轮 43 和话轮 45),"frankly speaking"和"you know already"(话轮 49)都是元语用表达。这些表达与正在讨论的旅行安排和例行双方见面的安排不直接相关,而是对相关信息的理解起到引导和限制作用,如公司的政策以及之前的沟通等。元语用表达的使用可以激活相关的语境因素,如共同的经历、共享的经验和互知的信息等,从而扩大和建构共知基础,促进互动中的相互理解。

5.3 SCA 框架下元语用表达的共知基础建构

为了在交际中相互理解,交际者之间必须在认知方面有共知基础(Clark,1996a)。"共知基础已经被理解为具有相互意识的社交情景,其中蕴含着所有的权利和义务"(Mey,2008:255)。共知基础不仅包括预设,还包括拥有这些预设或共同信念的元语用条件(Mey,2008:257)。在 SCA 中,共知基础被认为是一种努力,可以在交际过程中激活、寻找和创造共享知识的心理表征,包括参与者共享的信息、理解情景语境以及参与者之间的关系(Kecskes,2013:154;151)。交际者之间共享的共知基础越多,传达和解释信息所需要付出的努力和时间就越少(Kecskes,2013:151)。针对交互文化交际,Kecskes(2013:152,154,160,162)指出

> 交互文化交际的主要问题是,由于缺乏共同的经验,交际者没有也不可能具有母语使用者所拥有的那种类型的共知基础……因

此，交际者需要依托有限的核心共知基础，在交际过程中寻找、创造以及共同构建共知基础（即涌现共知基础）……涌现共知基础是指在交际过程中产生的、由实际情景语境触发的动态的、特定的知识……涌现的共知基础依赖于两类意义：共享意义和当前意义。共享意义包含了交际者所共享的关于个人（而非共同体的）经历的特定知识；当前意义包括基于当前情况涌现出的感知。

在 SCA 中，共知基础是动态的，是交际参与者在整个交际过程中结合先前存在的和涌现出的因素共同创造出来的。它发生在意图和注意的相互作用中，参与者激活、寻找和创建共享信息的过程是由意图驱动，并以凸显程度可以引起注意来实现的（Kecskes，2013：166）。更具体地说，共知基础是"一种努力，汇聚以记忆的形式呈现出来共享知识的心理表征，我们可以激活这些记忆中的知识，可以寻找共享的知识，也可以在交流过程中创造和谐的关系和知识"（Kecskes & Zhang，2013：340）。那么，ELF 沟通应该是一种特殊类型的协作，因为 ELF 交际者首先有自己的交际目标，而不是首先想着合作（Kecskes，2007：203）。涌现共知基础是作为特定情况下核心共知基础的变体而被创建的（Kecskes & Zhang，2013：341）。

在交际中，共知基础的质量比数量更重要。共知基础建构的效率取决于他们在多大程度上能够引起注意，即必须将注意引导到实际情景语境上（Kecskes & Zhang，2013：349）。因此，为了成功传递信息，ELF 参与者并不一定要寻找共同点或共有知识，而是选择语言手段和特定的话语策略作为共知基础，因为每个参与者的社会文化背景知识存在显著差异（Kecskes，2007：204），正如 Mey（2008：267）所指出的，语用行为基本上是"基于共同基础使用语言"，涉及情景中的其他参与者以及决定这个"基础"的物质和其他条件。

BELF 交际的主要问题是缺少核心共知基础，为了在交际中达到相互理解，交际者会选择元语用表达作为构建涌现共知基础的语言手段。在遇到困难或问题时，元语用表达可以激活共享意义和当前意义。共享意义，即交际者共享的关于个人经历的特定知识；当前意义，即从交际者自己的视角对当前情景产生的感知和评估。这些意义的激活，促进涌现共知基础的构建，调整话语的产出和理解，以完成交际任务。在 BELF 会议交际中，参与者有可能激活的共享意义包括先前的经验、共同的经历、共享的商务知识和专业知识等。此外，在商务会议中参与者代表不同的商务机构，可能存在利益冲突。因此，当他们由于不同的立场或感知、注意力资源的差异或其他因素，可能对正在发生的交际活动有不同的评估和看法，就可能选择适当的语言手段激活当前意义。

在不同的交际情景下，交际者选择不同的元语用表达作为建构涌现共知基础的手段，因此，在探究其功能发挥之前，需要描写元语用表达使用的主要类型及其分布。这是因为不同类型的语言手段，可能会激活不同的共享意义和/或当前意义，因此建构出不同的涌现共知基础。Verschueren（2000）对显性和隐性元语言的区分，以及 Penz（2007）对与信息相关的语言使用（如描述、总结、澄清、重构和预测等）和与过程相关的语言使用（如话语序列和话轮转换等）的区分，为元语用表达类型的划分提供了指导。还有学者关注特定类型的标记语。例如，Hongladarom（2007: 31）将元语用评论定义为"反映说话者或作者的评价立场的语言表达式"，而 Overstreet 和 Yule（2001: 46）则关注一种元语用评价语，即用作免责声明的程序性结构 "not X or anything, but Y"，表达虚拟的冒犯。还有的学者对元话语标记感兴趣，其中，Van de Kopple（1985）的分类体系非常系统，包括文本标记（即文本连接词、代码解释语、有效性标记、叙述者标记）和人际标记（即以言行事标记、态度标记、评注）。然而，这个分类系统可能更适合从书面语篇的角度研究元语用语言现象。

此外，从元语用表达功能发挥的过程看，当面对挑战和困难时，交际者会选择适当的元语用表达建构涌现共知基础，以预防问题的发生或促进问题的解决，从而达到相互理解。Caffi（2009）讨论了元语用的"治疗潜能"（therapeutic potential），并指出，在任何层次的交流中，当一个群体或一个说话人以批判性的眼光看待自己的话语，或许是修正、调整或澄清评论自己的话语，那么"说话人的自我与所表达的观点之间的同一性就被打破了"。"当说话人进行流畅的交际互动时，通常是清楚自己的立场站位的，不需要通过元语用表达来进一步澄清或解释"（Caffi, 2007: 87）。然而，当他们处于困境中时，就需要花费额外的精力，用最适合的方式表达意图（Verschueren, 1995/2010）。这就意味着，元语用表达的使用表明说话人已经意识到交际中存在的问题或潜在的问题，他们想要唤起问题意识，认为有必要暂时停止信息交换，先处理问题。因此，探讨元语用表达在解决问题和应对挑战方面功能发挥的过程，具有重要意义。

基于以上讨论，本章要回答两个研究问题：①BELF 会议互动中使用哪些类型的元语用表达？②这些元语用表达在 BELF 会议互动中如何建构共知基础以促进相互理解？为了回答第一个研究问题，首先要识别 BELF 会议中使用的所有元语用表达，然后统计元语用表达的主要类型、频次及分布。之后回答第二个研究问题，在 SCA 框架下探究元语用表达如何建构涌现共知基础以促进相互理解。

5.4 语料的收集与描述

5.4.1 VOICE 语料库

本章采用定性和定量的方法识别、分类和描述 BELF 会议中使用的元语用表达。语料来自 VOICE 语料库中职业商务（Professional Business）中的一次商务会议（PBmtg3）。

会议时长是 3 小时 28 分钟 6 秒。转录文本共 24 601 个单词。会议一共有六位参与者：两位韩国人（S1 和 S2），母语是韩语；四位奥地利人（S3、S4、S5 和 S6），母语是德语。这两位韩国人是分销公司的销售经理；三位奥地利人（S3、S4 和 S5）是销售人员，一位奥地利人（S6）是研究员。双方的参与者之间存在权力差异。韩国一方中，S1 资历高于 S2，尽管二者都是销售经理；奥地利一方中，S4 是销售经理兼会议主席，S3 是刚加入公司的销售员工，S5 是销售助理，S3 和 S5 的主要工作是在会谈中协助 S4。

会议在 S1 和 S2 来奥地利访问时举行。韩方的主要任务是向奥方合作伙伴介绍他们公司的产品在韩国的推广活动；奥方的主要任务是向韩方通报产品信息。这也是 S4 和 S1 与 S2 建立个人联系和工作关系的机会，因为 S4 刚刚接手韩国市场，之前从未见过这两位韩国人。另外，VOICE 语料库提供了本次会议的事件描述，详情见附件 2。

选择对本次商务会议进行分析有以下原因。首先，这次会议是典型的交互文化交际互动。会议的参与者一方来自欧洲，另一方来自亚洲。他们分别属于不同的文化圈，这两种文化之间的差异在一定程度上可以代表西方和东方的差异。其次，这次商务会议的目标兼顾完成商务任务和建立人际关系，这种双重目标可以为本研究提供丰富多样的语料。因此，会议互动中的语言使用有助于判定在什么情况下，为了什么目的，选择使用哪些类型的元语用表达，建构了怎样的共知基础。最后，由于受到交际参与者的工作职责、岗位、年龄、以往人际关系史等因素的影响，他们之间存在不对称的权力分配，因此，某个参与者可能在互动中起主导或更重要的作用，机构权势的差异会在元语用表达的使用中体现出来。

5.4.2 元语用表达的识别与分类

为了回答第一个研究问题，首先，根据引言中给出的定义，识别语料中出现的元语用表达。然后，在 Verschueren（2000）和 Van de Kopple（1985）对元语用意识标识语和元话语的分类系统的指导下，对元语用表达及其所依存的主句之间的指代关系进行分析和编码。基于 Verschueren（2000：447）对隐性和显性元语用意识标记语的区分，对言语行为描述语（speech-action descriptions）和实据语（evidentials）进行编码。Verschueren 将包含言语行为动词或行为动词的短语定义为元语用描述语。根据 Verschueren 的定义，为了更具有可操作性，本章将包含言语行为动词和思维活动词的元语用表达编码为言语行为描述语。另外，Verschueren 用"shifters"通指一类显性标记语，实据语是其中的一种。对 BELF 会议语料的观察发现，实据语是元语用表达的主要类型之一。基于 Van de Kopple（1985）对元话语标记的分类，Hongladarom（2007）以及 Overstreet 和 Yule（2001）通过对元语用评论的讨论，发现并编码了信息解释语（message glosses）和评论语（commentaries）。

对不同类型的元语用表达编码后，统计每种类型出现的频次，了解使用的分布情况。定量分析表明，评论语使用的频次最高（103 次），其次是言语行为描述语（79 次）和信息解释语（62 次），实据语（10 次）使用频次最低。编码方案、分类和示例见表 5-1。

表 5-1　元语用表达的类型、频次、编码方案和示例

类型和频次	编码方案	示例
评论语 103 次	包含描述个人的判断、评价和偏好的元语用表达，这些话语可以修正或限制对主句中信息的理解	That's a great idea/I am just kidding/I don't mean to upset you/This is serious
言语行为描述语 79 次	含有 say、tell、comment、think 等言语行为和思维动词的元语用表达，明示主句的言外之意	I'd like to make some comment/I will explain later
信息解释语 62 次	含有 for example、I mean 等举例、澄清话语含义语词的元语用表达，表明解释，阐述，例证或重述主句中所表达的信息的意图	The thing is like this/ for example/I mean
实据语 10 次	含有描述信息来源的语词的元语用表达，用于调节主句中所表达的信息的可靠性或个人承诺	According to our previous meeting/Mr. X said that

元语用表达的使用会以不同的方式影响所依附的主句中信息的表达和理解。评论语的使用表明个人的判断、偏好和评价，因此可能激活当前意义，促进或达成共同理解；言语行动描述语宣告即将发生的或已经完成的言语行为和心理活动，可以同时激活共享意义和当前意义，促进对建议、看法和观点的接受和理解；信息解释语表明澄清或阐述所表达信息的意图，因此可以激活当前意义以增强相互理解；实据语告知信息来源，因此可以激活共享意义以调整对核心信息的可信度和确信度的理解。需要指出的是，元语用表达的类型和功能并不会呈现一对一的关系。下一节结合语料中的实例，分析元语用表达如何在 BELF 会议互动中建构涌现共知基础。

5.5　BELF 会议中建构共知基础的实例分析

元语用表达在建构共知基础中的功能发挥，可以从涌现的知识共知基础和关系共知基础两个维度分析。这两个维度是基于 Kecskes（2013：151）对共知基础的三个组成部分的讨论而形成的，即参与者的共享信息、对情景语境的理解以及参与者之间的关系。在这三个组成部分中，第一个是以信息为取向，第三个是以人际关系为取向，第二个对情景语境的理解可能既涉及信

息又涉及人际关系。因此，以下讨论将元语用表达的功能分析分为知识取向和关系取向两个维度。除 Kecskes 之外，Enfield（2008：223）也指出，共知基础主要涉及信息和关系两方面。此外，Kankaanranta 和 Planken（2010）、Ehrenreich（2016）也指出，BELF 交际中最主要的两个关注点是对商务事务的相互理解和对交际中人际关系的关照。交际者使用元语用表达主要是为了提高传递信息的效率和效果，就是信息取向；交际者使用的元语用表达体现在交际中的情感立场、人际关怀等（Lindström & Sorjonen, 2012），就是关系取向。当然，在交际进行中，有时并不能严格区别是信息取向还是关系取向，下文的讨论基于对特定交际互动阶段主要交际意图的判断。

5.5.1 建构知识共知基础

尽管 BELF 会议中的参会者拥有共同的专业背景知识和相似的职业经历，但他们通常缺乏核心共知基础。语料观察表明，当说话人意识到理解出现问题或遇到困难时，会选择元语用表达作为显性调节手段，激活特定的共享意义和当前意义，建构涌现的知识共知基础。如例 5-2 中，S1 使用言语行为描述语、评论语与和信息解释语操控意义的表达，以便与对方就韩国市场销售不佳的情况达成相互理解。

例 5-2 （选自会议 PBmtg3，会话者信息详见附录 2。"product (1)"指在韩国销售的奥地利公司生产的产品。）

1115 S1: er (1) also **i('d) like to make c- comment that** er (1) [first name1] was (.) he visited korea (.) e::r (.)

1116 S2: march

1117 S5: <6> march </6>

1118 S1: <6> march </6> sometime in MARCH (1) er and **we had a very e:r good discussion** (1) e:r and e:r we agreed to (.) do some ACTIVE er activities (1) in convenience store (1) e:r but e:r **i shall explain later** but (.) that (.) we d- **actually** WE did (.) to: to try to LIST our i- er product (1) in in con- convenience store but **actually** (.) that wasn't e:r SUCCESSFUL (.) because we have LOT of (.) returns (1) er from convenience store. **that means** (.) the [thing1] (.) er in korea (.) in convenience store (.) was NOT successful as we planned

1119 S4: in what packaging? (.)
1120 S1: e::rm mo- mostly (.)
1121 S5: <soft><un> × </un> (.) <un> ×× </un></soft>
1122 S1: skin card
1123 S4: skin

在此，S1 汇报 product(1)在韩国便利店销售不佳的情况。由于意识到汇报该负面消息对人际关系可能有不太好的影响，他选择了言语行动描述语"i('d) like to make c- comment that（话轮 1115）"来预先宣布他即将要做些评论。这种表达方式可以将共同参与者的注意力引导到后续的信息。然而，当他试图回忆对方某同事访问韩国的确切时间时，却记不起来了，用-er 拖长词的发音和短暂的停顿表示出来。这时他的同事 S2 和奥地利方的 S5 试图帮助他回忆。这里交际双方都参与到知识共知基础的共建。然后，S1 继续叙述产品的销售情况。评论语"we had a very e:r good discussion"（话轮 1118）回顾了之前的一次会议，意欲激活他们之前愉快的经历和达成的协议（即共享意义），表明对正在进行的讨论所持的积极态度（即当前意义）。然后使用言语行为描述语"i shall explain later"（话轮 1118）表明 S1 虽然意识到有必要提供更多的信息来解释为什么便利店的销售没有预期的那么成功，但是在现阶段，这显然并不是当务之急。他使用两个评论语"actually"和信息解释语"that means"作为缓和手段，表明意欲与奥地利方取得相互理解。S1 委婉地表达自己的观点，并试探性地对不太突出的业绩发表评论，因为对对方的产品发表负面评论似乎不太礼貌，也不明智。

在例 5-2 中，奥地利食品公司的产品在韩国市场销售业绩不佳，S1 使用元语用表达委婉表达对此事的看法，希望达成相互理解。言语行为描述语和评论语的使用可以激活一系列的共享意义和当前意义，包括在此之前的愉快讨论、早先达成的协议、3 月份制订的计划以及对产品在韩国便利店销售业绩不理想的关切和担忧。所有这些语境因素都因此变得凸显或更加凸显，有助于建构涌现的知识共知基础，促进交际参与者了解产品在韩国市场的销售情况。

在 BELF 会议互动中，参与者在协商具体商务事务时，常常选择实据语激活与某些信息的相关性和确定性有关的共享意义；选择评论语激活当前的个人态度和承诺。这些激活的语境因素有助于建构涌现的知识共知基础，如例 5-3。

例 5-3 （选自会议 PBmtg3，会话者信息详见附录 2。参会者正在谈论例会安排。）

41 S4: <L1ger> ja? {yeah} </L1ger> (1) but you you: were not at <spel> i s m </spel> (1)

42 S2: <soft> no </soft>

43 S1: **not e:r i already told** [S5]

44 S4: yeah (.)

45 S1: <soft> **in my pr-** </soft> (.) **in my pres- previous email** (.) er our company policy. (1) e:r we made decision that we (will) (.) participate (.) er <spel> i s m </spel>(.) o- <5> **every other** </5> **year**.

46 S4: <5> **every second** </5>

47 S4: <L1ger> ja {yes} </L1ger>

48 S1: every second（repetition）

49 S4: every second year <L1ger> ja {yes} </L1ger> (3) so (.) **frankly speaking y- you know already** [first name1] is (.) is not here

50 S1: he's on vacation?

51 S4: he's on vacation this week <L1ger> ja {yes} </L1ger> (.) SKIING. (.)

52 S1: <soft> (okay) </soft> (.)

53 S4: yeah because <6> **if you** </6> **know** this week is is er (.)

54 S1: <6> (so er) </6>

55 S4: SCHOOL holidays

56 S1: mhm (.)

57 S4: so he:'s taking his (.) his children

58 S1: mhm

59 S4: for for (.) for some skiing. (.)

60 S1: so regarding e:r (1) <spel> i s m </spel> e:r next year we'll definitely be there

61 S4: mhm (.)

62 S1: but (1) since we decide to attend every (.) second year

63 S4: <L1ger> ja? {yes} </L1ger>

64 S1: but (.) er EVERY year we come to e:r (.) europe (.)

65 S4: mhm

例 5-3 正在讨论常规会议的安排，同时提到今年的会议有一名成员缺席。为避免对方可能会忘记该协议，S1使用实据语"i already told [S5]" "in my pres- previous email"（话轮43和话轮45），旨在激活他们先前达成协议的内容，并在正在进行的互动中通报了公司的政策和决策。S1 认为是每隔一年（every other year）参加一次会议，S4 纠正为每隔两年（every second year），这是一个典型的知识共知基础共建的情景。然后，S4 用 "frankly speaking" 和 "you know already" 这两个元语用话语凸显他当下的态度以及一名成员缺席的事实，展示一个意义协商的过程。这些激活的相关语境因素有助于涌现知识共知基础的建构，促进意义的协商和相互理解。

除了例 5-2 和例 5-3 中所讨论的与商务相关的话题外，交际者还会讨论在 BELF 交际中常见的词义理解的问题。在例 5-4 中，所有的交际参与者协同合作最终理解促销材料中 "gullible" 一词的含义。不同类型的元语用表达的使用旨在激活与该词相关的知识和态度的共享意义和当前意义，从而为准确理解词义而建构涌现知识共知基础。

例 5-4 （选自会议 PBmtg3，会话者信息详见附录 2。交际参与者正在一起讨论"gullible"的意思。）

2278 S1: okay (4) er **NOW er talking about TARGET**. (2) er (.) kids are (no more) (.) GULLIBLE {word is used in the presentation material} than adults. per<5>haps even less so </5> they're

2279 S5: <5><un> ××××× </un></5>

2280 S4: **excuse me er (.) GULLIBLE i've never heard that word.** what does that mean? (.)

2281 S5: hm

2282 SX-1: <pvc> gullabry <ipa> ˈgʌləbri </ipa> </pvc> (more like) <6> that</6>

2283 S4: <6> @ </6>

2284 S5: @@ (.)

2285 S2: <L1kor> × [first name5] ××?</L1kor>

2286 S4: gullible?

2287 S1: gullible gullible (1) **yeah gullible means (2) not english word (.) (but) like er GREEDY?** (.)

2288 S5: e:rm

2289 S1: <fast> er oh oh no no no </fast> (.)

2290 S3: <7> @@ </7>

2291 S1: <7><L1kor> ×××× </L1kor></7> (1) <soft> **sometimes i i'm (.) i'm bit confused** </soft>

2292 S2: hm: (.)

2293 S3: @@@

2294 S4: <to S6> **have YOU ever heard it?** (.) <1> **that word** </1></to S6>

2295 S1: <1> yes </1> yes

2296 S4: yeah?<2><L1ger> na {well} </L1ger></2> then **we look it up in the dictionary doesn't matter** (1)

2297 S2: <2> mhm </2>

2298 S4: **i've nev- i (.) i'm just CURIOUS because i've never heard** <3> **it** </3>

2299 S6: <3> erm </3> **i've heard it but (.)** <soft> (i'm not sure) </soft>

2300 S1: GULLIBLE i **i'm not sure** but e- either greedy (.)
2301 S4: m<4>hm </4>
2302 S1: <4> **if** </4> **i'm correct** OR (.) easy to be deceived (.)
2303 S4: mhm
2304 S3: <soft> mhm </soft> (3)
2305 S4: <5> okay </5>
2306 S5: <5> gullible </5> (2)
2307 S1: **(if) i'm right** @ <6> @@ </6>
2308 S2: <6> mhm </6>
2309 S4: <soft> @ </soft> (.)
2310 S1: but w- WHY should we d- (.) <7> deceive </7>
2311 S5: <un><7> ××× </7><8> ×× </8></un>
2312 S4: <8> hm </8>
2313 S1: deceive kids

言语行为描述语"NOW er talking about TARGET"（话轮2278），特别是首尾重读的"NOW"和"TARGET"，将注意力引导到促销演示材料中产品目标的描述，这有助于引出即将讨论的新话题。在演示材料中，大家都不明白"gullible"这个词的含义。S4 先表示自己从未听过这个词。他连续使用几个元语用表达，包括信息解释语"means"、三个评论语"not english word""like er GREEDY"（话轮2287）和"sometimes i i'm (.) i'm bit confused"（话轮2291）尝试着提供了一些帮助。这些表达激活相关的语言文化背景的共享意义，即英语不是他的母语，他的英语水平和词汇量有限，然而他目前愿意努力解决这个问题。然后他建议查字典，用一句"we look it up in the dictionary doesn't matter"来安慰其他人（话轮2296），激活正面积极的态度。然后 S4 加入该词义的讨论中来，评论语"I'm just CURIOUS because i've never heard it"（话轮2298）旨在对为什么他想知道这个词的意思进行附加的解释说明，更重要的是，他对 S1 的努力表示感谢。然后，S6 和 S1 都试图参与到其中，尽管在此过程中 S1 做出了更大的努力。S1 用"i'm not sure"（话轮2300），"if </4> i'm correct"（话轮2302）和"(if) i'm right"（话轮2307）三个评论语激活他的词义的不确定性和他愿意付出努力的意愿。最后,在通力合作下终于明白了该词的含义。

在例5-4中,S1首先使用言语行为描述语启动新的话题。此后,信息解释语和评论语的使用激活一系列共享意义和当前意义,包括正面积极的合作态度、对词义的不确定性、协商意识等。这些因素的激活有助于建构涌现知识共知基础,促进对该词的理解。

5.5.2 建构关系共知基础

BELF的交际互动总体上是和谐的(Ehrenreich,2016; Kankaanranta & Planken,2010)。一般而言,交际参与者之间会相互协调,互相适应,以确保信息的可理解性,并会在交际过程中展示和关照群体身份(Jenkins,2007)以及表达建立和谐关系的愿望(Ehrenreich,2016)。BELF沟通的异质性容易产生不安全感(Sweeney & Zhu,2010)、不可预测性和不确定性(Mackenzie,2014)。一旦出现可能破坏融洽关系或群体利益的情况,交际者会选择元语用表达,传递创建关系共知基础的意图(Enfield,2008:223)。共知基础的建构不仅有利于交际中的信息和知识的管理,而且"对社交和人际关系也有重要的作用"(Enfield,2008:223),如5.5.1节中的例子所示。

在商务会议上,有时会遇到一些消极或敏感的话题,对BELF交际者来说具有挑战性,这主要是因为不同的语言文化背景和英语水平可能制约他们的语言表达。在例5-5中,S4要宣布提高价格的决定,这对于韩方来说是不利的坏消息,因此他选择言语行动描述语和评论语建构关系共知基础,缓解宣布坏消息可能对人际关系造成的负面影响,体现BELF交际者相互之间的情感支持。

例5-5 (选自会议PBmtg3,会话者信息详见附录2。奥方准备提高产品价格,这对韩国经销商来说不是好消息,S4策略地宣布这一决定。)

2751 S4: and before we hh (2) go to the news **i guess** (2) i have one
(2) one good news and one

2752 S1: bad news?

2753 S4: bad news

2754 S2: @@@@

2755 S3: @@ (.)

2756 S1: <soft> okay </soft> (2)

2757 S4: the bad news isn't **i'm sure now i am the bad guy?** because you meet me for the first time but <1> @@ </1> @

2758 S2: <1> @@ </1>

2759 S1: why is why <2> why: </2> why you th- you think is the bad new(s)

2760 S3: <2> @@@ </2>

2761 S2: @@@ =

2762 S4: = pardon me? @

2763 S1: why you think it's the bad news you know?

2764 S4: **because the bad news is that** in times of (1) this strong EURO

2765 S1: <3> a:h </3>

2766 S2: <3> hm </3><4> hm hm </4> hm (.)

2767 S4: <4> we have </4>

2768 S4: erm we

2769 S1: have to increase your price?<soft><@> or what </@> </soft> =

2770 S4: = we yeah we STILL

2771 SX-1: mhm

2772 S4: **e:r and i'm sure you have discussed in the previous years er with [first name1]** <5> also </5>

2773 S1: <5> mhm </5> mhm (.)

2774 S4: erm (.) but we cannot (.) **the good news will THEN be that** i can offer you

2775 S3: <soft> @@ </soft>

2776 S4: er something (.) that we can somehow erm (.) support you

2777 S1: mhm

S4 计划宣布公司将提高产品价格的决定，这对韩国经销商来说是个坏消息，所以他策略性地把这个坏消息搭配一个好消息一起宣布。言语行动描述语 "i guess (2) i have one (2) good news and one bad news"（话轮 2751-2753）激活共享的一般性的认知框架，即宣布一个坏消息之后往往还会有一个好消息。此外，S4 选择评论语 "i'm sure now i am the bad guy"（话轮 2757）希望进一步获得理解，表明自己宣布这个坏消息也是迫不得已。这个元语用表达激活了当前意义，即就个人而言，他不愿意直接说出这个决定，但总要有人去做这件事情。与 S4 的犹豫不决不同的是，S1 此时非常渴望知道坏消息到底是什么。这时，S4 开始谈论欧洲的经济形势，尤其是欧元的升值，可以激活共享意义，即他的公司正面临着很大的压力，成本在增加，希望获得对方的理解和同情。S1 此时已经猜出了这个坏消息是什么，接着 S4 说出了 "have to increase your price"（话轮 2769）。宣布这个提价的坏消息之后，S4 随即宣布好消息，即公司会提供一些支持，以此安慰韩国经销商。

S4 对于宣布提价的决定做了充分的铺垫和准备。首先，他用一个坏消息搭配一个好消息的结构宣布即将有个坏消息，而这个预先声明可以让韩国经销商做好心理准备，接受这个坏消息。随后他提及自己不得不做个坏人，欧洲经济状况和欧元升值以及他们前几年的一次会议，这些都是为了建构关系共知基础，以达到相互理解。

这次会议的目的之一是汇报奥方产品在韩国的推广情况。交际参与者在提出不同的意见时，会使用评价语建构关系共知基础，以减轻可能造成的消极影响，如例 5-6。

例 5-6 （选自会议 PBmtg3，会话者信息详见附录 2。参会者正在谈论产品的包装图案。）

3341 S1: mickey is angry

3342 S3: mickey is mickey is angry

3343 S5: haeh? (.)

3344 S1: goofy <6> looks dull </6>

3345 S5: <6> poah @@ </6>

3346 SS: @@@

3347 S1: **goofy looks stupid** @

3348 SS: @@@@@@@ <7> @@@ </7>

3349 S5: <7> **he looks nice** </7>

3350 S2: @@@@@

3351 S1: **yeah i'm just kidding**

3352 SS: @@@

3353 S5: hm? (6)

3354 S1: **well actually we're we're well (3) we we have different (opin)<8>(ions)** </8>

3355 S3: <8> ex</8><1>actly </1> (.)

3356 SX-2: <1> mhm </1>

3357 S1: **we all have a different erm (.) idea** (2)

3358 S5: **but they would give some refreshment** for the

3359 S2: yeah

3360 S5: for the <2><un> xx xx </un></2>

3361 S3: <2> these are the <un> xx </un></2> extreme =

3362 S2: = mhm (2)

3363 S3: (in) the old package. (1)

3364 S1: <soft> hm but (.) mhm okay okay </soft> (.)

3365 S5: <soft> (ya:h they) look a bit funny @@@@ </soft> (7)

例 5-6 中他们正在谈论包装上的图案。当 S1 说 "goofy looks stupid@"（话轮 3347）时，S5 不同意，说 "he looks nice"（话轮 3349）。S1 接着使用评论语 "i'm just kidding"（话轮 3351）修正自己之前的话语。正如 Overstreet 和 Yule（2001：46）指出，这类元语用结构允许"会话参与者对其话语行为的可能解释进行限制"。这个评论语激活了当前意义，即他并不是真的以为 "goofy looks stupid"，他也认为 "he looks nice"。立场上的结盟对关系共知基础的建构非常重要。S1 在表达不同意见时力求保持立场一致。两个评论语 "well actually we're we're well (3) we we have different (opin)<8>(ions)" 和 "all have a different erm (.) idea (2)"（话轮 3354 和话轮

3357）显示 S1 的确认为"goofy looks stupid"。这些元语用表达激活他们对包装的不同看法，以及对对方情感需求的关照和顾及，另外还有"well actually""we're we're""we we"等重复、犹豫的表达语的使用。在 S5 的回复中，"but they would give some refreshment"（话轮 3358）可以激活不同的评价和观点。在例 5-6 中，韩方对该包装图案实际上有不同的看法，然而，S1 用元语用话语激活一系列当前意义，缓和他们之间的分歧，连同他的同事 S2 的非语言表达——笑声（话轮 3350），旨在建构共知关系基础来表达不同意见。

5.6 讨 论

以上结合实例分析了 BELF 会议互动中元语用意识的语言表征和功能发挥的动机与机制。前期 BELF 研究主要集中在交际特征、交际中策略的选择与利用、语言使用的创造性、说话人的态度和语言水平（Ehrenreich, 2016）等，较少关注到在特定的商务活动中 BELF 交际者的元语用意识。语料分析表明，当 BELF 交际者意识到正在进行的交际互动中存在实际或潜在的问题或困难时，为了实现相互理解，他们会使用元语用表达建构涌现共知基础以便进行意义的协商和关系的管理。

元语用表达的使用表明交际者在语言使用中的反射意识，也这是交际者能够识别自我和他人的语言使用的能力，因此交际者可以为了共同的目标协同工作（Tomasello, 1999；转引自 Verschueren, 2000: 439）。Watzlawick 等（1967；转引自 Verschueren, 1995/2010: 368）提出"适当的元语言交际能力不仅是成功交际的必要条件，而且与自我和他人意识密切相关。"

BELF 交际者之间缺乏核心共知基础，因此运用语言手段创造涌现的共知基础至关重要。先前研究已经表明 ELF 使用者通常会专注于谈话的目的和在特定情景下进行意义的协商（Seidlhofer, 2009b: 242）。Canagarajah（2007: 935）认为交际者在互动中之所以可以合作是因为他们可以为共同完成交际任务而进行协商，并不是因为他们可以使用共同的语言、话语或共享价值观。Cogo（2010）的研究进一步证实了该观点。根据合作原则，

Seidlhofer（2009b：245）认为ELF中的规范既不是"预先建立的"，也不是"根据外部规范强加的"，相反，"它们是由其参与者（共同的参与）为特定目的（共同的事业）通过利用参与成员的语言-文化资源（共享的资源）进行协商的结果"。在BELF会议互动中，元语用表达表明交际者在追求共同目标的过程中，有意选择特定的语言手段建构涌现共知基础来协商意义。元语用表达作为一种特殊类型的语言手段凸显了这样一个事实，即会议中的交际互动，作为合作的一种类型，是一种协作型的共同事业，其中参与者致力于一种伙伴关系，以使正在进行的交际互动具有意义。这些语言表达，作为一种有意义的参与策略，让交际者参与到意义协商和关系管理中，否则他们可能不会完全投入交际互动中。Kecskes（2013：152）指出，ELF交际者缺乏母语使用者所拥有的核心共知基础，因为他们缺乏共享的社会化的经历，因此，在互动过程中需要创造涌现共知基础，这对交际的成功至关重要。

  语料分析表明，在四种主要的元语用表达类型中，交际者选择评论语、言语行为描述语和信息解释语的频次较高，而选择实证语的频次较低。这些元语用话语的使用可以激活共享意义，包括共同的以往经历、公司政策和已达成的协议等。还可以激活当前意义，包括立场选择、情感支持、个人观点（态度和评价）等。这些激活的意义在交际中变得凸显或更加凸显，参与到正在进行的交互活动中，建构涌现知识共知基础和关系基础，有助于交际参与者之间达成互解。

  更具体地说，本章发现，所有四种类型的元语用表达都被用来建构涌现的知识共知基础。首先，评论语可以激活当前意义，提供或限定特定的看问题的视角、观点和对问题的主观判断，表达个人态度，以及人际关照。言语行为描述语倾向于激活当前意义和共享意义，以预告即将进行的言语行为，如改变话题或宣布某项决定。信息解释语可以激活与当下讨论的信息的相关性和确定性有关的语境因素。实据语可以激活共享意义，如提及和提醒以前共享的经验、之前的决定和相关的公司政策和法规。对于涌现关系共知基础的建构，评论语可以激活不同的或新的视角，表达协同合作的意愿；言语行动描述语可以激活对交际行为结盟和合作的意愿以及表达情感认同；信息解释语可以激活交际者的责任感和义务感。由于言语行为描述语、评论语和信息解释语倾向于激活当前意义，实据语和言语行为描述语倾向于激活共享意义，而实据语在语料中的使用频次最低。因此，在建构涌现共知基础时，当前意义被激活的情况要多于共享意义被激活的情况。显然，BELF 交际者由于缺乏共同的社会化经验而更多地依赖于现实情景因素。

与其他类型的机构交际相似，某些特定的语境因素，主要是权力关系，影响 BELF 会议互动中元语用表达的使用。会议中，那些拥有更多权力的人拥有更长的发言时间，并使用更多的元语用表达来影响交际互动的方向和程序。在本章讨论的商务会议互动中，奥地利销售经理 S4，同时也是会议主席，经常选择元语用表达与其他参与者进行意义协商。韩国的物流经理 S1，是他的同事 S2 的上级，也更多地参与到讨论中，这体现在他的发言中使用的元语用表达的类型以及发言的时长。其他的语境因素，如人际关系的历史、机构角色和资历，也会影响在 BELF 会议互动中元语用表达的使用。

5.7 小　　结

本章考察了 BELF 会议互动中元语用表达在建构涌现共知基础中的作用，揭示了 BELF 交际的动态性、涌现性、协作性和容忍性等，可以加深对元语用意识在 BELF 会议语境中如何实现相互理解的机制的了解。在 BELF 会议中，特定的语境因素，如权力关系、语言水平、人际关系、语用能力等都可能制约元语用表达的使用及其功能的发挥。

第 6 章

BELF 会议中元语用表达的语用操控性

6.1 引　言

BELF 研究已经发展成为一个成熟的独立研究领域。Baker（2011：46）指出，在 BELF 使用中，交际者的机构角色为他们的语言使用提供了适当性的条件，BELF 既不是一种文化贫乏的交流方式，也不是一种身份中立的交流方式，而是交际参与者创造性地利用已有的语言和非语言资源创建出的一种新的有效交际空间，进而在此空间进行有效交际。

如果把 BELF 的使用环境看作一个实践共同体（Wenger，1998），那么 BELF 会议的参与者有不同的机构角色，他们要团结协作来共同完成特定的交际任务，这在正式的小型会议中尤其明显。一些前期研究主要集中在较大型的会议或专业身份方面，也有针对较少数参与者（约 10 人）会议的研究（Koester，2006；Vine，2004），例如，有的探究跨文化背景下交际者之间的结盟关系的建构（Zhu，2011）以及会议主席在正式商务会谈中通过语言使用维护和行使其职位权力（Angouri & Marra，2010）。研究发现，在商务语境下，会议主席或权位高的人可以在特定事务方面行使权力，包括制定议程、澄清意义、发布指令、总结进展和宣布决定等（Angouri & Marra，2009；Bilbow，2002；Handford，2010；Holmes & Meyerhoff，1999；Holmes & Stubbe，2003）。

本章在 SCA 下，探究会议主席话语中元语用表达如何行使机构权力，完成会议议程，最终揭示 BELF 会议中机构交际者使用的元语用表达所体现的语用操控性。语料来自 VOICE 语料库中的三次商务会议。这类小型正式的商务会议与非正式和/或大型会议相比有以下特征：有正式的会议议程，固定的会议时间，指定的主席和更多的参与者间的互动。其中主席与参与者以及参与者相互之间有较多的互动是这类会议的突出特点。

本章要回答两个研究问题：①BELF 会议主席在互动中使用哪些类型的元语用表达？对这个问题的探究可以增加对 BELF 交际中元语用意识的语言表征和类型的了解。②会议主席选择元语用表达对交际互动进行语用操控的功能发挥过程是什么？对这个问题的探究可以增加对 BELF 交际中机构权力对语言使用制约机制的了解。

6.2 元语用意识的语用操控性

元语言意识（metalanguage awareness）是"反思和操控语言使用的语言结构，体现交际者将语言本身作为思维对象的能力"（Tunmer & Herriman, 1984：12）。反身性和操控性是元语言意识的核心。具体而言，从功能的角度，元语用意识标识语体现交际者对自己和他人的交际行为的适当性做出判断的能力（Caffi, 1994：2461）或者说话人选择适当的语言手段引导听话人对所说话语进行合理解释的能力（Verschueren, 1999/2000, 2000）。元语用表达是"交际中不涉及内容，而是关于听话人如何理解、使用或加工处理话语内容的语言表达"（Smith & Liang, 2007：172），可以促进对交际内容的理解、使用和加工。Caffi 和 Verschueren 都强调，元语用标识语体现交际者对进行中的交际行为是否恰当的关注。在 BELF 交际中使用的元语用表达，明示说话人对语言使用的反射意识，体现交际者意欲操控正在进行的交际活动，以提高交际的适当性和效率，旨在完成机构任务，如例 6-1：

例 6-1（选自 PBmtg3；S4 是会议主席。）

2784 S4: for for korea (.) which we had in the pa- past couple of years? (.) **as far as i know** (.) the last price increase was (1)

2785 S1: quite minimal hm? (.)

2786 S4: yeah it was a a long time ago **i'm sure**

2787 S2: hm

2788 S4: **er [first name1] mentioned** the need already last time but (2) **i guess i'm the bad guy who has @@ @@ to as- (.) to ASK you now** we need to increase the prices by five per cent.

2789 SX-2: mhm (1)

2790 S1: **you mean** the our purchase price

2791 S4: <6> right </6>

会议讨论的话题是商品提价的决定，其中使用的元语用表达，如"as far as i know"，"i'm sure"，"[first name1] mentioned"和"i guess i'm the bad guy who has @@ @@ to ask you now"，对命题的真值意义的影响并不大，但体现了说话人对正在发生的事情的反射意识。会议主席通过提到其他几件事情，策略性地提出商品提价的决定，比如，上次提价是很久以前的事，之前有人已经提到过提价的问题，以及他作为领导者要承担宣布坏消息的责任。元语用表达明示了会议主席的意图，操控正在进行的，具有负面意义的，有关提价决策发布的过程，使其更易于被商务伙伴接受。

操控是指"让某人采取特定的行为来满足操控者的需要和利益"，对某个个体的操控与施加约束直接相关（de Saussure，2005：117）。语言操纵是指使用语言对某个个体的行为施加约束，使自身受益。在通常情况下，语言操纵与真值条件违反（truth-conditionality violation）（de Saussure，2005）、说话人利益（speaker interest）（van Dijk，2006）、掩饰（covertness）（de Saussure，2005；Rigotti，2005）和权力滥用（power abuse）（de Saussure，2005；van Dijk，2006）等密切相关。尽管在许多情况下，语言操控被认为是一种与说谎和欺骗相类似的"自私"或"不道德"的行为，但操控存在程度的差异，目的也不一。Liu和Ran（2016：469）讨论了一种弱势语用操控（pragmatic manipulation），指的是"一种有动机的互动行为，说话人试图通过在互动中行使自己的权利与义务，为实现说话人和/或其他利益相关者的最大利益，对他人施加公开的影响或控制"。这种操控不一定具有负面意义，可能仅仅是为了完成机构任务而选择的语言手段。也即，操控不应该总是被视为负面的或一种交际缺陷，而是一种可预测的，有动机的，不可避免的正常的语用过程。从这个角度看，为了在 BELF 会议上完成交际任务，会议主席行使职位权力（position power），把元语用表达作为语用操控的手段，对他人施加影响和控制，旨在达到交际目的。

6.3　会议主席的机构权力

把 BELF 使用看作商务实践共同体，可以更清楚地观察 BELF 交际中语言使用的动机与目的（Canagarajah，2007）。将参与者聚集到一起的不是 BELF 交际中交际双方所共享的语言和文化，而是他们所追求的商业目标和期望获得的商业利益。

虽然 Louhiala-Salminen 等将 BELF 定义为不以英语为第一语言的交际者之间将英语作为"中立"（neutral）和"共享"（shared）的交际代码时所使用的英语（Louhiala-Salminen，2005：403-404）。Canagarajah（2013：175）也声称，ELF 研究者创建了一种"价值无涉或中立的英语形式"（a value-free or neutral form of English）。然而，BELF 绝不可能是一种文化贫乏和交际者身份中立的交流形式（Baker，2011），因为"所有的交流都涉及参与者、目的、语境和历史，这些要素中没有一个可以真正做到'中立'"（Baker，2015：3）。

在由指定主席主持的小型正式的 BELF 会议中，机构权力的分配是不对称的。在这种情况下，会议主席的角色对于达成共同的协议和完成目标非常重要。会议主席在澄清意义（Handford，2010）、避免误解、引导与会者合力完成任务方面承担更大的责任。Svennevig（2012b：4）的研究表明，相比普通的谈话和其他类型的机构交际，商务会议的主要特点在于主席在管理发言的次序和发言时间，控制谈话的进展，预先明确会议主题和会议持续的时间等方面的管理、协调和调控作用。Angouri 和 Marra（2010）观察了在非正式会议中主席的站位。Holmes 和 Meyerhoff（1999）以更详细的方式报告了在商业环境中行使权力的六种方式：确定议程、总结要点、结束会议、发布指令、表达批准和发出挑战。与此相似，Pomerantz 和 Denvir（2007：32）讨论了主席在会议中五个不同的方面的作用，包括介绍议程、制止不当的行为等。在会议期间,主席的主要责任和对会议的监控可以通过行使权力显示出来,体现在语言的使用中。

在 SCA 下分析 BELF 会议中的互动过程,可以更好地了解 BELF 交际中元语用表达使用的动机和功能发挥过程。交际是"一个动态的过程,在此过程中,交际者不仅受到各种社会条件的制约,同时也影响和改变这些社会条件的形成"(Kecskes,2013:47)。在 SCA 框架下考察元语用表达在 BELF 会议互动中受到的语境制约,可以揭示交际者对正在进行的交际互动的操控意识。Kecskes(2013)指出,交互文化交际中面临的主要问题是交际者之间缺乏共同的经历,他们没有,也不可能拥有母语使用者所拥有的核心共知基础。因此,交际者需要在交际过程中寻找、创造并共同建构涌现共知基础。涌现共知基础是指在交际过程中产生的、由实际情景语境触发的、动态的、特殊的知识(Kecskes,2013:160)。涌现共知基础依赖于两类意义:共享意义和当前意义。如前文所述,共享意义是指交际者所共享的关于个人(而非共同体)经历的特定知识;当前意义涉及对当前情景涌现的感知(Kecskes 2013:162)。此外,Kecskes(2013:151)区分了共知基础的三类组成部分:参与者共享的信息、对情景语境的理解以及参与者之间的关系。第一类指向信息;第二类指向交际语境;第三类指向人际关系。

在 ELF 交际中,"涌现共知基础是根据特定交际情景对核心共知基础的修正"(Kecskes & Zhang,2013:341)。ELF 交际者为了传递信息,并不一定要寻找和激活共知基础或共享知识,而是使用语言手段和语篇策略作为共知基础,因为每个参与者的社会文化背景知识存在显著差异(Kecskes,2007:204),就像 Mey(2008:267)所声称的,语用行为本质上是"在共同的基础上使用语言",共同基础包括情景中的其他参与者以及决定"基础"的物质和其他条件。研究表明,ELF 使用者的元语言能力有所增强,这源于他们分析能力和语言能力的增强以及他们对内部语言处理能力的更强的控制。在 BELF 会议中,会议主席需要通过积极地建立涌现共知基础来操控交际过程,最终保证任务的完成,而这体现在元语用表达的使用上。

6.4 语料与分析方法

6.4.1 语料

本章分析的语料来自 VOICE 语料库的职业商务部分的三次商务会议。语料库中职业商务部分的商务会议共有八个，其中五个的背景信息介绍上显示参会者之间存在一定程度的不对等的权力关系。在这五个会议中有三个有指定的会议主席，符合本章语料选择的标准，因此成为本章的分析语料。至于另外两个会议，由于参会者在各自公司的职务不同，因此无法区分他们的机构权力大小，不符合本章的语料选择标准。所选的三个会议的总时长为 7 小时 54 分 6 秒。每个会议的主题、单词数量和持续时间见表 6-1。会议的背景信息等详见附录 2~附录 5。

表 6-1 商务会议基本信息

会议标号	会议内容	会议主席的第一语言和职位	单词数	会议时长（时：分：秒）
PBmtg3	在奥地利的一家食品公司举行有关产品促销活动的商务会议	德语，销售经理	24 601	03：28：06
PBmtg27	与货运代理公司讨论销售事宜	德语，货运代理	15 068	01：17：35
PBmtg300	与航空公司的货运代理讨论货物运输等问题	德语，货运代理	35 277	03：08：25
总计			74 946	07：54：06

6.4.2 分析方法

首先识别出每个会议的主席发言中使用的元语用表达，然后分析元语用表达与所依附的主句之间的所指关系，根据 Verschueren（2000）、Van de Kopple（1985）等对元语用意识标识语和元话语的分类对元语用表达进行编码，分类、编码方案和示例详见表 6-2。

表 6-2 元语用表达的分类、编码方案和示例

分类	编码方案	示例
评论语	含个人判断、评价、观点和喜好的词语，如 good、bad、funny 等的元语用表达。	That's a great idea/I am just kidding
言语行为描述语	含言语行为和思维行为的动词，如 say、tell、guess 和 comment 的元语用表达。	I will explain later/I would tell something
信息解释语	含澄清、重述和例证语词，如 mean 和 example 的元语用表达。	The thing is like this/I mean/for example
实据语	含描述信息来源语词，如 according to 和 as you said 的元语用表达。	According to our previous meeting/as I said previously

基于 Kecskes（2013：151）对共知基础的三个组成部分的区分，即参与者的共享信息，对情景语境的了解和参与者之间的关系，元语用表达的语用操控分析从三个维度展开，即信息指向、过程指向和人际关系指向。信息指向的操控与 Kecskes 共知基础分类中的第一个维度相关，具体包括意义澄清和会议总结等方面。过程指向与 Kecskes 共知基础分类中的第二个相关，但将其重新表述为过程指向的操控，这与商务会议更相关，具体包括确定议程、会议开始与结束以及发布指令等方面。关系指向与 Kecskes 共知基础分类中的第三成分相关，具体与表达赞同、发出挑战和表达人际关怀等方面相关。

6.5 元语用表达及其操控性分析

6.5.1 会议主席使用的元语用表达统计

在三次会议中，会议主席使用的元语用表达的频率和百分比统计如表 6-3 所示。

表 6-3 会议主席发言中元语用表达的使用频率和百分比

元语用表达类型	会议 PBmtg3（时长 03:28:06）	会议 PBmtg27（时长 01:17:35）	会议 PBmtg300（时长 03:08:25）	合计 频次	合计 频率
信息解释语	34	56	52	142	31%
评论语	30	50	69	149	32%

续表

元语用表达类型		会议 PBmtg3 （时长 03:28:06）	会议 PBmtg27 （时长 01:17:35）	会议 PBmtg300 （时长 03:08:25）	合计	
					频次	频率
言语行为描述语		33	27	45	105	23%
实据语		8	23	36	67	14%
合计	频次	105	156	202	463	—
	频率	23%	34%	43%	—	100%

表 6-3 显示，评论语和信息解释语的使用频率最高，分别占 32% 和 31%。这两种类型分别占所有元语用表达的近三分之一；实据语占 14%，使用频率最低；言语行为描述语占 23%。信息解释语的使用表明会议主席意欲解释、阐述和说明相关信息的意图，而评论语的使用明示会议主席的偏好和个人评价，这两种类型合计占总数的 63%。频率统计显示，会议主席更关心在会议上如何澄清和协商意义，同时也试图明确个人看法和意见并让其他参与者准确理解其意图。言语行为描述语的使用占 23%，略低于 4 种元语用表达总量的均值。这类元语用表达主要用来明示会议主席的意图，通过预先宣布即将实施的语言行为，来操控交际者的注意力资源。实据语主要提供信息来源，影响对交际者所提供信息的可靠性和确定性的理解以及话语所涉及的责任和个人承诺。

6.5.2 元语用表达的语用操控性实例分析

6.5.2.1 信息指向的语用操控

在 BELF 会议中，会议主席主要负责分配任务和澄清与协商意义，包括与商务事宜和语言使用相关的问题。研究发现，会议主席倾向于着重强调、重复他们认为重要的和关键的信息内容，以使特定的意义得到相互理解。在例 6-2 中，S4 谈到他对许可证问题的看法，使用言语行为描述语、信息解释语、评论语等操控表达观点的过程，意在建构共知基础。

例 6-2 （选自 PBmtg3。S3 和 S4 是奥地利一家食品公司的员工；该公司在韩国销售产品，S1 和 S2 是韩国销售公司的员工。会议在 S1 和 S2 来奥地利访问时举行。S4 是会议主席。）

2173 S4: <L1ger> na ja {well} </L1ger> if (.) if i m- may erm (.) **make a comment there**

2174 S2: mhm (1)

2175 S4: the (.) impulse channel (.) erm

2176 S1: impulse chann<5>el?</5>

2177 S4: <5> the </5> impulse channel or the <spel> c v s </spel> <8> er cha</8>nnel (.)

2178 S2: <8> mhm </8>

2179 S4: is very much er (.) LICENCE-driven. (.) **meaning** (1) if it's (.) in the impulse channel (1) the LICENCE is very important. (.) **i mean** nobody would (.) buy (.)[thing1] there they just (.) see hello kitty or whatever (.) and then e:rm (2) **that is a I think a very CRUCIAL point** (1) o:f what LICENCE (.) is in the <spel> c v s.</spel>

2180 S2: hm

2181 S4: and if YOU had **for instance**

2182 S2: hm

2183 S4: **just a thought** (.) last year mister BEAN

2184 SX-2: hm

2185 S4: in the (1) CONVENIENCE channel (.) then (1) **I would say (1) that might be a reason** that it did not work. if you had (1) e::rm hello kitty **for instance** or any kind of movie e:r =

2186 SX-2: = hm

例 6-2 中使用的言语行为描述语"if (.) if i m- may erm (.) make a comment there"（话轮 2173）是为了把持话轮，明示和强化自己作为会议主席的身份。该元语用表达可以将其他人的注意力吸引和保持到他即将谈论的话题，即 impulse channel。S4 作为会议主席，其职责是确保会议按议程话

-125-

题推进。在话轮 2179，S4 使用两个信息解释语，一个言语行为描述语和评论语的组合阐明和强调他的交际意图。第一个信息解释语"meaning"可以激活当前的个人看法，即许可证对冲动购买渠道很重要；第二个"i mean"可以激活共享意义，即通过举例阐述他的观点。"meaning"和"I mean"的使用可以通过激活个人看法并对个人看法进行解释说明，建立关于许可证对冲动购买渠道很重要的共知基础。这一意图通过使用信息解释语和评论语的组合"that is a I think a very CRUCIAL point"得到强化。随后，S4 在话轮 2181 和话轮 2183 使用两个信息解释语"for instance"和"just a thought"激活相关的共享意义，即过去的共享知识、"mister BEAN"的失败经验以及他对这个问题的个人看法，来建立一个关于"mister BEAN"营销失败的共知基础。话轮 2185 作为总结，用言语行为描述语和评论语的组合"I would say (1) that might be a reason"和信息解释语"for instance"表示 S4 要重复和强调的讨论的重点意图，即许可证对冲动购买渠道非常重要。在例 6-2 中，三种元语用表达的使用旨在凸显 S4 作为主席对许可证问题重要性的重视，这些语言手段可以激活他的个人意见、过去失败的经验以及对其他类似推广活动的看法。这些被激活的语境因素共同创造涌现共知基础，利于 S4 操控其观点的表达、理解和接受过程。

6.5.2.2 交际过程指向的语用操控

在 BELF 会议程序上，主席拥有绝对的权力，包括设定议程、发布指令、预防和阻止跑题、开始和结束某个话题讨论等。例 6-3 中会议主席 S1 开启会议，并介绍要讨论的主题。

例 6-3 （选自 PBmtg27。这次会议是运输公司的内部员工会议。S1 和 S3 是公司员工，S2 是研究者。S1 是资深员工和团队领导，因此也是会议主席。）

1 S1: **as soon as we get the green light?** (1)

2 S2: go ahead

3 S1: okay hhh (5) <soft><fast> (it's gonna) make noise </fast></soft> okay (.) hh [S3] (.) now we can talk to [org1] tomorrow? (1) and then we see (what can) we do it? (.)

4 S3: <soft> o:h </soft>

5 S1: o:h **but the idea was not bad (or) ?**

6 S3: the idea wasn't bad?<soft> no </soft>

7 S1: **no (1) i'm pretty sure** i get the forty from [org1] ex luxembourg so

8 S3: that should(n't) be the big deal (1)

9 S1: we go with [org1] (1) prefer them to [org2] (2) and the rest (.) wait and <1> see </1>

10 S3: <1> yeah </1> it's it's a pity but (.) <fast> o- on on on th- the one side i would love would like to work with him </fast> (1) cos sometimes there they HAVE options we might need but on the other <2> hand </2> (.)

11 S1: <soft><2> m</2>hm </soft>

12 S3: <soft> (don't) <3> (make sense) </3></soft>

13 S1: <3> if YOU </3> think you can promote us better than [org1] erm and you think it's an in more an alliance with other things cos there er you still have er good knowledge of the chinese market hh (.) **i have no problem (4) your decision** (.)

14 S3: <fast> what (i) would've <4> (been) </4></fast>

15 S1: <4> **think** </4> **think about it le- let's do it this way**. hh i check with er tomorrow with [org1] the rate. (2) WHAT WOULD BE a scenario. (.) yeah? and also from pickup dates and all this hh (.) and then we can see and erm (1) where we can see where we are going. (1) yeah? (3)

S1用"as soon as we get the green light?"（话轮1）行使会议主席的职责，开始会议。两个评论语"but the idea was not bad"（话轮5）和"no (1) i'm pretty sure"（话轮7）的使用，明确传达S1对正在讨论的事情的看法和态度，引导讨论的方向和进展。针对S3对产品促销的提议，S1使用评论语"i have no problem (4) your decision"（话轮13）表明了积极肯定的态度，并随后使用言语行为描述语"think </4> think about it le- let's do it this way"（话轮15）宣布行动计划，体现了主席的权力和义务。很多时候主席使用元语用表达发布指令，确保讨论在正轨上进行的交际意图，如例6-4。

例6-4　（选自 PBmtg27。S1、S3、S5 和 S7 都是公司员工。S1 是资深员工和团队领导，因此也是会议主席。）

436 S1: **er this is something (.) there might be a request from (.) [first name29] (.) to update the <pvc> plannings. </pvc>** but i refused this in the first round as well (.) er:m (.) i <7> have </7>

437 S3: <7> but </7> then

438 S1: **bu- let's let's do it this way [S3].** (1) you can (.) we have four weeks time. easily the the <pvc> removement </pvc> will be hhh march.<fast> **that's the only thing i know** </fast> (.) yeah? er:m (2) you can (2) in free time (.) think about it prepare something (.)which you can propose in one of the next e:r sales meetings? (.) and see and say this is the form I would prefer. (1) yeah? (.) **bear in mind one of the main issues is** to advise [first name2] about the production

439 S7: yeah this one what we have now IS requested by [first name2]. (.) was requested like THAT from [first name2].

440 S1: **yeah that's why <1> i'm stopped all </1>**

441 S7: <1> you know it's </1> the question if you can change it or not. (.)

442 S5: yeah <2> i change <un> ××× </un> and (.) seventy </2>

443 S1: <2> **that's exactly what i said before I** </2> **have. (.) <3> i have </3> to talk <4> to [first name2]** </4>

444 S7: <3><soft> mhm </soft></3>

S1 在此详细策划发布命令的过程。在话轮 436 的信息解释语"er this is something (.) there might be a request from (.) [first name29] (.) to update the

"<pvc> plannings"明确当前讨论的话题,以创建共知基础,也即,他提出的问题是这一阶段的焦点问题。这个表达可以将参与者的注意力集中在他接下来的谈话上。随后,他提及曾经拒绝别人提出的请求,用言语行为描述语"bu- let's let's do it this way"(话轮 438)激活不同的观点和想法,旨在强化他在团队中的资历和领导地位。信息解释语"that's the only thing i know"(话轮 438)激活当前意义,即他提出的计划是他个人的想法和观点。言语行为描述语和评论语的组合"bear in mind one of the main issues is"(话轮 438)激活他作为主席对当前讨论问题的判断和建议或指示,以强化这方面的共知基础。在他的同事 S5 和 S7 对他的指令给出肯定的评价后,S1 同时使用了实据语和言语行为描述语 "that's exactly what i said before I </2> have. (.) <3> i have </3> to talk <4> to [first name2]"(话轮 443),激活共享意义,即从他之前的讲话中获得的相互知识,以及当前对他立场和计划的理解。在发布指令时,会议主席通过激活交际参与者过去共享的经验、知识、立场、个人判断和计划,在交际者之间建立涌现共知基础。这些情景因素的激活可以影响和引导正在进行的讨论,从而促进指令的成功发布。

会议接近尾声时,主席会使用一些程式化的元语用表达重复和强调讨论的要点,表达即将结束讨论的意图。程式化的元语用表达,例如"To sum up""I would thank you for…"和"I would appreciate your coming"等的使用可以凸显领导者的身份及其对会议进程的操控,这种操控性可以对群体意义的表达过程施加控制(Svennevig, 2012b; Hall & Butler, 2017)。如例 6-5。

> 例 6-5 (选自 PBmtg3。S4 是奥地利一家食品公司的销售经理;该公司在韩国销售产品,S1 和 S2 是韩国销售公司的同事和员工。会议在 S1 和 S2 来奥地利访问时举行。S4 是会议主席。)
>
> 4290 S4: <6> okay </6> then **i would like to thank you** for coming from frankfurt to [place1] <7> for this afternoon </7>
>
> 4291 S1: <6> okay </6>
>
> 4292 S1: <7> no: no </7> problem
>
> 4293 S4: **it was really (.) an important meeting** =

4294 SX-2: = yeah =

4295 S4: = **i would say** to (.) get to know each other <1> and to </1> bring ou- ourselves on one level again (.)

4296 S1: <1> mhm </1>

4297 S4: **i really appreciate your time** if you (.) came back i'm sorry that you go back with a blue tongue (.)

4298 SS: @@@@@@@@@@

4299 S4: <clears throat>

4300 S2: @@

4301 S1: e:r when do you (1) do you have any er rough rough plan (.) er what when you er going to visit korea you have any er:<2> idea </2>

4302 S4:<2> **i would** </2> **say** roughly around may.

这段对话发生在会议即将结束时，会议主席 S4 使用程式化语言"i would like to thank you"（话轮 4290）和"i really appreciate your time"（话轮 4297）表达谢意；使用评价语"it was really (.) an important meeting"（话轮 4293）对此次会议进行积极评价；使用言语行为描述语"i would </2> say"（话轮 4302）明示宣布未来计划的意图。这些元语用表达凸显会议主席对会议进程的操控意识。

6.5.2.3 人际关系指向的语用操控

一般来说，BELF 会议中的人际互动倾向于促进和谐的人际关系（Ehrenreich，2016；Kankaanranta & Planken，2010）。交际者倾向于监控和调节各自的话语使之相互适应，确保话语的可理解性和可接受性，并同时维持适当的人际关系（Ehrenreich，2016；Jenkins，2007）。从另一方面看，ELF 交际的异质性容易引起不安全感（Sweeney & Zhu，2010）、不可预测性和不确定性（Mackenzie，2014）。当 ELF 交际者意识到需要建立融洽关系，否则会对群体利益有潜在损害时，会选择元语用表达作为"管理社会关系的资源"（Enfield，2008：223），传达建立和维护和谐关系的意愿，这些元语用表达可以激活相关语境因素，创建涌现的共知基础，操控正在进行的交际互动向期待的方向进行，如例 6-6。

> 例 6-6（选自 PBmtg300。会议是在公司销售访问航空货运代理公司时召开的。S2 是航空公司的销售代表；S1 是团队领导，担任会议主席。SX-7 和 SX-2 身份未知的说话者。）
>
> 1594 S1: <1> er </1> **you know the the MAIN reasons why** we have stopped e:r in september october the: the the hongkong operation with you is **simple the fact hhh as you know** that all e:r
>
> 1595 SX-7: <soft><un> × <2> × </2></un></soft>
>
> 1596 S1: <2> BIG </2> carriers <3> e:r </3> er (.)
>
> 1597 SX-2: <3><soft> hm?</soft></3>
>
> 1598 S1: stopped as WELL？(.) er or DECREASED their rates tremendously? (1) yeah? and e:r to offer a service which is within OURsystems traditionally with ONE day longer transit times on a direct flight? (.) which is part of OUR system? (.) **as you know** erm (.)the rate discrePANCY for **let's say** a so-called <spel> B </spel> service (.) for OUR marketing. (.) due to transit time (.) was too low to bring it to the market. **hh i mean the er (we) we ALL know** the local markets e:r in FRANKFURT **for example** e:r (.) [org32] er [org29] has dropped to hh (.) rates between seventy-five eighty-five (.) **i'm NOT talking about** ad hoc rates (.) just REAL normal rates. hh<4>h </4>

在这段对话中元语用表达的使用主要是用来建立对当前形势的共同理解，保持看法一致性。S1 使用不同类型的元语用表达操控信息理解的过程，解释他的公司停止在香港的业务的原因，主要是为了得到业务合作伙伴的理解。信息解释语"you know the the MAIN reasons why"（话轮 1594）可以激活后续谈话内容，为解释停止香港业务的原因建构共知基础。"you know"的使用体现他人意识，顾及其他交际者的理解和感受。评论语和实据语"simple the fact hhh as you know"（话轮 1594）激活当前意义，即真正的原因其实简单而且直接，以及后续的共享背景知识，即大型航空公司都改变了经营策略。实据语"as you know"激活共享知识，即利率问题，也显示了对其他交际者的关照。言语行为描述语"let's say"（话轮 1598），信息解释语"hh i mean the er (we) we ALL know"（话轮 1598）和"for example"（话轮 1598）表明他尝试和努力对这个问题进行详细阐释，并努力和其他交际者一起共建共知基础。这些元语用表达意欲激活他当前的交际意图、个人观点和专业判断以及共享的背景和专业知识，建构对讨论话题理解的共知基础。最终目标是与他的商业伙伴建立一致的立场和相互的理解。

6.6 机构权力与语用操控

上文基于实例分析了 BELF 会议中机构角色如何制约元语用意识的发挥，拓展了前期对元语用的研究（如 Caffi，1984；Mey，1993/2001；Silverstein，1993；Verschueren，1999/2000，2000）。研究发现，在 BELF 会议中，由于交际致力于目标导向、可用资源的高效利用以及合作双赢的愿望（Kankaanranta & Planken, 2010），会议主席拥有更多的机构权力和责任义务，选择不同类型的元语用表达创建涌现的共知基础，旨在完成交际任务。会议主席主要使用四种元语用表达，其中评论语和信息解释语的使用频率最高，而实据语的使用频率最低，言语行为描述语的比例略低于平均水平。这些元语用表达的使用频率分布表明，会议主席主要关注话语意义的澄清和协商。评论语主要激活个人立场、判断、偏好和评价，以及保持立场一致。信息解释语主要激活当前意义，如阐述和解释个人想法以及对过去共同经验和知识的共享意义。激活这些不同的意义有助于构建涌现共知基础，使会议主席能够操控意义的澄清和协商过程。言语行动描述语主要激活会议主席的机构角色和对人际关系的关注和关照，以及对不同观点和交际意图的理解。激活这些意义，可以促进涌现共知基础的建构，操控交际参与者的注意资源，旨在完成任务。实据语激活以往的共同经历和共知，有助于建立涌现共知基础，传达所提供信息的可靠性和确定性以及个人的承诺。

一般情况下会议持续的时间越长，使用的元语用表达就会越多。然而，尽管 PBmtg27 会议时间仅一个多小时，约占会议总时长的七分之一，但会议主席使用的元语用表达约占总数的三分之一。在这次会议中，S1 是资深员工和团队领导，也是会议主席，所以他似乎拥有绝对的领导权和主动权，负责会议议程和讨论话题，如员工变动、休假时间和业务联系等内部组织事务。尽管 PBmtg3 是三次会议中时间最长的，但会议主席使用的元语用表达的总数却最少。这可能是因为 S4 刚上任，从另一位同事那里接管这份工作不久，对会议讨论的一些议题还不太熟悉。他的商业伙伴 S1，也就是分销公司的物流经理，在会议上显得更加活跃。这两次会议中主席使用的元语用表达情况的比较表明，主席的机构权力的实施受到专业知识、在机构中的资历、参与者之间的关系史等语境因素的制约。

从信息指向、交际过程指向和关系指向三个不同的维度，分析元语用表达的操控性发现，当需要宣布公司战略变化，遇到语言问题，分配新的任务，出现人员变动等方面的挑战和困难时，会议主席选择元语用表达控制和调节交际过程，旨在顺利解决问题或预防问题的出现。在信息指向的操控中，元语用表达的使用旨在创建涌现的共知基础，澄清交际任务和某些词语的含义。在过程指向的操控中，元语用表达的使用主要在相关信息和立场方面创建涌现共知基础，以便发布指令和明确会议议程。在关系指向的操控中，元语用表达可以创建涌现共知基础，减轻可能对人际关系造成的负面影响。

本章的研究发现和讨论对英语语言教育和研究以及专业培训都有启发。传统的语言教学和培训方法已经无法适应全球化时代英语的具体应用，在商业环境中使用英语作为通用语的需求越来越大。正如上文所讨论的，BELF 交际与以英语作为一门外语的交际是不同的，英语语言交际的新环境需要一种全新的思维方式和一套教学方法来考虑英语使用的具体要求，从而摆脱传统英语作为外语教学的纯粹主义的教条。BELF 使用的中性化（Louhiala-Salminen et al., 2005）、实用性和文化多样性表明，英语对于商务交流中所有参与者来说是共享的资源。因此，BELF 使用并不强调本族语化，而是强调在合作共赢大目标的驱动下，在商务实践共同体语境制约下对语言资源的有效利用。Louhiala-Salminen 和 Kankaanranta（2011）提出了一种全球交际能力（Global Communicative Competence）的模式，作为语言策略的框架，该框架由三部分组成：多元文化能力（multicultural competence)、BELF 使用能力（competence）和业务知识与技能（business know-how）。在语言教学和研究以及专业培训中，BELF 能力的评估应该基于内容的准确性和正确性，以及商业术语的知识，而不是语言的正确性和英语知识（Kankaanranta & Planken，2010）。从语料分析可见，BELF 的使用者在交际中具有独特的优势，因为他们对某些通用术语和业务知识的理解更精准，能够有效地实现交流目标（Seidlhofer，2004）。因此，学校的语言教师和职业培训人员应该有一个开放的心态，提高对 BELF 使用的认识。

6.7 小　　结

在 SCA 框架下对会议主席发言中使用的元语用表达的分析，有助于从辩证的角度理解机构权力对语言使用的影响和控制。面对信息内容、会议程序和人际关系方面实际的或潜在的挑战和困难，会议主席选择元语用表达激活相关的语境因素，使其在交际中凸显或更加凸显，从而参与到涌现共知基础的扩大或建构过程中，促进和支持交际任务的完成。语料分析表明，会议主席使用元语用表达旨在激活共享意义（包括共同的经历、知识和兴趣）和当前意义（包括个人判断、评价和意见）。激活这些意义有助于创建涌现的共知基础，操控正在进行的交际互动，从而促进商务会议议程的完成。从理论上，本章研究促进了对 BELF 语境中元语用意识的理解，尤其是跨文化商务交际中元语用表达在共知基础构建中的作用。从实践上，对于教育和商业从业者来说，这些发现为英语教育和专业培训提供了一定的启示，重新考虑语言教育的教学和培养目标刻不容缓。

第7章

BELF 投诉回应中共知基础的建构

7.1 引 言

本章在 SCA 视角下，探讨商务机构回应消费者投诉的电话交流中，元语用表达建构共知基础的作用。商务机构投诉回应互动中使用的元语用表达，如 *This is what I mean*、*You are absolutely right* 和 *I am going to explain more later* 等，明确传达接线员在回应消费者投诉时意欲建构共知基础，达到相互理解的交际意图。前期学者探讨了日常、机构和网络环境下元语用标识语的语言表征类型和不同功能（Caffi，1984；Cruz，2015；Hübler，2011；Hübler & Bublitz，2007；Kleinke & Bös，2015；Mey，2001；Silverstein，1993；Verschueren，1999，2000），但很少关注商务投诉及其回应语境中元语用表达的使用。

投诉行为在日常生活和机构工作中时有发生。投诉指说话人指出某一方的一些违规或不当行为造成了麻烦和/或实施了一些可被投诉的行为，而这些麻烦和/或可被投诉的行为通常引起投诉人的不满（Drew，1998；Edwards，2005）。在商业语境中，投诉被定义为"一种表达不满的方式，其目的是引起商业机构对不当行为的注意，并实现个人或集体的目的"（Einwiller & Steilen，2015：196）。因此，投诉是表达对某一事态不满的态度或情绪，并将责任归咎于某人、某组织或其他因素，以达到特定的目的。从投诉对象的角度看，投诉分为"直接"和"间接"两类（Pomerantz，1978）。在商务交际中很难分辨投诉是直接的还是间接的。这是因为投诉的受理者，通常是客户服务部门，实际上并不直接对投诉者的问题负责。然而，客户服务部门是代表商业组织对此投诉进行回应的。从这个意义上说，这类投诉属于直接投诉。

投诉行为本质上具有冲突性。这是因为，通过投诉，一些实际上是个人经历的问题或遭遇转变成了公开承认的人际或机构问题。此外，投诉行为往往伴随其他威胁面子和冒犯性的言语行为，如指控、指责、批评等，容易产生和带有负面情绪。然而，在商务语境中，通过投诉，客户选择与商务机构进行沟通，期待所经历的问题得到解决或改变当前的某些规定和做法。因此，客户的投诉行为使商业机构有机会提供某种形式的补救和/或采取一些改进的行动。从这个意义上说，投诉可以被视为积极的事件。但是如果商务机构没有给予投诉足够的重视，不能满足客户的要求，就可能因此失去客户，机构形象也会受到损害。因此，对于客户服务部门来说，维护机构的利益和形象，以及与客户保持团结一致和融洽的关系至关重要。这种双重取向表现在接线员对投诉回应的语言组织和策略使用上，反映在回应投诉时的元语用话语的使用中。

以往关于投诉和投诉回应的研究主要涉及影响投诉活动的因素（如 Fan et al., 2015; Li et al., 2016; Wan, 2013）、投诉的类型、策略和管理以及投诉回应（如 Bippus et al., 2012; Dersley & Wootton, 2000; Filip, 2013; Heinemann & Traverso, 2009; Holt, 2012; Pomerantz, 1978; Selting, 2012; Schegloff, 1988），以及投诉处理者对投诉的态度（如 Garín-Muñoz et al., 2016）。大多数研究从营销管理（如 Yilmaz et al., 2016）、会话分析（如 Drew, 1998; Drew & Walker, 2009; Ekström & Lundström, 2014; Holt, 2012）、言语行为理论（如 Akram & Behnam, 2012; Martínez-Flor & Usó-Juan, 2015）、体裁分析（如 Zhang & Vásquez, 2014）和跨文化交际（如 Giannoni, 2014; Li et al., 2016）等角度探讨日常和商务机构中的投诉现象。本章采用 SCA 视角，探讨元语用表达在商务机构电话投诉回应中的作用。

在回应消费者投诉的电话交流中，接线员选择元语用表达激活、寻求和创建共享的信息和知识，从而调整特定情景因素的凸显程度，构建和扩大共知基础，旨在促进投诉的解决。本章提出的研究问题是：在商务机构投诉回应的电话交流中，接线员如何利用元语用表达建构共知基础，以促进直接投诉的解决？为了回答这个问题，首先在语料中识别电话投诉回应中使用的元语用表达，并探讨它们与主句之间的指代关系，以揭示其功能。然后通过具体的案例分析，探讨元语用表达在共知基础建构中的作用。本章语料来自一家中国航空公司消费者与客服部门之间的15次电话交流，关注其中5个成功解决的投诉案例，分析这 5 个案例中接线员在回应投诉时使用的元语用表达。下面首先回顾投诉、投诉回应以及 SCA 中的共知基础理论，然后介绍语料中元语用表达的识别和标识方法，最后结合实例对元语用表达在共知基础构建中的作用进行分析和讨论。

7.2 商务投诉与投诉回应

根据引起投诉行为的主体，投诉可分为"直接投诉"和"间接投诉"。前者指"针对所投诉的问题负有责任的人，或者有权力对所投诉的问题产生影响的第三方，指出问题或麻烦的来源并寻求补救的话语或一系列话语"（Rader，1977，引自 Boxer，1993：107）。后者指"向听话人表达的对不在现场的某人/某事或外部环境表达的不满"（Boxer，1993：106；Drew，1998；Jefferson，1984）。本章分析的语料属于直接投诉，因为消费者是向客户服务部门提出投诉的，客户服务部门的职责是了解所投诉的事件和问题，并提供解释、补救措施和解决方案。

对投诉的回应主要有两类（Dersley & Wootton，2000：388）："完全否认"（outright denials）和"非过错否认"（not-at-fault denials）。前者在 Dersley 和 Wootton（2000）的研究中占5%，后者占85%。"完全否认"是无标记的投诉回应行为，指被投诉者通过直接否认的方式明确和当即否认与被指控的活动有关联，是首选的回应方式。"非过错否认"是一种防御行为，回应者与投诉者的假设是一致的，承认在一定程度上与被投诉的事件有关联并负有责任。在商务交际中，投诉处理部门对消费者投诉的回应大部分属于"非过错否认"。

前期有研究考察了商务以及其他的机构语境中，回应投诉时选择的语言手段和策略。在研究大公司如何处理投诉时，Einwiller 和 Steilen（2015）发现这些公司最常用的投诉回应策略是寻求进一步的信息。Greenberg（1990）聚焦一种回应策略，即解释（explanation），并将其分为借口

（excuses）、道歉（apologies）和辩解（justifications）。其他可能的策略（Trosborg，1987）包括降低冒犯程度（minimization of the degree of offense）、承认责任（acknowledgment of responsibility）、提供修复（offer of repair）以及对听话人表达关心（expression of concern）。然而，前期研究对投诉回应中元语用表达的使用和作用关注较少。

机构电话交流的相关研究发现，交际者选择一些语言和非语言手段处理人际关系、社会和现实问题。Migdadi等（2012）研究无线广播话语，发现在呼叫方和被叫方的互动过程中使用了大量的建立关系的话语，交际者主要通过赞扬、评论语和非正式称呼等语言手段来建立人际关系。Monzoni（2009）的研究表明，在致电紧急呼叫中心时，对投诉的回应通常是"非过错否认"。这也表明，电话互动中的投诉是语步协作和逐步推进的结果。投诉者细致、策略地准备投诉行为，确保可以与被投诉方维持良好的关系（Drew & Walker，2009）。此外，研究还发现一些非语言手段，如笑声，在增强社交凝聚力的同时，也可能会阻碍话题的进一步发展（Holt，2012）。

在投诉处理和投诉回应的研究中，一个重要的关注点是对待投诉者的态度和关系，包括建立关系和脱离关系、结盟和不结盟（见 Heinemann & Traverso，2009：2381-2384）。在投诉回应中，机构或个人对待是否建立关系和是否结盟的选择，与想要或应该承担的责任和角色密切相关。在机构投诉处理中所选择的路径影响投诉中对自我的描述、所代表的机构以及与其他相关方的关系（Drew & Walker，2009，Traverso，2009）。相关研究显示，总体而言，人们期望投诉回应中投诉处理者可以表现出同情、结盟和建立关系的意愿和努力（Drew，1998；Drew & Walker，2009），因为商务机构和客户之间建立关系可以减少终止交易的意愿和可能性。也有研究表明（如 Traverso，2009），虽然在一般情况下，人们会建议在投诉回应和处理时要与投诉者建立关系，但在某些情况下不要轻易表达与投诉者拉近关系的意愿，因为投诉处理受到机构角色和职责等因素的制约。此外，投诉者对面子的关注可能会增加口头负面信息传播的意愿（Li et al.，2016），所以在投诉处理中过多关注人际关系可能会对商业机构的声誉产生负面影响。因此有人提出，投诉处理中涉及立场的平衡，究竟选择建立关系或脱离关系，结盟还是不结盟是微妙的（Ekström & Lundström，2014；Heinemann & Traverso，2009）。此外，Stivers（2008）讨论了在投诉互动中的结盟与关系的区别。

在投诉回应中，如果与投诉者结盟，保持立场一致，可以促进正在进行的交际活动，如果不结盟则会破坏交际活动的进展；如果注重关系的建立和维持，投诉者会更愿意支持和赞同投诉处理者的立场（Stivers，2008：35），因此愿意结盟，反之亦然。Drew 和 Walker（2009：2412）指出，"投诉回应中不结盟的态度可能阻碍关系的建立"。

如前所述，在交际中，为了相互理解，必须有共知基础（Clark，1996a）。共知基础指的是"人们认为他们共享的所有信息的总和"（Clark，2009：116），其中包括世界观、共同的价值观、信仰和情景语境（Kecskes，2013：151）。在 SCA 中，共知基础是"一种将共享知识的心理表征以记忆的形式呈现出来的努力，交际中可以激活这些记忆，可以寻求这些共享知识，也可以在交流过程中创造出人际关系和知识"（Kecskes & Zhang，2013：340）。

在投诉和投诉回应中，Drew 和 Walker（2009：2405）建议要"谨慎地"发起投诉，参与者应该"协作共建"（collaboratively co-construct）投诉。但是对于投诉处理者来说，在投诉中协作也存在潜在的问题（Holt，2012：431）。以商务语境中的投诉为例，投诉者通过投诉，表明所遭受的损失是被投诉者造成的，因此双方关系变得不平衡，希望通过投诉恢复平衡。更重要的是，为了保护机构的利益和形象，投诉处理者可能不愿意与投诉者建立联系或结盟。然而，不这样做会造成社会不和谐，引起投诉者的不满，甚至会对公共关系产生广泛的负面影响，因此，需要谨慎处理和回应投诉（Heinemann & Traverso，2009：2381）。对于机构投诉处理者来说，为了最终成功解决投诉问题，维护机构利益和声誉，就需要与投诉者构建共知基础，恢复平衡的关系。投诉回应中使用的元语用表达可以激活、寻找和创建共享的知识和信息，以增加相关的语境因素的凸显度，引起注意。因此，元语用表达的使用有助于在投诉过程中建构共知基础，促进投诉处理。

7.3　语料的收集与描述

本章的研究语料来自 15 个电话录音，共约两个小时，是 2015 年一家中国民航公司客服部门与投诉的消费者之间的电话交流。本章选取其中"成功处理的投诉"的5个案例进行分析。"成功处理的投诉"指的是消费者最终同意或接受接线员的解释、建议或公司提供的补偿。选择"成功处理的投诉"进行案例分析是基于以下考虑。首先，投诉最终是否被成功处理，交际参与者之间共知基础的构建可能会显示出不同的模式。如果所投诉的问题得到成功处理，那么交际者之间更可能在相关知识、信息或人际关系等方面达成一定程度的共识。本章的目的是通过分析回应消费者投诉中元语用表达的使用，揭示在投诉回应中建构共知基础的动机与机制。

语料中收集的投诉回应的电话录音按照以下方式处理。首先，根据录音，逐字转写每次电话的互动过程，标记每个相邻对会话，确保所有的引用都可以追溯到原始对话中。然后，识别并标记其中的元语用表达。该航空公司和接线员以及提到的其他公司和地名都采取匿名处理。无论是在例子还是语料分析中，当提到具体人名时用×表示，用×1、×2、×3 表示不同的人名，当提到机构或地名时用××表示，××1、××2、××3 表示不同的机构名或地名。从15个电话录音中选择5个投诉得到成功处理的有代表性的案例，选择的标准如下。

一是具有不同的投诉主题。每个案例代表一种不同类型的投诉或问题，即五个案例涵盖五种不同类型的投诉。本章关注投诉回应中语言和策略的使用，语言使用的丰富性和多样性非常重要，当接线员面对不同类型的投诉时，语言和策略的使用可能会有差异。因此，投诉类型越广泛，投诉回应中语言的使用可能越丰富。

二是互动交际具有丰富性。对同一投诉类型中每条转写内容进行筛选，选择内容相对丰富，在话轮转换和交际者参与方面互动程度较高的片段。因为互动的内容越多、话轮转换越频繁，就越容易，也更有可能展示出交际者之间进行意义协商和共知基础建构的动态过程。

三是元语用表达出现的频率高。在每个案例中，选取接线员话语中使用元语用表达频率高的互动片段进行分析。在下文的语料分析中，虽然不可能包括五个完整的投诉得到成功处理的案例，但是在这些案例中出现的每种类型的元语用表达的频率在本章的讨论中做了总结。

在语料中选出五个投诉得到成功处理的案例之后，按照消费者投诉的类型，分析总结接线员的回应策略。表7-1是消费者投诉的类型和接线员的回应策略。

表 7-1　得到成功处理的投诉案例和接线员的回应策略

案例	消费者的投诉类型	接线员的回应策略
1	服务人员态度恶劣	提供解释
2	难以获得所需资料	确认和核对资料
3	航班取消未给予满意补偿	协商补偿
4	长时间的航班延误	建立密切的人际关系
5	质疑公司的规章制度	采取非结盟的站位和立场

根据第 1 章前言中元语用表达的定义，识别语料中使用的元语用表达并进行分类，主要类型和示例见表 7-2。

表 7-2　元语用表达的类型和示例

元语用表达的类型	示例
言语行为描述语	"我告诉你" "你听我说" "我解释一下"
实据语	"根据我们的政策" "我刚才说的" "按照你说过的"
信息解释语	"事情是这样的" "例如" "我的意思是"
评论语	"这是一个好主意" "我不这样认为" "我是开玩笑的"
视角指示语	"从我的角度" "如果我是你" "作为你的朋友"

Kecskes（2013：151）对共知基础组成成分进行了三分法：①参与者共享的信息或知识；②对情景语境的理解；③参与者之间的关系。其中第一个主要是背景知识指向；第三个是人际关系指向；第二个可能涉及信息和知识，也可能涉及人际关系。本章分两个维度来分析元语用表达在投诉回应中共知基础建构的功能：知识共知基础的建构和关系共知基础的建构。在表 7-1 所列的五个案例中，对于接线员而言，处理前三个案例的主要任务是实现对相关信息或背景知识的共享和互解，因此，将其归为第一类，即知识共知基础的建构。接线员处理后两个案例的主要任务是关系指向，因此将它们放在关系共知基础建构中加以讨论。

7.4 元语用表达的共知基础建构分析

7.4.1 知识共知基础的建构

本小节分析三个案例，投诉内容涉及三类：服务人员态度差、获取所需信息困难、对公司提供的补偿不满意。在回应这三类投诉时，接线员选择元语用表达明示解释、确认和核对信息，协商适当补偿方式的交际意图，以促进知识共知基础的建构。

1. 明示解释和说明相关信息的意图

如果投诉内容与行业或公司的规章制度、商业惯例等有关，由于消费者与商务机构之间的信息或知识不对称，接线员代表航空公司需要对相关知识和信息进行详细的说明和解释。此外，对于直接投诉，对于接线员来说，最好的选择是对所投诉的问题进行说明和解释（见 Monzoni，2009），然而，这样做可能导致与投诉的消费者之间关系的疏远，因为接线员是从机构的角度和利益出发处理投诉的，而不是从消费者的角度。因此，接线员需要更耐心细致地进行解释和说明，建构知识共知基础，见例 7-1。

> 例 7-1 （CT：接线员；CM：投诉者。投诉者对机场服务人员要求他托运行李的态度不满意，接线员解释机场对托运行李的规定。）
>
> CT：**是这样子的**，先生，首先第一呢，**我想说**，很感谢你配合我们这个工作，**对于刚才说的这个东西**，确实是，也是你们在配合我们的一些工作。当然呢，对于我们现场的工作人员来讲，他让你把这个行李托运可能也是出于安全的考虑，并不是说出于他自己的一个单方的，他自己想怎么着，**但是他这个表达可能存在有**，**就是说**，让你感觉到很不舒服，**或者就是你刚刚说的**，谢谢你的配合，或者是表示下感谢啊，你可能会觉得这个东西，**就你说的**，我可以托，

也可以不托，我托的话也托得很开心对吧？所以说在态度上这一块呢，我们也很抱歉，**可能他的语言表达方式是存在一定问题**，所以呢，**我们的意思是**，谢谢你反映这个问题。然后稍后呢，我们不光是对这个工作人员，可能其他的工作人员，这边呢，我们也都会做个提示。但是，**就像我给这位×女士**，应该是你的朋友是吧？**解释的**，因为这是一个…

CM：唔，哦，是我妻子。

CT：哦，是你爱人啊，**刚跟你解释的**，因为目前呢，咱们航空公司对超大行李确实有一些规定，就是说，现在对这些方面卡得比较严了，再一个，**就是我刚刚讲的**，因为前期可能发生一些事情吧，现在必须让航空公司飞机上都要配这个，这个救生艇，所以说可能空间现在就变小了。

CM：这些原因他后来，那个机组人员跟我们航班…

CT：也跟你解释了哈。

CM：我完全能理解。

通过与该航空公司客户服务经理的个人交流了解到，负责投诉处理的接线员都要定期接受培训，了解公司的相关政策、行业法规以及如何应对不同类型的投诉事件。在例7-1的开头，接线员首先表示感谢，承认公司同事的处理方式不当，使用元语用表达吸引投诉者注意到她即将给出的解释和选择的立场站位。信息解释语"是这样子的"表明接线员即将解释和详细阐述所讨论问题的意图；言语行为描述语"我想说"预先宣布她即将表达自己的看法和观点；实据语"对于刚才说的这个东西"回指之前提及的谈话内容，并将其重新纳入正在进行的讨论中。立场展示语"我们的意思是"代表企业立场感谢投诉者反映问题。这些元语用表达激活之前对话中提到的相关信息，引导投诉者注意随后的交际内容和行为，促进知识共知基础构建，便于投诉者理解和接受她的解释。

接线员选择元语用表达承认负有责任，表达了歉意，选择与投诉者一致的立场站位，并提供必要的解释。两个评论语"但是他这个表达可能存在有，就是说，让你感觉到很不舒服"和"可能他的语言表达方式是存在一定问题"指出她的同事的服务方式可能存在的问题，接线员选择与投诉者一致的立场站位，试图从消费者的角度理解他的遭遇；信息解释语"就是说"表明她重新组织话语的意图，以便让投诉者充分理解她的解释；实据语"或者就是你刚刚说的"和"就你说的"再次将投诉者的所言激活，重新将消费者的话语信息带入当下进行的互动中。这些元语用表达的使用表明接线员试图与投诉者结盟的意图，通过激活和寻找相关的语境信息建立知识共知基础。当然，尽管接线员承认她的同事的做法可能不妥当，并代表企业向投诉者表示歉意，但她仍然解释了相关的行业规则，试图减轻同事的行为造成的负面影响。接线员选择使用一系列的实据语"就像我给这位×女士……解释的"，"刚跟你解释的"和"就是我刚刚讲的"反复对公司的规定进行解释说明。

例 7-1 中，接线员使用了五类元语用表达管理投诉回应的互动过程。言语行为描述语、实据语和信息解释语的使用主要是明示交际意图，激活公司的相关规章制度和商业惯例，提高其凸显度。评论语和观点展示语明示对投诉者积极的、亲和的态度。一方面接线员代表同事和公司向投诉者道歉，承认她的同事做法不妥，达到安慰投诉者的人际目的；另一方面，接线员对相关的行业规定和公司制度进行了解释说明，试图建立知识共知基础。可见，接线员努力平衡企业和人际两个目标，最终投诉者表示理解接受接线员的解释，通话结束。

2. 明示确认和核查信息的交际意图

在回应消费者投诉时，接线员有时需要核实一些信息，以便适当处理所投诉的问题。在例 7-2 中，投诉者抱怨他未能及时地从登机柜台得到他航班被取消的相关信息。在电话交流中，接线员进一步了解实情，核查事情的经过。

  例 7-2（CT：接线员；CM：投诉者。接线员正在询问投诉者
    有关登机柜台的具体信息。）
 CT：×先生，**我想问一下**，你当时是到我们的，确定是我们××
   的值机柜台是吧？
 CM：对，你想我是国际航空，不是××柜台，我怎么可能呢？
 CT：**我就是跟你确认一下这一点**，那当时您问的是男士女

士呢?

CM：应该是女的。

CT：哦，应该是女的，是吧?

CM：对。

CT：因为我们柜台都有监控的,那就因为我们现场的当天值班,那个我们也问了一下,你大概是几点到的柜台?

CM：其实我还真忘了，你说我，都过去这么……

CT：因为这个东西,确实要问一下我们现场的,就是说,因为,肯定这个我们要去落实,因为你误机的话,应该会告诉你说,后续该怎么去做,然后我们也要问一下。

CM：哦。

CT：现场的值班的,**你听我跟你讲**,我们问了一下值机员,这个情况我们也挺重视的,也不想看到你这个损失,我们也想给你,**就是说是**,弥补一下或怎么地,但是这个实际情况我们必须要,还原它这个事情到底是怎么回事,问了一下线上的值班,**就是说**,那个值机员,都说没有印象,也不太清楚,所以**我就反映说**,就你当时你到的大概是哪个柜台? 我们这边可以看看监控录像,**具体说一下**,你是怎么表述的,因为这个让员工……

CM：我确定，我确定，因为我真忘了，因为我当时我去看了你们值班机的柜台，当时值班机的柜台人多，我就没往值班柜台走。

在这个交际片段中,接线员一边缓解消费者的不满情绪,一边试图获得和核实更多的信息。言语行为描述语"我想问一下"和"我就是跟你确认一下这一点"表明她想要了解事情真相的意图。然后接线员提供了一些信息,比如监控摄像头和她自己的调查,试图给投诉者一些压力,让他讲出实情,这就让她在互动中占了上风。当接线员了解到投诉者实际上对登机柜台和那天和他联系的服务人员并不确定时,接线员的态度似乎有所转变,开始占据主动。这反映在言语行为描述语"你听我跟你讲"的使用上。这个元语用表达激活并突出了她更强大的机构角色。她还使用信息解释语"就是说是"

"就是说"和"我就反映说"以及言语行为描述语"具体说一下"进一步敦促投诉者提供证据。然而，投诉者无法提供更详细的信息。最后承认事实上他并没有去登机柜台。

为了维护机构的商业利益，在掌握具体证据之前，接线员一般不会承认错误并承诺补偿。例 7-2 中元语用表达的使用主要是管理信息确认和核实的过程。信息解释语和实据语的使用表明接线员的耐心和专业；言语行为描述语的使用表明她代表机构的立场和收集和确认信息的积极态度。接线员把这些元语用表达当作搜索信息和质疑投诉者所描述的事情经过的语言策略，旨在了解事实真相，构建知识共知基础，即没有证据表明投诉者曾试图以这样或那样的方式向柜台服务人员寻求帮助，因此他的投诉是没有根据的。接线员对这种毫无根据的投诉的回应属于"完全否认"类型（见 Dersley & Wootton, 2000），元语用表达的使用管理整个的投诉回应过程中信息的产出和理解。

3. 明示协商补偿的交际意图

由于存在利益冲突，尽管接线员有时承认企业对某些事情的发生负有责任，但仍会尽量减轻责任，或者在可能的情况下把责任推卸到其他人或事的身上。当消费者选择投诉时，通常对补偿有一定的预期，让企业为其所犯的过错对消费者在心理、钱财和时间等方面进行弥补。如果可能的话，消费者当然希望得到更高或更好的经济或非经济的补偿。在例 7-3 中，×先生要求航空公司对取消的航班给予更高的补偿，然而，接线员坚持说，根据公司规定，她给出的已经是最高补偿。例 7-3 中元语用表达的使用有助于建构知识共知基础，说服投诉者接受公司所给的赔偿。

> 例 7-3（CT：接线员；CM：投诉者。接线员和投诉者正在讨论关于航班取消的赔偿事宜。）
>
> CT：**是这样**，×先生，我大概也给您看了下您的客票，我看您的客票是 333 购买的，对吧？
>
> CM：对。
>
> CT：然后，**我这边给您查询了一下**，如果您客票要退的话，如果，**按照我们公司的政策**，这种备降航班退运政策呢，相对跟这个正常退票是不一样的，所以他们大概给您估算

可能就退 300 元左右。

CM：对。

CT：也不是很那什么，所以……**另外一个呢**，就关于您这个，是自己乘坐这个高铁去的××1，关于这块呢，我们也跟领导说了，确实这个也是我跟您讲过，一个不可抗拒的原因，但是呢，**我只把情况已经给我们领导说了**，包括我们的同事上午跟您沟通，您对这个的情况，所以我们领导这边呢也同意，就是说，如果那个相应的话，我们这边给您再补偿 100 元的一个交通补助，这也就是我们最大的一个那啥了，但是这确实说，当然这 100 块钱不能说交通补助，因为我们这个航班确实不是我们航空公司的原因，的的确确是一个，是是个不可抗拒的原因，可以说，这确实是××2 航空的问题。

CM：你看啊，我跟你说啊，我这个到××1 的火车票，站票啊 95 块 5。

CT: @@

CM: 然后我在航站楼再打车去那个高铁站，对不对？

CT：但是，但是，×先生，这个确实是已经是，**我的意思说**，不给您说那个票九十几块，因为**这个确实是，已经是，怎么讲，其实您也知道**，我们做航空的 4 到 8 小时延误呢，就是赔偿 100，8 小时以上是 200，**这是有一定规定的**。所以，这 100 也确实是，我一直是今天上午一直跟**我们领导在这谈这个事情**，所以，而且包括我们同事，你不是说这个，我以这个方式，就以这个理由才能要，要不然的话，这个是绝对是没有赔偿的。其实当时你也称，这个航班将近 100 名旅客就没有赔偿，一个旅客都没有，就您是这航班的唯一一位。

CM：哦，好吧。

面对投诉者更高金额的补偿要求，接线员明确而坚定地表示公司不能提供更高的补偿。接线员的回复是典型的找借口（见 Greenberg，1990），即找各种理由解释为什么不可能给出更多的补偿。元语用表达，以及非语言手段，如笑声，表明她试图与投诉者建构知识共知基础的意图和努力。

信息解释语"是这样"表明接线员意欲详细解释公司的规定。言语行为描述语"我这边给您查询了一下"激活她已经为投诉者做过的相关调查的信息；实据语"按照我们公司的政策"引起和提高投诉者对相关退款政策的注意。信息解释语"另外一个呢"将注意力引到她要谈论的第二个问题上。两个言语-行为描述"跟我们领导在这谈这个事情"和"我只把情况已经给我们领导说了"和评论语"确实是"共同创建即时情景语境，即接线员已尽其所能帮助客户解决问题。当消费者继续投诉时，接线员用非语言的交际手段，比如笑声，来缓和和掩饰她与投诉者的不结盟和对立的立场。

鉴于投诉者一直坚持要求更高的补偿，接线员使用信息解释语和实据语"我的意思说""这是有一定规定的"凸显让对方多了解公司和行业相关规定的意图。复合元语用表达结构"这个确实是，已经是，怎么讲，其实您也知道"意在与投诉者达成共识，建构知识共知基础。例 7-3 中，多个元语用表达的使用作为一种规避策略，通过最大限度地凸显自身的努力和商务机构的相关规定和制度方面的限制，期望与投诉者建构知识共知基础。最后，投诉者接受了补偿的数额。

7.4.2 关系共知基础的建构

本节分析的第一个案例是投诉者对长时间航班延误表达不满，第二个是对公司的规章制度的合理性提出疑问。在第一个案例中，接线员表现出强烈的管理人际关系的意愿，而在第二个案例中，接线员则表现出强烈的不与投诉者结盟的意愿。

1. 明示建立密切人际关系的交际意图

中国文化非常重视人际关系，在商业领域亦是如此。商业机构与消费者之间建立和谐的人际关系可以减少终止业务关系的可能性（Li et al., 2016）。汉语中"关系"指的是"利用社会联系在人际关系中获得好处"（Luo, 1997: 44），这与西方的"relationship"的概念不同。在西方，商务领域的关系是非个人之间的关系，而是在组织和职业层面的关系，而汉语言文化中关系是私人层面的（Chan，2006），最初是在个人层面上建立起来的，并始终建立在私人关系的基础上（Luo，1997）。

在电话投诉回应互动中，有些情况下，接线员试图与投诉者建立密切的私人关系。例7-4表明，在机构性交际互动中，投诉处理非常微妙。接线员一方面代表机构，提出解决方案，另一方面，在投诉回应中表露出个人情感，试图在个人层面与投诉者建立密切的人际关系。

例7-4 （CT：接线员；CM：投诉者。投诉者对航空公司提供的针对国际航班长时间延误的解决方案表示不满。）

CT：**这个您想想**，您家人要去××，你也在路上也不放心，然后由我们在这边，在这边无微不至地照顾，到××以后，我也可以让我们在××的工作人员去接**我们父母**，这个，你到时候在××要工作或上学有学业，或者要上班的话，没有那么多的时间去照顾他们，你会特别操心的，这个时候，只要你把你父母交给我们，你就放心吧，你就只等在你住的地方接，多放心啊，你说是不是？我们就图的个放心嘛，尤其是父母出门，是不是啊，**我们做子女的**又不放心，出门在外，在国外的语言又不通，路又不认识，对不对啊？所以，**我觉得这对于您来说，我认为我要是您的话**，我会选择这个，因为我很放心啊，而且这时间就是金钱啊，我浪费那么多的精力跟时间，是一个道理，对吧？

CM：嗯。因为这个实在是太往后了，我都没有想到那么多。

CT：但是，你现在想想，现在都三月份啦，12月份也就不到一年的时间，我把我手机号给您，您可以随时，随时打电话跟我联系，有什么问题，不管您是在××机场问题，还是什么问题，哪怕咱交个朋友呢，私人的问题也可以啊。

例7-4中，投诉者乘坐的国际航班延误，要求民航公司赔偿。接线员反复告知公司所能提供的补偿金额，但他一直对赔偿金额不满意。接线员采取的策略是试图与投诉者建立密切的人际关系，避免与其争论，体现在元语用表达的使用上，例如，主动请求交朋友，使用非正式的称呼，选择有亲和力的站位等。

接线员通过讲故事表现出一种亲和的态度和结盟的立场。言语行为描述语"这个您想想"是为了让投诉者做好心理准备,将他的注意力吸引到随后的话语中。然后,接线员不仅告诉他公司所能提供的补偿,还描绘了当投诉者父母出国旅行时,可以得到公司服务人员的照顾的温馨画面。视角展示语"我觉得这对于您来说,我认为我要是您的话"明示了视角转换的意图,接线员从机构视角转换到乘客的视角。此外,称呼语的使用对关系结盟也很重要,接线员使用"我们父母"和"我们做子女的"等清楚地表明,她选择站在普通乘客的角度,为父母的旅行出谋划策。

例 7-4 中这些语言手段的使用是积极主动的补救策略,用于建构关系共知基础,创造即时情景语境,促进双方协商出令人满意的解决方案。面对接线员强烈的情感投入和情感支持,特别是她甚至愿意提供私人电话号码,并主动提出,如果有私人问题也愿意提供帮助,投诉者最终接受了解决方案。对于某些机构而言,接线员对投诉的处理听起来可能不符合机构的规范化要求。然而,在中国文化中,人际关系或联系在商务语境中起着很重要的作用。在很多情况下,人际关系是建立在个人层面的,而不是组织机构层面。

2. 明示平衡分歧和立场的交际意图

在回应投诉中,由于利益冲突,接线员不可能经常与投诉者结盟或与其保持立场一致。很多时候,接线员会选择与投诉者保持一定的距离,采取中立的、理性的立场和态度,只是策略性地或象征性地对投诉者的经历和遭遇表示同情和关心,电话交流的主要目的是要求和敦促投诉者接受公司提供的补偿方案。在例 7-5 中,投诉者质疑公司规章制度的合理性,但他的目的似乎不是为了获得经济补偿,只是为了发泄不满或沮丧。接线员没有直接指责和批评投诉者,而是非常耐心地解释相关的规定,尽管她采取了非结盟的立场。

例 7-5(CT:接线员;CM:投诉者。接线员采取非结盟的立场,劝说投诉者遵守相关规定。)

CT:提前四十分钟,**就是说**,四十分钟之内确实就是办不了了。
过了四十分钟,**就是说**,您晚来了,就确实就是办不了了。
就是每个航空公司都是这样子的。就刚跟你说的,就是,
如果你之前能碰到,肯定是飞机晚了一会,**就是说**,飞机

不是按时到的，但是你这个飞机是按时到的，所以必须提前那么长时间关舱。

CM：所以我觉得，咱们这边的后台，如果说对这些你们……

CT：您放心，**我懂您的意思**。如果说下次我们的飞机要是晚的话，我们也会晚一点，**比如说**，可能没有到四十分钟就停止，可以协助你。但是这种情况很少，**所以我建议**，您还是按照正常时间去办理，因为，有的飞机可能从前面飞过来，比如说，这个飞机要飞四五段，有可能今天晚了一会，十分二十，都是很有可能的。但是有的飞机可能在本场，有可能飞机早已经就（在弦从弦就走），所以这种情况，**我建议**，您还是按照规定时间去办理手续。

CM：但是你们飞机起飞的时间是固定的。是啊，你们飞机起飞的时间是固定的，那我那时候觉得可以啊。

CT：**不是您觉得可以**，女士。因为时间，必须按照它的，**就是说**，航班提前多长时间关舱，航班提前多长时间办手续，航班都是有时间限定的。不是说您认为这个时间，四十分钟你觉得可以进去。因为你还要过安检，**我跟您讲**，提前四十分钟办手续这是整个机场的一个行为，不是某个航空公司的，我们是按章操作。到了点肯定航班就关闭了，我们……**就是您说的**，××1航、××2航等等各个航空公司，都是要依照机场的行为去做的，不是说我们航空公司，××1航肯定也没有权利说怎么怎么样，都是这样，都是按照机场的行为去做的。**像你说**，你认为可以，但是这个时间后台都关闭了，不是某个人认为可以就能行。因为关闭以后就做不了了，就像银行取钱或者是什么一样，系统关闭以后那就任何人都操作不了。

CM：所以我对……反正是咱们这边的像这些延误，或者其他的你们没有一个合理的解决，反正我还是觉得对旅客来说还是会感觉心里不舒服。

CT：@@@对，**这还是你自身的原因**，我觉得这种情况我刚跟你说过了，所以像这种情况，**还是建议你**，早点到机场办理手续。虽然就像你说的，不可能到提前两个小时或者什么样，但你必须至少提前一个小时吧，因为你还要排队过安检，找登机口。所以尽量让自己时间充裕点就不会有这种情况了。

在例7-5中，接线员反复解释提前40分钟关闸门是公司和行业的规定，但投诉者一直拒绝接受接线员提出的建议。一方面，接线员坚持她的机构立场；另一方面，她也表现出对投诉者的理解。信息解释语"就是说"反复出现，实据语"像你说""像你说的""就是您说的"明示接线员意欲就机场登机和关闸时间与投诉者建构知识共知基础的意图。然而，投诉者始终不接受这些解释。接线员继续用"我懂您的意思"和信息解释语"比如说"凸显她与投诉者的一致性，拉近他们之间的距离。言语行为描述语的多次使用，如"我建议""所以我建议""还是建议你"和"我跟您讲"则传达一种非结盟的立场。当投诉者反复拒绝所提建议时，接线员使用负面评论语"不是您觉得可以"强烈表明她对投诉者看法的负面评价。这些元语用表达明示接线员的机构角色，竭力维护机构的规章制度。当投诉者感觉一再质疑航空公司的关闸时间已经没有意义时，他转移了话题，开始谈论飞机延误等其他问题，也就是说，投诉者对公司登机时间规定的投诉引发了新的投诉，即飞机延误问题。接线员的非语言回应，如笑声和评论语"@@@ 对，这还是你自身的原因"的使用是为了阻止投诉者提出新的投诉。这个负面评价语再次明确与投诉者不结盟的立场，与笑声一起，可以缓解可能的冲突。在这个例子中，元语用表达作为一种平衡机构利益和人际关照的策略，试图建构关系共知基础，以维护公司的规章制度。

7.5 投诉回应中元语用表达的功能总结

元语用表达在日常和机构交际中普遍使用，本章基于五个真实的投诉得到成功处理的案例，探究了元语用表达在建构知识共知基础和关系共知基础过程中的作用。表7-3总结了接线员在回应这五个不同类型的投诉时，选择元语用表达意欲实现的功能。

表 7-3　元语用表达在共知基础建构中的功能

案例	投诉类型	元语用表达的功能
1	服务人员态度恶劣	明示解释和说明相关信息的意图
2	难以获得所需资料	明示确认和核查信息的交际意图
3	航班取消未给予满意补偿	明示协商适当补偿的交际意图
4	长时间的航班延误	明示建立密切人际关系的交际意图
5	质疑公司的规章制度	明示平衡机构利益和人际关照的交际意图

语料分析显示，接线员主要使用五类元语用表达，它们的使用频次统计见表 7-4。

表 7-4　投诉回应中元语用表达的类型、频次和示例

类型	频次	示例
言语行为描述语	23	"我会告诉你更多关于它的事情""我建议你""你听我说"
信息解释语	15	"例如""我的意思是""你是说"
实据语	14	"按规定""据报道""你不是也这样说了"
评论语	10	"这是我个人的想法""那是你的问题""听起来不错"
视角展示语	3	"从我的角度来看""如果我是你""咱们都觉得"

表 7-4 显示，言语行为描述语使用的频次最高（23 次）：这类元语用表达表明说话人对正在进行的言语行为进行反思和筹划，明示正在进行或已经发生的言语行为的言外之力，从而激活、创造并传达建构共知基础的愿望和计划，提高建构共知基础的有效性和效率。其次是信息解释语（15 次）：这类元语用表达明示说话人对信息进行解释、举例或重述的意图。在投诉回应中，这些元语用表达可以提高意义协商的效率，澄清意义，促进问题的解决。排在第三位的是实据语（14 次）：这类元语用表达明示描述信息来源的意图。在投诉回应中，它们的使用可以激活相关的语境信息，如先前的经验、公司的规章制度等。这些激活的语境信息可以调节信息的可靠程度和可接受程度，建构知识共知基础。排在第四位的是评论语（10 次）：这类元语用表达描述个人的判断和评价，可以通过激活个人偏好和期望，促进共知基础的建构。使用频次最少的是视角展示语（3 次）：这些元语用表达描述说话人的视角选择和立场站位，可以激活并凸显说话人采用的特定视角和交

际过程中的视角转换,有助于建构关系共知基础,促进理解和接受解决方案。除了语言手段之外,语料分析还发现,接线员有时会使用非言语语言,比如笑声,作为调节和缓解在回应投诉时可能出现分歧或立场不一致的手段。Holt(2012:430)指出,作为回应的笑声会阻碍话题的进一步发展,同时保持社交中的团结一致。本章的分析发现,元语用表达和笑声的组合使用也具有类似的阻碍话题继续的作用。

在五个投诉处理的案例中,接线员对四个投诉的回应策略属于"非过错否认"(Dersley & Wootton, 2000),即接线员在回应中选择与投诉者的立场和态度保持一致,并在一定程度上接受指责。只有在最后一个案例中,接线员否认投诉者对有关登机和关闸时间规定的不合理性,一直竭力为公司的规章制度解释、辩护。语料分析表明,面对不同类型的投诉,接线员使用不同类型的元语用表达激活相关语境因素,建构知识共知基础和关系共知基础,促进解决投诉问题。面对投诉者遭受了经济损失,索要经济补偿的要求,如航班被取消(见例 7-3),公司对于补偿金额和方式等有明确的规定。接线员主要选择言语行为描述语、信息解释语和实据语,建构知识共知基础,旨在对公司和行业规定和标准的背景知识与投诉者达成共识。接线员的目标是使公司的经济损失最小化,与此同时让投诉者接受解决方案。对于消费者遭受非经济损失的投诉,如服务人员态度不佳(见例 7-1)和国际航班长时间延误(见例 7-4),接线员主要使用言语行为描述语、信息解释语、实据语和评论语寻求和确认必要的信息,表达一致的立场和站位,建构知识共知基础和关系共知基础,以便弱化投诉者的不满和委屈,顺利处理投诉。对于其他非经济损失的投诉,如果投诉者无法提供有力的证据(见例 7-2),接线员选择言语行为描述语、信息解释语、实据语等明确表达寻求更多相关信息,建构知识共知基础的意图。当乘客没有充分的理由投诉时(见例 7-5),接线员选择消极评论语和视角展示语凸显非结盟的立场,维护机构利益。

需要指出的是,在投诉回应中,接线员在一定程度上表现出与投诉者在观点和看法上趋同的意愿和努力,试图与投诉者结盟,意在拉近双方的距离,有助于防止机构与消费者之间关系的恶化。即使接线员认为投诉者没有正当的理由和证据,在一定程度上,接线员也会表现出一定的亲和力和人际关照。

7.6 小　　结

本章从两方面推进了元语用研究。首先，前期研究发现元语用意识与特定的功能相关，比如，在交际互动中的语篇管理功能、自我监控意识、干预功能和操控功能（Caffi，2007；Hübler & Bublitz，2007；Penz，2007；Liu & Ran，2016；Silverstein，1993；Verschueren，1999）。在 SCA 下，本章重点讨论元语用表达在机构投诉中的共知基础建构功能。其次，前期研究了影响投诉的因素（如 Fan et al.，2015）、投诉和投诉回应的类型、投诉的策略和管理（如 Dersley & Wootton，2000；Filip，2013；Holt，2012）以及对待投诉者的态度（如 Garín-Muñoz et al.，2016），本章通过实例分析了元语用表达在建构共知基础，促进机构投诉处理方面的作用，加深并扩展了商务交际中元语用意识功能发挥的认识，将理论与实践结合起来。

第 8 章

BELF 投诉回应中的协商意识

8.1 引　　言

　　商业机构对消费者投诉的回应影响消费者的满意度、忠诚度，产品与服务的口碑和声誉（Galitsky et al., 2009；Stauss, 2002）。虽然有学者探讨了投诉回应涉及的不同方面（Davidow, 2003）以及回应策略（Benoit, 1995），但缺乏对投诉回应话语的研究，至今缺少对全球化背景下 BELF 投诉回应话语的研究，更少见元语用视角的研究。

　　在多元文化、商务机构、交际者英语水平等多重因素的制约下，投诉回应者使用的元语用话语如何体现对投诉问题解决的协商意识，是一个具有现实意义的研究话题。使用元语用话语，交际者可以把命题内容限定为真或假、精确或模糊、合作或竞争、直言或误导，这样可以减少交际的不确定性，确保当下的交际走向，建立或维持适当的社会关系（Hübler & Bublitz, 2007：3），体现交际者对自己或他人的交际内容或行为的协商意识。

　　本章基于一家民航公司投诉中心的英语投诉回应的电话录音，分析接线员在使用元语用话语时所体现的协商意识。从自我意识和他人意识两个维度，考察元语用话语协商意识的具体表现。从元语用视角分析投诉回应等具体的商务交际实践，可以揭示机构语境制约下，交际者如何通过语言协商，解决商务纠纷，实现交际目的。

8.2　BELF 交际中的协商

协商是 BELF 使用的重要交际参与方式（Zhu，2015：84）。BELF 交际受到多重语境因素的制约，包括多元文化、交际事件的性质、机构权利与义务、个体差异（参见 Kecskes，2014，2015；Ortactepe，2012）、英语水平（Cekaite，2007）等。因此，不确定性、可变性（Kankaanranta & Louhiala-Salminen，2013）和涌现性（Kecskes，2014）是交际的常见特征，协商成为重要的交际参与方式（Zhu，2015）。BELF 交际者之所以能够交流正是因为可以协商，而不是因为所共享的英语语言、语篇知识或价值观（Canagarajah，2007：935）。Cogo（2010：296）也持相似观点，认为 BELF 交际的常规既不是事先确定的，也不是语言规范之外强加的，而是"交际者利用共享的语言文化资源，为达到交际目的所协商的结果"（Cogo，2010：296）。协商强调共同参与，所有交际参与者都要对当下进行的交际做出贡献，合力推进交际（Zhu，2015：69）。当然，协商中交际者的贡献和效果存在个体差异，合作意愿强、乐于承担责任并且有想法又有创造性的交际者表现更为出色，收获更大（Pitzl，2005，2010）。

Zhu（2015：83-84）总结了跨文化和 BELF 交际中协商的动机，比如保持交际渠道畅通、消除分歧、提高效率、寻求批准、达成协议、抢占上风、团结一致等。她指出，从协商的视角看跨文化交际，包括 BELF 交际，可以观察交际中的个体行为，"此时此地"的交际特点（here-and-now nature），交际双方带来的资源以及交际的过程。协商强调交际中个体的作用，交际者通过协商，可以使用资源、调动资源和操控资源的利用，达到交际目的。协商不仅有助于互解，消解交际失误（Pitzl，2010；2015），还可以在互动中建立共享认知空间（shared cognitive space）和共享情感空间（shared affective space）（Seidlhofer，2009b：195）。

BELF 投诉回应中，接线员使用的元语用话语所体现的协商意识，在"自我"和"他人"两个维度（Caffi，1994）具有显著的机构特征。接线员代表商业机构回应消费者的投诉，因此，"自我"主要指所代表的商业机构；"他人"指投诉的消费者。投诉中心和消费者之间虽然存在利益冲突，但消费者既然选择了投诉，就希望所投诉的问题可以引起重视并得到妥善解决。从接线员的角度，面对消费者投诉，投诉中心处理的投诉成功与否会影响公司的声誉、竞争力以及消费者的忠诚度。因此，接线员会在"自我"和"他人"之间达成平衡，也即，在维护机构的利益和形象，解释说明相关的操作及规定，关照与消费者之间的关系等方面达成平衡。

元语用话语可以明示双方的身份立场、权利与义务，建构共享认知空间，促进投诉处理。另外，BELF 投诉者的英语水平参差不齐，接线员的母语是中文，因此难免出现英语使用不当的情况，在处理投诉回应时可能会导致误解和不解，接线员会设法利用可用资源，包括相关的社会文化知识和经历等，进行意义的表达和理解。元语用话语表现协商信息表达和交流方式的意识，建构共享的认知空间，消除误解，达成互解。最后，投诉回应交际中的利益冲突，特别是消费者不愉快的经历，容易引发负面情绪。消费者在表达立场和观点，特别是在叙述投诉事件、协商赔偿和补偿方案时，会伴随不满、失望、沮丧、气愤等负面情绪。接线员会使用元语用话语，明示对情绪、态度和关系进行协商的意识，建构共享的情感空间，促进投诉处理。

8.3 语料来源与分类

本章语料选自 2018 年 7 月至 2019 年 7 月一家中国民航公司投诉中心的 41 条英语电话录音，共 7 小时 20 分钟。投诉中心的主要工作是处理在公司官网和邮件中收到的消费者投诉，打电话核实和了解投诉事件，并与消费者沟通处理方案。该民航公司业务的国际化程度很高，航线遍布世界各地的主要城市，因此有不少国际乘客，投诉中心有专人处理英语投诉。接线员都是中国人，母语是汉语，英语是外语。投诉者中可能有英语本族语者，但可以确定他们的母语都不是汉语，因此语料属于 BELF 交际（Firth，1996；Jenkins et al.，2011；Seidlhofer，2011）。

收集的 41 条电话录音全部转写为书面文字（转写规则见附录1），语料仅用于研究，并获得了民航公司的书面同意书。在识别接线员使用的元语用话语之后，基于前人研究，结合收集到的语料对元语用话语进行了分类。根据指向性，即元语用意识是指向自我还是指向他人（Caffi，1994），将元语用话语分为自我指向和他人指向两大类。在每一大类中，再根据具体的指向内容，参照 Culpeper 和 Haugh（2014）对元认知、元表征和元交际的区分，结合 BELF 投诉语料的特点，进一步将其细分为四类：信息内容与话语组织、身份权利与义务、交际行为与方式、态度与评价。语料中的元语用话语的类别及使用频次频率的统计等，详见表 8-1。

表 8-1　接线员使用元语用话语的类型、示例、频次及频率

类型		示例	频次	频率
自我指向（261次）（79%）	明示自我信息内容与话语组织	One more thing is that/ The reason is that/ We just want to tell you this/ This is what I am talking about/ Let me finish this first	141	43%
	明示机构权利与义务	We suggest you/ This is what we can do/ I fully understand this, but this is our policy/ We promise you/ According to the rule	50	15%
	明示自我交际行为与方式	I am speaking/ I am hearing you/ I have to interrupt you/ That's what I'm talking about	42	13%
	明示对自我信息内容、交际行为方式等的态度和评价	We are sad to say that/Is that correct? / I am not sure I am right/ I know my sorry is nothing/ That's the key point	28	8%
他人指向（69次）（21%）	指向他人信息内容与话语组织	You mean/ You've already known this/I know you mean that/ You have told me this	34	10%
	明示对他人信息内容、交际行为方式等的态度和评价	I understand your situation/ I feel sorry for what you have suffered/ That is just a little problem/ I don't think this is a problem to you	18	6%
	确认和核实他人的交际行为与方式	Can you speak English? / Say again? / Are you so sure? /You are talking about this again/ Can you repeat what you said?	14	4%
	提示他人身份权利与义务	I am thanking you as our golden member/ That is what you can do/ What you are saying is your right	3	1%
总计			330	100%

表 8-1 显示，接线员使用的 79%的元语用话语属于自我指向，表明接线员非常关注自我在交际中的作用和效果。在具体的指向内容方面，53%（43%自我指向与 10%他人指向之和）的元语用话语针对信息内容和话语组织。其次是明示机构权利与义务（15%）和明示自我交际行为与方式

（13%）。在自我和他人的信息内容、交际行为方式等评价和态度方面，元语用话语的使用则没有显著差别，分别是 8% 和 6%。在确认和核实他人的交际行为与方式方面，元语用话语的使用频率较低（4%），而在提示他人身份权利与义务方面，元语用话语最少（1%）。

8.4 投诉回应中元语用话语协商意识的体现

8.4.1 形成互知

在接线员使用的元语用话语中，53%用于明示协商信息内容和话语组织的意图，出现的频率最高，其中 43%是自我指向，10%是他人指向。代表机构的接线员与消费者之间在相关的政策法规和行业操作方面，存在信息差和知识差，需进行协商，才可能就相关知识和信息形成互知和共识。另外，BELF 交际者的母语和文化背景均不同，英语水平可能参差不齐，往往需要花费更多时间和精力表达同样的思想（Hincks，2010）。元语用话语可以明示交际者的协商意识，利于达成共识。此外，与面对面交流相比，电话交流缺少面部表情和手势等的多模态信息，交际者更多依赖语言手段，传递信息与知识，实现对相关协商意义的互解。因此，在传递信息过程中，接线员选择元语用话语明示对信息内容和话语组织的协商意识，比如，例 8-1 中"mean"结构的元语用话语。

例 8-1 （接线员与投诉者讨论行程安排。A：接线员；C：投诉者）①

1 A: Lady, **I mean**, from, from France to (-)

2 C: From France, **you mean**?

3 A: You contact us **you mean, you mean** you want to change

---

① 本章所有例子中，A 表示接线员；C 表示投诉者，其他例子不再另外标明。此外，为保护隐私，例子和分析中航空公司、接线员和投诉者的名字，以及私人电话号码等信息都用×××替换。

from France to Amsterdam. Right?

4 C: Yes. Is it possible to Amsterdam?

例 8-1 中，接线员选择自我指向的元语用话语"I mean"暂停信息传递，意在引起对方注意，明示对信息内容的协商意识，随后继续进行信息传递。投诉者的回应中也使用"you mean"明示协商信息内容的意识，接线员使用面向他人的元语用话语"you mean, you mean"暂停信息交流，明示再次确认对方信息内容的协商意识。这些"mean"结构的元语用话语在信息表达之前、之后或之中，传递了对信息表达和理解的协商意识，有助于信息的准确传递和接收，形成互知。

通过提示和强调信息的性质和地位，元语用话语可以协助话语的组织与理解。

例 8-2 （消费者投诉航空公司的英语应用程序上没有航站楼信息。）

1 A: Because [in our] software, because when you change to the English channel, but there is not any terminal information in our software.

2 C: Yeah. [We] almost lost our flight, you know, because(-) the terminal was not mentioned, and this is two. When I went to terminal one (-) and then they said, oh, China ×××, Terminal Two. And we checked in almost one minute before the checking counter closed. We almost gonna lose our flight.

3 A: Yes. **We got all the information for that**, and we're very sorry for this aspect, **because [the] information is [very] importantly, because just you said that you almost miss this flight**, because this is a wrong information, because we've made you to the wrong terminal one.

4 C: Yes.

5 A: **And for this case, we are so sorry for that**, and we will make our system department and marketing department to repair our, [the] bad app, and we wish that and we will repair for the

right information in the future. **And for this experience, we are so sorry for that**.

6 C: OK.

例 8-2 中，接线员承认公司的英语应用程序上缺少航站楼信息。针对投诉者的指责，在话轮 3 中接线员通过元语用话语 "We got all the information for that" 进行回应，表示已知情，在认知上意与投诉者达成共识；随后的元语用评价语 "because [the] information is [very] importantly" 明示对投诉行为的认同，建构共知基础。他人指向的元语用话语 "because just you said that" 回指投诉者的前述信息，可以凸显后续信息，使得后续信息，即 "you almost miss this flight" 重新参与到当下的交际之中，扩大双方之间的共知基础。这些元语用话语的使用体现了接线员针对投诉内容和话语组织的协商意识，有助于实现双方对交际内容的互解，形成共识，解决投诉。

8.4.2 维护机构权益

根据所收集的语料，接线员使用元语用话语主要用于明示自己的机构权利与义务（占 15%），极少情况（占 1%）是提示投诉者的权利与义务。接线员代表所在机构处理消费者投诉，他们选择自我指向的元语用话语，如 "we suggest you" "we promise you" 和 "according to the rule" 等明示对权利、义务和立场等的协商意识。在例 8-3 中，接线员多次重申公司价格核实程序，确信机票无差价，以维护机构利益。

例 8-3 （接线员反复解释机票差价问题。）

1 A: **I said (hhh) that** the price difference we are following is this. And after we get an answer and we will told you that. So (0.5s) y-you can care about that.

2 C: (5s) Ah… <all> I don't, I don't quite understand. Do you say there's no price difference? Ur, just going?

3 A: (.hhh)(hhh) **Um because as we said that** because we are checking the(.) the problems, rank the first issue and the first payment. And after that and we get answer and we will (0.2s)

tell you.

4 C: OK. So(.) so that(.) that I'm understanding is correct(.) it's no price difference in this time?

5 A: **Just is this now**, there is no price difference.

在解释公司的操作流程之前，接线员先通过面向自我信息的元语用话语"I said (hhh) that"指向前述的交谈内容，将其重新激活，提醒对方已经谈过机票差价问题。投诉者对此还不确定，并重复接线员的话语，进行确认。随后，接线员在叙述公司业务流程之前，通过"Um because as we said that"（话轮3）再次提醒对方已谈过此事，并把"I said"改成"we said"，将个人立场改为公司立场，以凸显机构身份，代表公司对该投诉进行处理与协商。最后，面向自我信息的元语用话语"Just is this now"明示后续信息的确信性，即目前无价格差。

当面对投诉者的负面情绪和对诉求的坚持时，接线员在协商机构权利和义务的同时，也关照了负面情绪，如例8-4。

例8-4（投诉者要改签机票，但已超过规定的改签期限。）

1 C: I'm the customer. I pay for it(.). I paid for the option to be able to re-book. I'm going to repeat it over and over. And it just doesn't make any sense that I paid for the option to re-book and now you are telling me that I can't.

2 A: Yes, en, **we're sad** about the changing. **We're so sorry**(0.2s). We couldn't do that.

3 C: It's just a few days, I don't know what's going on here.

4 A: **My suggestion is that,** en, and you could take the original flight or you could change a flight just in the expired days.

5 C: I can't take the original flight any more. So I made the evidence. I don't know what I'm gonna do here.

6 A: **But we had no solution. We're sorry.**

7 C: Well, it's not my problem, it's your problem because I paid you guys. You can't

8 A: **But excuse me, Madam, this is not our problem.**

例 8-4 中，说话人通过元语用话语强调所在机构的规定和权力制约，与此同时也关照了投诉者的负面情绪。面向自我的情绪评价语"we're sad""We're so sorry"和"We're sorry"表达了对投诉者的同情与理解，利于形成彼此之间的情感共鸣。自我指向的元语用话语"this is not our problem"和"But we had no solution"体现说话人维护机构利益的意识，"My suggestion is that"体现说话人积极解决问题的协商意识。类似的元语用话语在体现说话人的协商意识的同时，表现了对投诉者的情感关照与共鸣，有助于提高解决方案的可接受性。

8.4.3 确保交际效果

在交际行为与方式的协商方面，接线员选择面向自我和面向他人的元语用话语，明确自己的要求或对对方明确提出要求。这类元语用话语常含有言说类动词，如"say""speak""ask""tell""hear""listen""repeat"等。由于英语水平所限或电话信号不好等不确定性原因，很多时候接线员会使用元语用话语，如"Can you hear on me?""I cannot hear what you said""Say it again"和"Can you repeat what you said? I cannot hear you"等暂停信息交流，检查交流渠道，确保信息传递质量，如例 8-5。

例 8-5（接线员反复核实投诉者的联系电话。）

1 A: I'll check this phone number of her. Uh (.) This afternoon your friend have contact our Airline, right?

2 C: Yes, she contact you. She is the secretary of my husband.

3 A: No record. **So I repeat the telephone number.** 187×××× ××××.

4 C: Can you repeat it again, please?

5 A: Yeah, 187×××××××.

6 C: Uh(.)...×××××.

7 A: ××××. Fine, **I check**. No record (???).

8 C: Because she called from the company. She has... she has called from the company...from boss company, not from mobile.

9 A: Yes, **is the the number correct? Just now I repeat it's correct. Because it's important**. I need to contact to her.

10 C: Okay. 187×××××××.

11 A: ×××, right?

12 C: Yeah. ×××.

例 8-5 中，接线员使用面向自我的元语用话语"So I repeat the telephone number"和"I check"明示自己的交际行为，"is the the number correct? Just now I repeat it's correct. Because it's important"表明需要确认所涉信息的准确性，并同时解释了自己的言说行为。有时接线员的英语水平会阻碍交际的顺畅进行，并因此受到指责，如例 8-6。

例 8-6 （接线员就座位变更问题，与投诉者沟通。）

1 A：This is ××× Compliant Centre. (.) Are you available to talk now?

2 C：Yeah, but your English is not very good.

3 A：(Inhale) OK, thank you, sir, because we have done the complaint, because you have a problem in [ticket].

4 C：[No]. [Wait]. Your English is really bad, OK? So if you're on the customer complaints, your English needs to be a lot better so that I can understand it, because at the moment, I don't understand it.

5 A：OK. **Because we just want to tell you that** the seat has been changed. (.) But we couldn't help you change it. Translate [this]

6 C：[Say] again?

7 A：(Inhale) Because the fight has been changed, and your seat has been changed either. But we have helped you, tried our best to help you. Make sure that your original seat we couldn't help you to change. We're so sorry for that.

例 8-6 中的投诉者直接抱怨接线员的英语水平差，表示自己听不懂。接线员并没有理会该负面评价，而是通过元语用表达"Because we just want to tell you that"明确自己当下进行的交际行为，即电话告知座位变更事宜。在接线员的坚持下，投诉者停止了对其英语水平的指责，并开始参与交际活动，也即，协商投诉处理。例 8-6 也体现了接线员以完成任务为导向的机构意识。

8.4.4　平衡机构利益与人际关照

投诉回应中的接线员通过元语用话语，可以明示面向自我和他人的信息内容、交际行为方式等的态度与情感倾向，其中面向自我和面向他人的元语用话语分别为 8%和 6%，因此差别不大。这类元语用话语一般含有评价类和态度类的形容词和副词，如"important""fine""normally""good" "simple""sure"等，表现说话人对所涉信息的评价与认知，有助于平衡机构利益与人际关系。

投诉回应中有时不可避免会出现负面情绪。在研究的 41 条电话回应中，其中 20 条存在明显的负面情绪表现。负面情绪分为消极负面情绪和积极负面情绪（Spencer-Oatey，2002）。前者表示指向自我、被动的负面情绪，后者表示谴责他人或挑衅性的负面情绪。语料分析发现，消极负面情绪主要包括伤心、沮丧、混乱和自怜，积极负面情绪主要有不耐烦、不满意和生气。当投诉者叙述不愉快的经历，或提出补偿要求时，会表现出伤心、沮丧、失望等的消极负面情绪，对此接线员通常会进行道歉和安慰。有时投诉者会使用"sad""confusing"和"worried"等的情绪词语，直接告知自己的情绪状态，并寻求对方的理解，如例 8-7。

例 8-7　（接线员回应航班改签问题。）

1 A:　[**I mean that**] for this change, **I'm not sure** whether we can done it successfully before your departure time, [so...]

2 C:　[**I**]**'m so sad**. I need to go back home and I need to take my medication. I need to fulfill my responsibility. **Can you understand me?**

3 A:　**Yeah, I understand you**. So are you consider to book a new

ticket? Because this is a free cancellation. You can apply a full refund from the agency.

4 C: I don't want a full ticket. Er(.) I want to go back home.

例8-7中，针对投诉者反映机票不能改签的问题，接线员指出机票改签牵扯其他航空公司，需要进一步协调解决，但不确定时间是否来得及。面向自我的元语用话语"I mean"和"I'm not sure"表示了说话人的协商意识。对于不确定能否改签机票之后，投诉者用"[I]'m so sad"直接表明了自己此时的心情，意在引起对方的同情，在此基础上诉说理由，随后又通过"Can you understand me?"核实对方是否理解自己的诉求和特殊情况。面对投诉者的失望、焦急等负面情绪，接线员用"Yeah, I understand you"表达同情和理解，建构趋同的情感空间，随后提出新建议。

当面对积极负面情绪，如投诉者发泄不满和气愤，出现冲突和对抗程度较高的交际时，接线员往往表现出公事公办的处理态度，尽量不动声色，解释相关规定和程序，如例8-8。

例8-8 （接线员解释航空公司的有关规定。）

1 C: But the regulation, I keep on telling you guys. I'm really tired. I don't want to talk to you guys for a week now, and what I'm saying is that, see nowhere in your ticket, nowhere in the E-mail, your guys (???) If I wasn't informed, I knew, then there is nothing I can complain about. It is false advertisement for you guys could not put it. This put you [guys]

2 A: [Because when] we got your E-mail, **we know this**. We have checked all the regulation of ticket

3 C: **Do you understand what I am saying right now? Because you keep on saying because I'm telling you there is a lie**. **I'm angry** because nobody taught me that there is a require. You guys don't have it on your website. You don't it is not printed anywhere in my E-ticket. You get what I mean?

4 A: Yes. **We know**.

5 C: **This is your fault.**

6 A: But when we (???) regulation, Madam. **I understand**, but we have many regulation.

7 C: I know. I know what you mean, I know there are regulation. But if you are not E-mail… what customer pay you, regulations are OK. I'm fine with that.

例 8-8 中投诉者的话语非常强势，在表达观点前，明确表达了自己的不满情绪。当接线员谈到相关规定时，交际中的负面情绪开始升级，投诉者使用"Do you understand what I am saying right now? Because you keep on saying because I'm telling you there is a lie. I'm angry"表达气愤，同时解释原因，并通过"This is your fault"将消费者与公司之间的问题转变为人际问题，指责接线员。在此过程中，受制于机构权利与利益，接线员反复重申公司对此事已知情，并通过"we know this""We know"和"I understand"等元语用话语表达了对投诉者的理解，建构趋同的情感空间，协助投诉处理。

有时投诉者也会有意拉近与接线员之间的人际关系。对此，接线员会积极回应，借机扩大双方之间的情感趋同，如例 8-9。

例 8-9（乘客投诉飞机保安态度恶劣。）

1 A: OK. **I know** I will transit it to cabin crew and check it again. **I'm so sorry to hear what you have suffered.**

2 C: Thank you.

3 A: You're welcome.

4 C: **I just want you know that 我是你的金卡会员**。

5 A: Yeah, golden membership. Thank you for your support.

在此之前，投诉者谈到在飞机上和保安之间的不愉快经历，表现出伤心失望的情绪。对此，接线员表示已知情，并代表公司进行道歉。元语用话语"I know"和"I'm so sorry to hear what you have suffered"调节交际中的负面情绪，安慰投诉者，建构共享的情感空间。投诉者表达感谢后通过元语用话语"I just want you know that 我是你的金卡会员"，一方面直接表示投诉者的金卡会员身份，暗示他的不愉快遭遇应该受到足够的重视和特殊处理；

另一方面通过语码转换策略,用汉语说出"我是你的金卡会员",可以拉近与中方接线员之间的人际距离,于是接线员进行了积极回应。接线员使用元语用话语有助于创造趋同的情感空间,可以积极调节对方的负面情绪,缓和人际关系,进而推进交际进行,促进投诉处理。

8.5 小 结

在跨国公司或国际商务机构等多语言多文化的语境因素制约下,商务问题投诉处理中的元语用话语可以体现说话人为了完成交际任务,协商所涉信息内容、交际方式等的语用意识。针对元语用现象的早期研究多专注于单语言和单文化的交际语境,尽管个别学者探究了跨文化环境下的元语用现象,但没有对 BELF 交际中的元语用意识及其标示语进行深入探究。同时,BELF 研究不再专注对实体特征的描述,转向探讨交际的动态互动过程,揭示来自不同母语文化背景的交际者如何选择适当的语言,通过协商、调节、相互适应,完成商务交际语境下的目标任务。本章的分析显示,民航公司在处理消费者投诉等问题时,会受到商务机构的权利与义务、投诉事件的性质、参与者的语言水平、个人经历和专业知识等因素的制约,借助元语用话语,可以中断、暂停或改变当下的交际进程,创建交际者之间的认知与情感趋同,管理与调节面向自我和他人的所涉信息和交际行为(Caffi,1994;Haugh,2018),体现针对商务投诉问题的协商意识。总之,通过对商务交际中元语用话语与元语用意识的探究,本章的研究发现可以促进在商务语境下对话语选择的语用学研究。

第 9 章

BELF 投诉回应中的凸显调节

9.1 引　　言

本章从交互文化语用学的角度，基于 SCA 中的凸显性理论，探讨 BELF 交际中，元语用表达在投诉回应中调节凸显的作用。交互文化语用学"关注语言系统如何在母语和文化不同的交际者之间，在书面或口语交流中的表现特征，虽然交际者通常代表不同的社会文化，但他们选择一种共同的语言进行交流"（Kecskes, 2019：74）。

投诉行为本质上具有冲突性，BELF 使用者在电话交流中处理投诉就更具有挑战性。首先，接线员与投诉者之间存在利益冲突。投诉行为往往伴随着指控、归罪、指责、埋怨或批评，容易导致冒犯和负面反应，增加交流的难度。其次，当利益相关者来自不同的语言文化背景时，处理投诉问题则更为棘手，面对的挑战更大。这是因为交际者之间可能存在由语言、文化等造成的不同障碍，这使他们的相互理解可能更加困难。另外，电话处理投诉受到声音信号等技术方面的制约，并且缺乏肢体语言的辅助等，与面对面交流相比，更多地依赖语言的使用。

然而，在商务环境中，消费者选择投诉是希望与商业机构就经历的问题或麻烦进行沟通，协商解决方案，最终可以改进当前的某些商业模式和做法，因此，消费者的投诉给商务机构一些补救、预防和纠正错误的机会，从这个意义上说，投诉应该被视为一种积极的事件。但是如果商务机构不能给投诉者一个满意的回应，轻则会失去部分消费者，重则会损害机构的形象和声誉。因此，对接线员而言，投诉回应至关重要。

本章指出，接线员在投诉回应中选择元语用表达是为了调节特定情景因素的凸显性，以促进投诉问题的解决。本章语料来自中国一家航空公司投诉中心的 42 个英文电话录音的转写文稿，分析其中使用的元语用表达，回答两个研究问题：①投诉回应中使用哪些类型的元语用表达？②这些元语用表达在交际进行中如何调节凸显性以促进投诉的解决？下文在简要讨论凸显性理论之后，介绍语料的描述和识别过程，分别分析接线员和投诉者如何使用元语用表达对语境因素的凸显性进行调节，以及接线员和投诉者之间元语用表达凸显性调节的交互模式，最后对相关问题进行讨论和总结。

9.2 凸显性及 SCA 中的凸显理论

作为一个符号学的概念，"凸显性指符号的相对重要性或突出性"（Kecskes，2013：176）。当不同的符号出现在一起时，某个符号的相对凸显性，有助于交际者快速地根据重要性对大量信息进行排序，从而关注到最重要的信息（Kecskes，2013）。在语篇语用学的文献中，"凸显性"与"突出性"（prominence）、"可及性"（accessibility）、"注意力"（attention）和"可激活性"（activation）等术语可互换使用。"突出的实体"（prominent entities）指"无论何种原因均能脱颖而出"（Matthews，1997：299）或"占据某一位置以便引起注意"的实体（*Oxford English Dictionary Online*，2016）。如果一个元素相对于话语中的所有其他元素更为突出，这意味着该元素在认知上比其他元素更为凸显、占据更为中心的地位、处于前景的位置，更能引起注意（Clamons et al.，1993：520-521），因此，该元素更容易被激活，在认知上也就更可及。

语言的凸显性是指说话人或听话人记忆中语言实体的可及性，以及这种可及性如何影响语言的产出和理解（Kecskes，2013：177）。目前，已有几个语言凸显性理论解释实体凸显性如何影响指称表达的形式问题，如分级凸显假说（Graded Salience Hypothesis）（Giora，2003）和已知信息层级理论（Givenness Hierarchy）（Chafe，1976；Gundel et al.，1990），以及用于解释实体凸显性如何影响语篇的局部连贯性的中心理论（Centering Theory）（Grosz & Sidner 1986；Grosz et al.，1995）。Giora 提出的分级凸显性假说主要以听话人为中心，研究对象是词汇项在实际交际情景中的意义凸显。根据 Giora（1997，2003）的研究，词汇的凸显意义是一个使用频率、熟悉度、约定俗成性和典型性方面较高的单词或短语的编码词汇意义。与此相似，已知信息层级理论（Gundel et al., 1990）确定了话语中某个所指对象共享知识的五个程度。这五个程度从低到高是：可识别的（Type Identifiable），唯一可识别的（Uniquely Identifiable），熟悉的（Familiar），被激活的（Activated）和处于焦点中的（In Focus）。在其他条件相同的情况下，在信息等级中位置较高的对应较高的凸显性。中心理论是将一段语篇内的注意焦点、指称表达的选择和话语的感知连贯性联系起来的理论（Grosz & Sidner, 1986; Grosz et al., 1995）。此外，Stevenson（2002）提出了一个与中心理论相结合的凸显效应理论（salience effects theory）。她声称，"话语中所指对象的选择取决于说话人对前一话语的心理模型中的实体的凸显程度"（Stevenson，2002：188）。

除了词汇意义的凸显性，Haude（2019）还从更广泛的角度探讨了三种类型的语言凸显之间的关系：①话语－语义突出（discourse-semantic prominence）包含特定时刻与话语指称相关的特征，如话题性、人物、有无生命或主体性；②句法突出（syntactic prominence）表现为一个论点的句法特权或优势；③表达式突出（expression prominence）指一个语言单位因长度和复杂性等因素而凸显。

SCA 中的凸显理论（Kecskes，2013：184-185）一定程度上基于 Giora 的分级凸显性假说，但更具有辩证性和双向性。SCA 既关注说话人，也关注听话人；既关注词汇加工，也关注知觉加工；既关注先前语境，也关注实际情景语境。此外，为了了解在交互文化语境中凸显的动态性，SCA 区分了三种类型的凸显：内在凸显（inherent salience）、集体凸显（collective salience）和情景涌现凸显（emergent situational salience）。内在凸显指说话人在一般概念和语言知识中形成的一种自然偏好，是个体先前使用词汇获得的经验的结果，并同时发生历时性和共时性的变化。集体凸显性与语言社区的其他成员共享，并随时间变化，与共知基础有着密切的联系。情景涌现凸显指特定对象和语言要素在语言产出的语境中的凸显性，会发生共时性的变化。情景涌现凸显性可能通过生动性程度、说话人动机和提及的时间先后等决定因素而累积。在实际情景语境中，内在凸显受集体凸显和情景凸显的影响和制约。

在交际过程中，凸显意义首先被激活，凸显的信息才变得可及，因此，说话人会监控并干预正在进行的交流过程，以促进自己的谈话议程顺利进行。Kecskes（2017）指出，说话人意义包括两个方面，即个体意义和会话意义，并提出接收者设计（recipient design）的概念。接收者设计指说话人有可能根据自己的需要操纵说话人的意义，使意义在对话中以某种方式得以解读，或者提供线索和标记帮助传达自己的意图。交际中当凸显意义主导词语的选择时，可能导致意图表达的方式不妥当或引起误解。这时，说话人可以通过取消或降级高度凸显的意义而改变说话人意义，并操纵听话人的凸显。对商业机构来说，投诉的回应和处理非常重要。接线员与投诉者进行互动交流，使商业机构有机会获得对其服务的反馈，提供某种形式的补救措施，纠正不当的做法和行为，最后实现改善服务的目的。

在投诉回应中使用的语言手段中，元语用表达在语言凸显性方面具有独特的地位和作用。如前文所述，语言凸显与使用者先前的经验、熟悉程度、约定俗成和频率等方面密切相关。来自不同的社会文化背景的参与者在这些方面缺乏共享的知识和经验。元语用表达的使用能够激活并聚焦某些情景因素（Gundel et al., 1990），从而调节相关因素的集体或情景涌现凸显性，因此可以干预或监控正在进行的交际互动行为，从而使它们按预期目标进行。本章旨在揭示，在交互文化商务语境中，说话人如何使用元语用表达调节投诉回应中的凸显性。为此，下文首先考察投诉回应中使用哪些类型的元语用表达，然后讨论交际者如何使用这些元语用表达调节投诉回应中特定语境因素的凸显性，以促进投诉的有效解决。

9.3 语料与方法

9.3.1 语料来源

本章分析的语料来自 2018 年 6 月至 7 月中国某一航空公司投诉中心接线员与投诉者之间总时长约七个半小时的 42 个电话通话记录。这些电话是接线员打给向公司官网上的电子邮箱发送投诉邮件的投诉者的。从投诉者使用的语言来看，只有少部分投诉者的母语是英语，大多数投诉者母语是非英语。所有的电话录音都逐字转录下来。转录的英语单词总数约为 46 850 个。对每个邻近对和它的话轮都做标记。语料中投诉的内容或投诉的对象主要涉及机票问题（如订位、更改航班时间及退款等）、机场服务（如行李托运、登机和航班延误等）、机舱服务（如工作人员的态度、食物和饮料等）和投诉中心（如接线员语言和沟通能力不足，电话线路差，投诉处理流程差等）。由于电话录音的限制，特别是根据与该公司签署的保密协议，航空公司及其接线员，以及其他航空公司和地点的名字均以匿名的形式，用代码表示。当例子和语料分析中的人名用×代替，机构或地名则用××代替。在一个例子中提到不止一个人名，就用×1、×2……×n 做区分；当一个例子中提到不止一个机构或地名，就用××1、××2……××n 区分。

9.3.2 语料分析方法

首先识别语料中所有的元语用表达，共出现五类。表 9-1 列出元语用表达的分类、语言表征和示例。

表 9-1 元语用表达的分类、语言表征和示例

类型	语言表征	示例
言语行为描述语	包含言语行为、思想活动的动词的元语用表达	I ask you a question/Can you repeat it for me?/I think/I guess
评论语	包含带形容词或否定词，描述个人的判断、评价、态度和感受的元语用表达	The way you speak is disgraceful/It's unbelievable/That doesn't mean anything
实据语	包含信息来源和信息描述语的元语用表达	I was told/It is said that/According to the company policy
信息解释语	包含重新表述或举例说明语词的元语用表达	You mean/What I mean is/For example
信号语	包含指称后面或前面的信息内容的名词，通常是抽象名词的元语用表达	My suggestion is that/That is our solution/This is the reason why

给语料中的元语用表达编码后，统计每一类元语用表达使用的频次/频率，得出其在语料中的分布概况。此外，对接线员和投诉者话语中使用的元语用表达进行卡方检验，以了解他们使用每种元语用表达是否存在统计学意

义上的显著性差异，以及使用不同类型的元语用表达是否存在显著性差异。

元语用表达在凸显性调节中功能发挥的过程分析基于 Kecskes（2017）对操纵说话人意义的相关论述，结合本章的语料特征，元语用表达的凸显性调节的分析分成三个部分：接线员的凸显调节，投诉者的凸显调节以及接线员与投诉者之间凸显调节的互动模式。通过分别考察接线员和投诉者的凸显性调节，以及他们之间的互动模式，可以从说话人和听话人的角度全面了解元语用表达的功能发挥过程。在分析中，凸显调节进一步细分为凸显升级、降级或取消。下一节将从语料中选择典型例子进行详细分析。

9.4 元语用表达的类型及凸显性调节分析

9.4.1 投诉回应中使用的元语用表达的类型与频次频率

表 9-2 分别统计语料中接线员和投诉者使用的元语用表达的类型和使用频次频率，以及卡方检验结果。

表 9-2 接线员和投诉者使用的元语用表达：类型、频次和百分比

类型	接线员		投诉者		P 值（卡方检验）
	频次	频率	频次	频率	
言语行为描述语	85	36%	159	36%	$\chi^2 =22.4, df=1, p<0.05$
评论语	41	17%	139	32%	$\chi^2 =53.4, df=1, p<0.05$
信息解释语	79	33%	70	16%	$\chi^2 =0.5, df=1, p>0.05$
实据语	22	9%	46	10%	$\chi^2 =8.5, df=1, p<0.05$
信号语	12	5%	27	6%	$\chi^2 =5.8, df=1, p<0.05$
总数	239	100%	441	100%	—
P 值（卡方检验）	$\chi^2 =91.0, df=4, p<0.05$		$\chi^2 =152.4, df=4, p<0.05$		—

如表 9-2 所示，总体而言，从数量上看，投诉者（441 次）比接线员（239 次）使用更多的元语用表达。在五种元语用表达中的三种，接线员和

投诉者使用频率相似。言语行为描述语在接线员（85次，占36%）和投诉者（159次，占36%）的话语中均排在首位；信号语出现的频率最低（接线员12次，占5%；投诉者27次，占6%）；实据语的使用居中下（接线员22次，占9%；投诉者46次，占10%）。接线员和投诉者在评论语和信息解释语这两种元语用表达的使用上差别最大。在接线员话语中，信息解释语排第二（79次，占33%）、评论语排第三（41次，占17%）。在投诉者话语中，评论语排第二（139次，占32%），信息解释语排第三（70次，占16%）。卡方检验显示，接线员与投诉者之间的信息解释语的频率差异无统计学意义的显著性（χ^2=0.5, df=1, p>0.05），其他四种类型的差异均有统计学意义的显著性。组内比较显示，接线员和投诉者使用的五种元语用表达均有显著性差异。

9.4.2　元语用表达的凸显性调节分析

1. 接线员的凸显性调节

由于受机构角色的限制，接线员主要监控和干预投诉回应中信息寻求和传递的过程（Einwiller & Steilen, 2015）。接线员话语中的元语用表达的凸显性调节主要采取的是信息取向。接线员选择这些语言手段旨在提升相关信息或关键信息的情景涌现凸显性，如例9-1所示。

例 9-1　（投诉者想知道在飞机上换座位是否要额外付钱。C：投诉者；A：接线员。本章例句中的会话者 C 和 A 均同此。）

C: OK. So(.) so that(.) that **I'm understanding is correct(.)it's no price difference in this time**?

A: Just is now there is no(.) price difference.

C: (2s) OK. And there's no (difference?) does it (???)

A: Yes because (.hhh) **I, I said that** because price difference and we (.) we will check out the (.) problems. And after that we will have you make the deliver to refund the price difference. **It is(.) our promise, and this is our word.**

例 9-1 中投诉者不确定他选择不同的座位是否需要额外支付费用。他试探性地询问飞机上不同区域的座位是否有价格差异。评论语"I'm understanding is correct"指向随后的问题，即"it's no price difference in this time?"这个元语用话语的使用提高了他后续提出问题的凸显性。即使在接线员确认没有价格差异后，投诉者再次询问了这个问题。然后，接线员使用实据语"I said that"强调她之前提到的关于价格差异的内容，并将其带回正在进行的交际互动中。最后使用的"It is (.) our promise"和"this is our word"这两个信号语旨在加强关键信息的情境涌现凸显性，即座位没有价格差异。

接线员的母语都是中文，在用英语与投诉者的电话交流中偶尔会使用中文，英中语码转换也会影响和调节相关信息的凸显度。元语用表达有时作为边界标记语，出现在中英转换过程中，如例 9-2 所示。

例 9-2 （乘客投诉机舱服务。）

A: 是不一样，**你是说**…**You mean, you mean that** the security guard's confession is not, is different from others. **Is that right?**

C: Correct. But the information from the security guard is passed over to the police.

例 9-2 里接线员说了几句中文，然后马上转换成英语。信息解释语"You mean, you mean that"是中文"你是说"的英语表达。这些元语用表达不仅是汉英转换的边界标记语，还表明接线员想寻求更多有关保安提供给警察的信息内容的意图。然后她追加了一句评论语："Is that right?"提高假设的凸显性，即她认为保安的供词和其他人的不同。接线员话语中的中文和英文元语用表达都采用信息取向，它们引导和框定接线员的信息寻求过程。

接线员和投诉者之间存在着信息和技术或专业知识的不对称性。在例 9-3 中，接线员代表公司选择元语用表达提升机构或公司规章制度重要性的凸显度。

例 9-3 （乘客投诉航空公司的制度。）

C: Do you understand what I am saying right now? Because you keep on saying because I'm telling you there is a lie I'm angry because nobody told me that there is a requirement. You guys don't have it on your website. You don't(.) it is not printed anywhere in my E-ticket. You get what I mean?

A: **Yes, I understand.**

C: This is your fault.

A: But **we have regulation. Madam, you know, we have many regulations.**

例 9-3 中投诉者似乎心情不好。她使用一系列的元语用表达，包括言语行为描述语、评论语和信息解释语，以确保接线员可以理解她的意思。接线员使用言语行为描述语"Yes, I understand"明确表示她了解投诉者的情况，但她还是坚持不能违反公司的规定，随后反复强调"we have regulation"和"we have many regulations"。在这两句话之间，她使用了一个称呼语和言语行为描述语"Madam, you know"提升信息"we have regulation"的即时情景凸显度。

接线员也会使用元语用表达降低相关信息的凸显性，如例 9-4 所示。

例 9-4（投诉者在订票时遇到名字的顺序和中间名字的问题。）

C: Well, I'm happy to hear you say so(.) But I'm very surprised I had such an issue with that(.) for the last four days.

A: Yes. **I know that** (.) because **I was just afraid that** because your passport (.) there is no middle name, but in our ticket (.) **so maybe I'm afraid that** the information is not matched.

例 9-4 中投诉者被告知他机票上的名字顺序可能有问题。接线员使用三个元语用表达，"I know that""I was just afraid that""I'm afraid that"来调节对这个问题的理解。言语行为描述语"I know that"可以激活对于投诉者机票问题的互知；两个评论语"I was just afraid that"和"so maybe I'm afraid that"可以激活个人对该问题的判断和立场。被激活的关于机票问题和接线员的个人判断和看法共同创建了一个即时情景语境，降低关于机票上名字顺序问题的严重性的凸显性。

2. 投诉者的凸显性调节

在回应投诉的电话互动中，投诉者与接线员一样也关注信息的澄清和确认。元语用表达用于提升相关信息的情景涌现凸显性，如例 9-5 所示。

例 9-5 （投诉者询问在飞机上选座是否需要额外付钱。）

C: OK. **So what I want is** (???) that a larger space?

A: No. You shouldn't pay any money for the selection, we will have that free charge.

C: Oh. **Yes. I understand. I want you to understand what I'm asking**, what's the difference between the regular economy and the fourth row?

例 9-5 中投诉者使用言语行为描述语"So what I want is"是为了提高后续信息的情景凸显度，即他想要一个更大的座位的要求。该元语用话语的使用可以吸引更多的注意力资源到后续信息的理解中。当接线员告诉他选座服务是免费的之后，这位投诉者仍然不相信。他使用两个言语行为描述语"I understand"和"I want you to understand what I'm asking"监控信息的传递和理解。使用这些元语用话语可以提升相关情景语境信息的凸显度，这里主要是投诉者对座位空间的要求以及担忧需要额外付钱的心情。除了以信息为取向的凸显性调节外，考虑到交际中投诉者可能带有负面情绪，元语用表达可以增强负面情绪的情景凸显性，如例 9-6。

例 9-6 （投诉者不愿意额外付钱重新订票。）

A: Excuse me, Madam. **We just answered what you asked us.**

C: Yeah. **This is reasonable for you guys to answer.** Yes. This is something that should be questioned in the ticket because I paid. **I'm just going to repeat it over and over**. I paid for the option to re-book the ticket. Not anywhere in my ticket say that there is a three-month-expiry from (???). **So I just don't know what's going on here. The only issue here is** you did not put it in my ticket, it's not, **you know what I mean? You are deceiving people.**

接线员使用言语行动描述语"We just answered what you asked us"增强他们之前关于机票重新预订的谈话信息的情景凸显度。投诉者使用的评论语"This is reasonable for you guys to answer"回应了接线员对他关于重新预订机票问题的回答。言语行为描述语"I'm just going to repeat it over and over"将注意力资源调整到接下来的话语上，增强关于她购买的票的类型的信息凸显度。投诉者表达了对公司有关做法的不满，使用信号语"The only issue here is"增强后续信息的情景凸显度，即该公司没有在机票上注明有效日期。信息解释语"you know what I mean?"的使用再次提高机票问题的凸显性。评论语"You are deceiving people"增强消极情绪和不愉快经历的情景凸显性。例 9-6 中，投诉者使用四类元语用表达框定和监控投诉意见的表达和负面情绪的宣泄。

投诉的消费者来自不同的语言文化背景，在电话互动中使用英语作为通用语。有时选择元语用表达是为了提高非母语交际者的集体凸显度，如例 9-7 所示。

例 9-7 （投诉者谈论自己的英语使用。）

C: **You know, I was doing my best**, OK, **maybe there is a problem with English because it's not the language to understand** and I was learning to a conversation to speak English, I understand how to do with that, and to make you easy. **In fact, my old brother used to say**, when you spoke English, Charles, **because I spoke such simple English, I got to have it speaking simple English.** So non-native English speakers could understand what to do more clear, easier.

A: Yes.

例 9-7 中投诉者的母语不是英语，他使用元语用表达突出非母语者身份和对使用英语的态度。面向自我的言语行为描述语"You know, I was doing my best"旨在凸显他对讲英语的积极努力的态度。然后叙说为什么使用简单的英语。实据语"In fact, my old brother used to say"和评价语"because I spoke such simple English, I got to have it speaking simple English"增强他对自己的非英语母语者身份的凸显性。这些元语用表达的使用表明，投诉者意在影响和干预接线员对他所讲的不标准的英语的容忍度和理解。语料中更常见的情况是投诉者使用元语用表达指责接线员的英语使用，如例 9-8。

例 9-8 （投诉者指责接线员的英语差。）

A: Hello.

C: **Do you understand what I am telling you or not? Am I speaking to someone who speak English correctly you know? I should speak to someone who speak English correctly because you can't understand what is speaking to you.**

A: Hold on please.

C: Yeah. Thank you.

例 9-8 中投诉者对接线员的英语水平不满意，想找一个英语说得更好的接线员。他连续使用几个言语行为描述语指责接线员说的英语不好，如 "Do you understand what I am telling you or not?"，凸显投诉者高高在上、盛气凌人的态度；"Am I speaking to someone who speak English correctly you know?" 指责接线员不能说正确的英语；"I should speak to someone who speak English correctly because you can't understand what is speaking to you" 明确表示自己无法与接线员正常交流。这些元语用表达增强了接线员作为非英语母语者身份，显示出其英语能力不足，这些信息的情景涌现凸显度干预正在进行的交际互动。此外，元语用表达可以提高文化背景知识和交互文化意识的集体凸显度，如例 9-9。

例 9-9 （投诉者抱怨机票上关于中间名字的使用问题。）

C: Yes. Yes. **I understand you**, agent, so I'm 66 year-old, I have traveled a million miles in my life-time (.) and half of that in China, Thailand, Cambodian, Singapore, Japan…, I know about the names and the middle name apartment, **but you don't know and don't understand. The fact is that**, in Western country, the middle name is [very often] omitted, it's unnecessary. And you should get a passport. But everyone of my credit card don't have my middle name. All of my bills, all the things I do in daily living don't have my middle name. I never have a middle name issue. **So you don't understand it, our culture sounds** the middle name is almost – it's no way, it's never really needed in official government document. **You understand what I'm saying?**

A: Yes. I understand.

例 9-9 中，投诉者机票上的名字和护照上的不一样。他解释了西方和中国的人名使用习惯的不同，说话语气很权威。评论语"you don't know"和"you don't understand"，以及信号语"The fact is that"和"our culture sounds"，都是为了增强有关他不同的文化背景和丰富的旅行经历的相关信息的凸显度。很明显，他认为中国接线员缺乏西方国家有关中间名字方面的文化知识，因此反复强调自己的文化背景和阅历。然后，他用言语行为描述语"You understand what I'm saying"核查接线员的理解程度，再次增强关于名字使用的文化知识的集体凸显度。此外，元语用表达也用来降低或取消信息和负面情绪的凸显程度，如例 9-10。

例 9-10 （投诉者抱怨多次被邮件打扰。）

C: OK. By the way, **just you know**, one of the email is 22 hours ago, and the second one from ticket.cs.com was 17 hours ago (.) **That's right**. I got two of them (.) **I never like what I am saying**.

A: Yes. We are so sorry for that. Anyway, I will help you do that question.

C: OK. I appreciate that.

A: Yeah. Thank you. OK. Have a nice day, goodbye.

例 9-10 中投诉者使用言语行为描述语"just you know"和评论语"That's right"的目的是增强所谈论的事情的情景涌现凸显度，即投诉者在两个不同的时间收到了公司的两封电子邮件，对此她感到恼火和困惑。然而，在抱怨之后，她立刻使用评论语，"I never like what I am saying"降低交际中负面情绪的凸显度，抵消她的抱怨可能带来的负面影响。

3. 凸显性调节的交互模式分析

在分析接线员与投诉者之间的互动时，语料呈现出两种凸显性调节模式：趋同和趋异。前者是指接线员与投诉者在调节特定情景因素的凸显性方面表现出协同一致的趋势；而后者指双方在调节特定情景因素的凸显性方面存在分歧和不一致。在投诉回应中，总的来说，接线员和投诉者在信息交换上步调一致。元语用表达的使用意在提高相关信息的情景涌现凸显性和集体凸显性，最终顺利解决投诉事宜，如例 9-11。

例 9-11 （投诉者担心机票上名字的顺序会影响登机。）

C: **Sure. Sure. I mean, like I said**, I know about the names, and I (.) actually know people names, **that is**, Thailand, **that is, you know** (.) **I mean**, so similar, **you know**, I (???) go on in another country because of this middle name thing, **so I understand, you know**, western names are short, **I guess it is what I want to say**.

A: Yes. Of course. Because another information is matched, **for example**, the passport number, the passenger name, **for example**, the expiry date, even the third name, all information is matched, **so I told you this is not a problem**.

C: OK. **That is good to hear**. I wish I would, **this is you say, but I will believe you** and look forward to it.

例 9-11 中，投诉者机票上没有中间名字，担心在登机时会遇到麻烦。信息解释语"I mean"和实据语"like I said"增强他先前谈论过的名字问题和随后提供的信息的情景涌现凸显度。信息解释语"that is"和"I mean"以及言语行为描述语"you know"和"so I understand"意在突出不同国家不同人名系统和文化的集体凸显性。信号语"I guess it is what I want to say"回指他所说的泰国和西方国家的名字文化。接线员两次使用信息解释语"for example"和实据语和评价语"I told you this is not a problem"旨在让投诉者放心。投诉者使用评论语"That is good to hear"和实据语"this is you say"提高接线员所讲的航班信息的凸显度。投诉者和接线员使用的元语用表达体现了双方的协同合作，目的是管理信息的理解和接受性。

当投诉者遇到困难时，即使接线员不能提供任何实质性的帮助，双方对某些语境信息的凸显性调节的方向是趋同一致的，虽然有时接线员只是表现出象征性的同意和关心，如例 9-12。

例 9-12 （投诉者的英语表达有些障碍。）

C: But. Yes. Yeah. **I understand**. But in general condition, you cannot make exception about the ticket (.) (???) you are not mine. **Sorry, I'm sorry for my English**. I'm really frustrated about the situation because I find that in general condition, but **now I understand** that it's not possible (.), so I would like to make a (relation?) over the company and refund the ticket. That's only about the ticket because I can't fly, and I don't understand your rule.

A: Yes. **I understand that, sir. So we are so sorry for this. I said we are so sorry.**

例 9-12 中的这位投诉者不能用英语清楚地表达自己的想法。评论语"Sorry, I am sorry for my English"意在凸显他非英语母语者的身份。然后，他表达了自己对机票退款和公司相关规定的失望。接线员用言语行动描述语"I understand that, sir"提高她已经考虑了投诉者的特殊情况的情景语境的凸显性。因为不能给投诉者退票，接线员在话语"So we are so sorry for this"和"we are so sorry"之间加上言语行为描述语"I said"，以及使用集体指称代词"we"，凸显她作为接线员代表公司处理投诉的机构身份。虽然不能提供太多的帮助，但接线员表现出了理解和关心。

接线员和投诉者之间凸显性调节的方向也可能是趋异。一般来说，接线员和投诉者在交际中的参与程度可能不均衡。接线员的立场和态度听起来更客观、理性、不含个人情感，而投诉者听起来更主观、情绪化。此外，一般情况下，接线员以一种或多或少严格和正式的方式来回应投诉者的投诉，回应方式在很大程度上已经机构化。有时，投诉中心成为投诉的目标。消费者直接投诉接线员，特别是当消费者充满负面情绪的情况下，接线员试图通过道歉来降低对方的不愉快体验，如例 9-13。

例 9-13（乘客投诉的对象是投诉处理中心。）

C: [No]. [Wait]. **You're not listening**. The seat arrangement has been dealt by X, not a problem now, but you're not dealing with the customer complaints, which is the poor customer service from XX. **That is the customer complaint.**

A: Yes, **so we apologize to you again. We're so sorry.**

C: **Well, I'm expecting something more than an apology. That doesn't mean anything** if you don't even know who the customer is, because the customer pays your wage, but you don't even know who the customer is. So I don't accept your apology at the moment if you don't know who I am.

A: Okay, excuse me, sir. **This is our mistake. And we have to give you an apology.**

C: Okay, **can you put that in black and white, please? Can you put it in an email**?

A: We will send you an email.

C: I want a formal apology from XX in writing.

A: OK.

例 9-13 中投诉者对投诉中心的服务不满意。他使用元语用表达强化对接线员指责和教育的意图。言语行为描述语"You are not listening"和信号语"That is the customer complaint"增强他投诉目标的凸显性，即他投诉的不是座位安排问题而是投诉中心。接线员用言语行动描述语"so we apologize to you again"指向随后的致歉"We're so sorry"。然而，投诉者对接线员的道歉并不满意。接线员继续承认错误，"This is our mistake. And we have to give you an apology"意在降低投诉者不愉快经历的凸显性，缓和他的不满。使用复数第一人称代词"we"和"our"凸显她工作的机构特征和集体责任。这里元语用表达的凸显调节呈现一种趋异的趋势。

有时接线员的语言使用听起来过度机构化，显得生硬、僵化，像应答机，如例 9-14。

例 9-14（乘客投诉公司的规章制度。）

C: And can I have your name then? Because I want to put that on my complaint. Because you don't want to give me to someone who hired you. And I(.) just, **you guys are confusing**, if you were in my position, I don't know what you feel.

A: OK. We're so sorry, so my name [is]

C: [En] **you're not informed**, you are not at the position, it's like somebody cheating on you. **You are cooler about what happening.**

A: Yes. I **respect you**, we're sorry. But if you need my name, I can offer you my name, you can too complain me, and we **respect you**.

C: I'm not going to complain your company, I'm going to sue your company, **that's what I'm going to do** because it's fraud, it is valid fraud.

A: That's what I **respect you**.

C: I'm sorry?

A: Yes. We **respect you**. But over our regulation, we're sorry we couldn't do that.

例 9-14 中，投诉者想知道接线员的名字，目的是投诉这位接线员。评论语 "you guys are confusing" 表达他的不满。在接线员说了 "sorry" 之后，投诉者继续使用评论语 "you're not informed" 和 "You are cooler about what happening"。这些评论语进一步增强他不愉快的经历和强烈的负面情绪的凸显性。这些元语用表达增强了交际中负面情感的凸显程度。然后投诉者说他要起诉该公司，并使用信号语 "that's what I'm going to do" 来明示下一步计划。在这个过程中，即使投诉者告诉接线员要起诉她的公司，接线员仍然保持着镇定和冷静的态度。接线员说了几次 "we are sorry"，甚至重复使用 "respect you"（"I respect you" "we respect you" "That's what I respect you"），提高她的机构身份和公司规章制度的凸显度。这种凸显性调节模式是趋异的，即投诉者是以负面情绪发泄为主导，而接线员是以维护机构利益为主导。

9.5 BELF 投诉回应中的机构角色与凸显性调节

在投诉回应的电话交流中，接线员和投诉者选择元语用表达调节特定语境因素的凸显性，以干预或监控正在进行的互动。前期研究对不同语境中使用元语用标识语进行了广泛的研究（如 Bridges，2017；Caffi，1984；Hübler & Bublitz，2007；Kleinke & Bös，2015；Mey，2001；Silverstein，1993；Verschueren，1999，2000）。本章从交互文化语用学的角度，进一步探讨元语用意识在 BELF 投诉回应中的功能。

BELF 交际受到多种语境因素的限制，从机构目标和利益、英语能力、社会文化背景、专业知识，到人际关系史等。此外，商务投诉回应的电话交际互动又受到利益冲突、员工培训、投诉者的负面情绪发泄、电话设施质量等因素的制约。因此，交际者选择不同类型的元语用表达干预或监控正在进行的交际互动，以促进投诉的妥善解决。

语料分析表明，接线员和投诉者在五类元语用表达的使用上表现出相似的趋势。统计结果显示，言语行为描述语在接线员和投诉者的话语中使用频率最高。使用言语行为描述语，说话人表达言语行为的言外之力，从而明确地传达其愿望、计划和请求，可以监控或影响正在进行的互动，以利于完成自己的议程，达到交际目的。深入观察语料发现，接线员采取多个角度表明他们的言语行为和思想动态，例如，使用 "I am saying" "We suggest you" "Our company says" 和 "Our staff should have told you" 等。投诉者往往采用自我指向或接线员指向的视角，使用 "I ask a very simple question" "Do you understand?" 和 "Can you speak English?" 等。

评论语是对自己或他人说话内容的反馈，体现说话人对正在发生的事情的判断、态度、偏好和内心状态。语料显示，投诉者比接线员使用更多的评论语，因为在他们曾经不满意的经历，以及与投诉中心接线员互动的过程中，很可能会对所经历的问题和困难进行评论或评估，有时话语中带有负面情绪。投诉者的负面情绪表达更多是谴责他人，如 "You are lying" "It is ridiculous" 和 "I am really irritated"，尽管有时也会用到一些赞扬性的表达，表达感激之情，如"I am happy to hear you say so"和"It's awesome to hear it"。在评论中，接线员更多地评论信息内容，如"The information is very important"和"I am not sure about it"。有时，接线员也会使用情感性表达，但这些情感是指向自我的、机构化的，如"We feel sad about it"和"I am so sorry to hear this"。

信息解释语表明说话人将要重新阐述或用例子来证明和佐证一些观点，由此促进互动的有效性。统计语料显示，接线员比投诉者使用更多的信息解释语。在投诉回应中，对于接线员来说，在解释和澄清某些问题时，确保投诉者正确理解至关重要，例如公司规则和行业法规可能提供的补偿和解决方案。这是因为：①他们代表就职的机构，负责有效地传递信息；②由于英语不是他们的母语，可能也不是投诉者的母语，需要付出额外的努力来传递信息。

实据语描述相关信息的来源，调节信息的可靠性和可接受性。接线员和投诉者使用这些表达的频率相似。然而，语料观察发现，接线员使用更多自我指向的表达，如"I said""I mentioned""according to our rule"和"we said"等，这些表达明示信息来源于公司和行业规定。投诉者多使用他人指向的表达，如"you have said""she told me""I was told"和"they said"等。最后，信号语指向说话人的后续和之前的消息内容，因此它们可以监控理解的有效性。语料显示这类表达的使用频率最低。这可能是由于电话互动中，交际者更多地使用言语行为动词，而较少使用抽象名词。

不同于词汇凸显性（Giora，1997，2003）、知识凸显性（Gundel et al.，1990）和话语凸显性（Grosz & Sidner，1986；Grosz et al.，1995），本章基于 SCA 中的凸显性理论（Kecskes，2013，2019），分析元语用表达在 BELF 投诉回应中的凸显性调节功能，增加了对凸显性在话语管理中作用的了解。在 BELF 交际中，说话人通过选择元语用表达激活先前的语境因素，创造即时情景语境，提升、降低甚至取消特定语境因素的凸显性。在集体凸显性调节方面，接线员更关注增强公司规章制度和行业法规内容的凸显性，而投诉者则倾向于提高参与者之间语言和文化差异的集体凸显性。

元语用意识及其标识语的相关研究，如元语用标识语的语篇管理功能、监测功能、干预功能等（Caffi，1994；Hübler & Bublitz，2007；Kytölä & Westinen，2015；Penz，2007；Verschueren，1999/2000）可以从凸显性调节角度得到更深层次的解释。交际者选择元语用表达是为了通过调节情景因素的凸显性来监测和干预正在进行的交互活动。在机构语境制约下，接线员主要使用元语用表达调节特定信息的凸显性，例如公司规则、行业法规或任何与投诉问题相关的信息。因此，接线员的凸显性调节更倾向于信息指向。有些情况下，他们也使用元语用表达降低投诉者负面情绪的凸显性。相比之下，投诉者的凸显性调节更为复杂。它既指向自我又指向他人，既指向信息又指向情绪。在信息指向的凸显性调节方面，除了关键信息外，他们的凸显性调节还指向自我和他人的语言使用和社会文化知识。在情绪指向的凸显调节中，投诉者倾向于增强谴责他人的负面情绪。通过对接线员与投诉者之间凸显性调节互动模式的分析，可以看出接线员在投诉者解释其困难和特殊需要关注的情况时，表现出体贴和合作的趋同态度。接线员也试图降低投诉者的负面情绪。接线员和投诉者之间存在着不对等的个人参与程度。总体上看，接线员听起来更疏离、客观、机械；而投诉者听起来更自我、主观、感性，投诉者在情感和情绪上参与程度更高。至于接线员的交际方式，在很大程度上已经机构化或制度化了，他们很多时候是以一种或多或少有些僵硬的模式来回应投诉者的。

9.6　小　　结

本章以 SCA 中的凸显性理论为理论基础，从交互文化语用学的角度探讨了元语用表达在电话投诉回应中的凸显性调节作用。交际参与者来自不同的社会文化背景，但他们在商务环境中以英语作为通用语进行交流。本章揭示了接线员和投诉者如何使用元语用表达调节投诉回应中相关因素的凸显性，以促进投诉问题的解决。在五类元语用表达中，言语行为描述语占所有元语用表达的三分之一以上，说明交际参与者非常关注言语行为和思想动态的言外之力。在凸显性调节方面，接线员具有更强的信息指向倾向，而投诉者同时具有信息指向和情绪指向倾向。很大程度上，接线员的回应方式已经机构化，即使当他们自己成为投诉的对象时，也能保持一种疏离的态度，与投诉者的情绪化对照鲜明。此外，元语用表达主要被用来调节情景涌现凸显性，以弥补参与者之间集体凸显性的缺失。

第 10 章

结　　语

笔者对元语用研究的兴趣始于研读哲学家塔斯基（Alfred Tarski）有关"元语言"（metalanguage）的论述。塔斯基首次提出"元语言"的概念是为了解决语义悖论问题。他把语言分为两个层级：对象语言（object language）和元语言（metalanguage）。前者是用来描述客观世界的语言，指向客观现实；后者是用来描述语言的语言，指向语言本身。对象语言和元语言可以是同一种语言也可以是不同的语言。后来元语言这一概念从哲学界被引入语言学界，出现了元语用的概念。笔者对元语用的研究始于媒体话语中的元语用表达，聚焦争辩性电视节目《一虎一席谈》（Tiger Talk）中不同机构角色的参与者如何使用元语用表达操控交际过程与效果。近年来，笔者开始关注 BELF 使用中元语用话语的使用，本书呈现的是近几年思考和研究的结果，也是笔者主持的国家社会科学基金一般项目"社会-认知视角下 BELF 交际中的元语用话语研究"（项目编号 16BYY193）的研究成果，有些内容已经发表在中外期刊上，还有些内容来自我指导的硕士研究生未发表的毕业论文，在此要一并感谢以下期刊、出版社、我的项目组成员以及我的学生，允许我在本书中使用这些论文的部分内容，相关论文题目和期刊刊载的详情如下：

- 王旋. 2016. 英语商务通用语交际中交际策略的语用研究——基于关系管理视角. 广东外语外贸大学硕士学位论文.
- 雷婷婷. 2019. 商务英语通用语会议中修正策略的语用研究：基于关系管理视角. 广东外语外贸大学硕士学位论文.
- Liu, Ping & Liu, Huiying. 2017. Creating common ground: The role of metapragmatic expressions in BELF meeting interactions. *Journal of Pragmatics*, (107): 1-15.

- Liu, Huiying & Liu, Ping. 2019. Common ground and metapragmatic expressions in BELF meetings: A response to Zhang and Wu. *Journal of Pragmatics*, (148): 118-121.
- Liu, Ping & Liu, Huiying. 2017. Responding to direct complaints：The role of MPEs in common ground construction in institutional telephone interactions. *Pragmatics & Cognition*, 24 (1): 4-32.
- Liu, Ping & You, Xiaoye. 2019. Metapragmatic comments in web-based intercultural peer evaluation. *Intercultural Pragmatics*, 16(1): 57-83.
- Liu, Ping & Liu, Huiying. 2021. Salience adjusting: Metapragmatic expressions in complaint responses. *Journal of Pragmatics*, 176: 150-163.
- 刘平，冉永平. 2019. 商务英语通用语交际中的交互文化语用能力. 外语教学理论与实践，（4）：8-16.
- 刘会英. 2018. 社会-认知视角下ELF交际中干预性评价话语研究——以"跨洋互动"同伴互评话语为例. 外语界，（4）：85-93.
- 刘会英，冉永平. 2019. 商务英语通用语交际中元语用表达的交互能力——基于VOICE商务会议语料库的研究. 外语电话教学，（4）：106-113.
- 冉永平，刘平. 2018. 多元文化背景下的交互文化语用学. 中国外语，（4）：27-33.
- 刘平，冉永平. 2020. 投诉回应：元语用话语与协商意识. 外语与外语教学.（4）：11-24.

除了第1章的导言和第10章的结语，本书分为四个部分。第一部分，即第2章，介绍和综述了本书研究的理论基础，即语用学研究的SCA，主要概述了SCA的交际观、SCA的三大核心概念，即语境、共知基础和凸显性，以及交互文化性，并重新阐释交互文化交际中的语用能力问题。第二部分，包括第3章和第4章，在SCA框架下探究BELF的交际特征、语言使用与交际策略以及交互文化语用能力的特征和表现。本部分提出交互文化语用能力的概念，旨在对BELF交际中的语用能力重新概念化。第三部分包括第5章和第6章。这部分基于VOICE语料库中的部分BELF会议，考察BELF会议中元语用表达在共知基础的建构以及操控交际内容和过程中的作用，揭示了 BELF 交际的动态性、涌现性、协作性和容忍性等，加深对元语用意识在 BELF 会议语境中如何实现相互理解的机制的理解。第四部分包括第7、8、9三章。这部分基于 BELF 投诉回应语料，探讨接线员对消费者投诉回应的电话互动中使用的元语用表达和话语在构建共知基础、协商意义以及调节凸显中的作用。从元语用视角分析投诉回应等具体的商务交际实践，可以揭示机构语境中交际者如何通过语言协商，建构共知基础，最终解决商务纠纷，实现交际目的。

本书主要探讨了以下几方面的内容。

（1）描写 BELF 的交际特征、语言和策略的使用以及交互文化语用能力的表现

当前英语的使用从传统的单语范式逐渐转向多语及多元文化相融与并存的复合范式，BELF 交际受到多元文化、商务活动的性质和任务、参与者的权力、责任与义务以及交际者英语水平等多重语境因素的制约。通过梳理 ELF 的发展历程，了解 BELF 的缘起与现状，聚焦 BELF 的交际特征及其语境制约性；通过描述 BELF 交际中的语言与交际策略的使用特点，特别是元语用话语和元语用表达的语言表征特点，探究 BELF 交际的涌现性、杂糅性和融合性特征；通过梳理交际语境从单语言、单文化发展到多语言、多文化的过程中，人们对语用能力认识的变化，提出交互文化语用能力的概念，旨在对 BELF 交际中的语用能力重新概念化，并基于 VOICE 语料库中的实例，分析了 BELF 交际中交互文化语用能力的表现。

（2）考察 BELF 会议中元语用话语的共知基础建构和语用操控性

基于对 BELF 交际中元语用话语和元语用表达的语言表征特征的观察与描述，在 SCA 下分析 BELF 会议互动中元语用话语在建构涌现共知基础中的作用以及对交际过程的语用操控性，揭示 BELF 交际的动态性、涌现性、协作性和容忍性等，加深对元语用意识在 BELF 会议中实现相互理解机制的了解，特别是会议主席如何使用元语用话语行使机构权力，完成会议议程和交际任务。本书重点考察了交际者的前语境与当前情景语境的互动，元语用话语如何共建集体共知基础，达到集体凸显，协调适应交际的进程与效果，完成交际任务。这有助于深入了解商务环境下交际者如何通过资源共享和团结协作，完成交际任务，增加对交互文化交际的认识。

（3）探究 BELF 的回应投诉交际中共知基础的建构与协商意识

基于一家民航公司投诉中心的英语回应消费者投诉的电话录音，分析接线员在使用元语用话语时所体现的与消费者共建共知基础和协商意义的意识，发现接线员主要选择元语用话语明确解释、确认与核对信息、协商合理的补偿、建立密切的人际关系，与机构规定保持一致的意识。从自我中心和与他人合作两个维度进一步考察元语用话语的具体表现，发现在机构权利与义务、英语水平以及多元语言文化等语境因素制约下，接线员主要通过自我指向的元语用话语，明示对所涉信息内容和话语组织的协商意识，以及对所涉机构的权利与义务、交际行为与方式的协商意识。对 BELF 交际中自我中心与合作互动过程的描述，揭示了元语用意识的功能发挥模式。自我中心与合作是言语交际中的客观存在，在 BELF 交际中，自我中心与合作不断动态变化，体现国际商务语境制约下交际的复杂性。本书的研究发现有助于促进 BELF 的交际活动的有效沟通，有助于进一步探讨商务语境中的交互文化语用问题，进而服务于客服人员的专业培训。

（4）探究 BELF 的投诉回应中的凸显调节机制

从交互文化语用学的角度，依据凸显性理论，探讨 BELF 交际中，元语用话语在回应投诉互动中调节凸显意义的作用。基于中国一家航空公司投诉中心的 42 个英文电话录音的转写文稿，分析其中的元语用话语，发现交际者主要使用元语用话语调节相关信息或知识在具体情景中的涌现凸显性。投诉者与接线员之间的凸显调节存在趋同和趋异两种动态模式。相比母语交际，BELF 交际的不确定性和风险性更高，同时，交际者为完成任务在自我中心和合作之间不断调整，互动频繁，进行更多的试错，充满曲折，表现出更大容忍度和耐心。从元语用视角分析投诉回应等具体的商务交际实践，可以揭示机构语境中交际者如何通过语言协商，解决商务纠纷，实现交际目的。

本书的学术价值和应用价值体现在以下几个方面。首先，本书的研究增加了对元语用意识在 BELF 交际中功能发挥的认识。以往元语用研究多专注单语、单文化环境，虽然也有个别学者探究跨文化语境下的元语用现象，但没有深入研究 BELF 交际中元语用意识及其标示语，本书的研究加深了元语用意识在 BELF 交际语境中功能发挥模式的认识。其次，本书研究增加对 BELF 交际的非实体性特征的了解。BELF 研究开始转向探讨交际的动态性、灵活性和相依性。本书在 SCA 下揭示 BELF 交际者如何选择元语用话语，相互协调适应，最终达成意义的产出与理解，增加了对 BELF 交际的动态过程和功能发挥机制的了解。再次，本书的研究提高对 BELF 交际中跨文化语用能力的认识。BELF 交际中元语用话语的使用体现交际者的跨文化语用能力，本书通过观察和描写 BELF 交际者如何使用元语用话语，寻求语言使用过程中的协商空间，相互介入，协调适应，对 BELF 交际中跨文化语用能力重新概念化。最后，本书的研究可以指导语言和商务英语教学以及商务培训和实践活动。BELF 交际日益普遍，本书对其中元语用话语功能发挥模式的建构可以指导语言教学、商务英语教学、汉语作为通用语教学以及商务机构的员工培训等实践活动。

当然，本书还有许多方面需要在未来进一步探索。

1. 建构 BELF 交际本身特有的理论框架和描写方法。本书的理论视角和框架是语用学研究的 SCA。虽然该视角是针对交互文化交际提出的，但其中的主要概念，如共知基础、凸显性、交互文化性、交互文化语用能力等都适合用来分析和描述 BELF 交际的特性和动态涌现性。未来的 BELF 研究需要建构自身的理论框架和描写系统，只有这样才能更深刻地揭示交互文化背景下的商务交际的独特性。

2. BELF 研究需要建设更大规模的语料库，特别是口语互动性语料库。语用学研究的发展和变化显示，研究模式从最初的自上而下到后来的自下而上，再发展到目前的双向结合的分析模式，需要丰富的实证语料。本书研究的语料主要来自 VOICE 语料库中的商务会议和自建的某民航公司投诉中心回应消费者投诉的电话录音。虽然都是互动式的口语语料，可以观察到交际的互动过程，特别是交际中的涌现特征以及交际者之间意义的协商和共知、共建过程。然而，VOICE 语料库的 BELF 会议多年未更新，自建的语料库也由于诸多客观原因不够丰富。未来需要收集更丰富的互动语料，建设更大规模的 BELF 口头互动语料库。

3. 拓展商务交际的研究范围，聚焦不同的商务实践活动。笔者的研究主要是面对面和电话交流中 BELF 的使用，商务交际越来越多模态化，网络和计算机辅助的商务交际在参与框架、互动模式和语言与策略使用上都具有独特性。未来的 BELF 研究可以拓展研究的范围，聚焦不同类型的商务实践活动，如商务电子邮件、商务谈判、网络商务会议（如腾讯会议、微信和

ZOOM 会议）等。

4. 开展汉语作为商务通用语的研究。BELF 研究已经从考察不同语言文化背景的参与者使用英语的实体性特征转移到分析互动过程中的动态性、涌现性、杂糅性和中立性等。本书的研究对未来汉语作为商务通用语的研究具有启发和指导意义。

参考文献

蔡少莲. 2006. 模因论与语言变异. 广东外语外贸大学学报，（3）：31-35.
顾曰国. 1992. 礼貌、语用与文化. 外语教学与研究，（4）：10-17.
何自然. 2007. 语用三论：关联论，顺应论，模因论. 上海：上海教育出版社.
何自然，冉永平. 2009. 新编语用学概论. 北京：北京大学出版社.
何自然，冉永平，莫爱屏，等. 2006. 认知语用学：言语交际的认知研究. 上海：上海外语教育出版社.
侯国金. 2005. 语用含糊的标记等级和元语用意识. 外国语，（1）：42-47.
侯国金. 2011. 元语的层级性及语用标记性. 当代外语研究，（8）：7-13.
贾玉新. 2006. 跨文化交际中的人际关系管理导论//张红玲主编. 《跨文化交际中的人际关系管理》（I-VIII）. 上海：上海外语教育出版社.
李丹云. 2013. 中国跨文化语用学研究综述及其对英语课堂跨文化教学的启示. 海口：第十届中国跨文化交际国际研讨会.
刘平. 2014. 机构语篇中的元语用表达及其语用管理. 现代外语，（5）：638-646.
刘平. 2015. 争辩性电视节目中重述标记语的语用操控功能. 广东外语外贸大学学报，（3）：90-94.
冉永平. 2005. 论语用元语言现象及其语用指向. 外语学刊，（6）：1-6.
冉永平. 2006. 外语学习的语用学综览与管见. 外语研究，（1）：48-51.
冉永平. 2013. 多元语境下英语研究的语用关注. 外语教学与研究，（5）：669-680.
冉永平. 2018. 我国的人际语用学前沿研究. 外语教学，（3）：37-39.
冉永平，宫丽丽. 2016. 科技发展背景下语用学研究方法与议题的新变化. 中国外语，13（6）：37-44.
冉永平，黄旭. 2019. 人际关系的语用学研究. 外语教学，40（2）：19-25.
冉永平，黄旭. 2020. 人际语用学视角下的礼貌与关系. 外国语，（3）：35-45.
冉永平，刘平. 2015. 人际语用学视角下的关系研究. 外语教学，（4）：1-7.
冉永平，杨青. 2015. 英语国际通用语背景下的语用能力思想新探. 外语界，（5）：10-17.
冉永平，杨青. 2016. 英语国际通用语背景下的语用能力及其重构. 外语教学与研究，（2）：287-299.

文秋芳. 2014. 英语通用语是什么："实体论"与"非实体论"之争. 中国外语, 11（3）: 4-11.

吴炳章，张德玉. 2012. 指类句的元语用研究. 解放军外国语学院学报，（3）: 4-9, 127.

武继红. 2017. 商务英语通用语：跨文化商务交际研究的新视角. 中国 ESP 研究, 8（1）: 104-111, 145-146.

谢朝群，何自然. 2005. 质疑"礼貌策略说"和"礼貌规范说". 福建师范大学学报（哲学社会科学版），（3）: 43-47.

于国栋. 2003. 语用学与跨文化交际. 山西大学学报，（5）: 83-87.

周红辉，冉永平. 2012. 语境的社会—认知语用考辨. 外国语, 35（6）: 36-42.

朱武汉. 2016. 跨文化语用学研究范式之检讨及变革刍议. 外国语，（2）: 48-59.

Akram, A. & Behnam, B. 2012. The pragmatic knowledge of Iranian EFL learners in using face keeping strategies in reaction to complaints at two different levels. *English Language Teaching*, 5(2): 78-92.

Alptekin, C. 2010. Redefining multicompetence for bilingualism and ELF. *International Journal of Applied Linguistics*, 20(1): 95-110.

Altenberg, B. 1998. On the phraseology of spoken English: The evidence of recurrent word-combinations. In C. A. Paul (Ed.), *Phraseology: Theory, Analysis, and Applications* (pp.101-122). Oxford: Clarendon Press.

Andreasen, A. R. 1988. Consumer complaints and redress: What we know and what we don't know. In E. S. Maynes & the ACCI Research Committee (Ed.), *The Frontier of Research in the Consumer Interest* (pp. 675-722). Columbia: American Council on Consumer Interests.

Angouri, J. 2012. Managing disagreement in problem solving meeting talk. *Journal of Pragmatics*, 44: 1565-1579.

Angouri, J. & Marra, M. 2009. Don't you know who I am? Corporate meetings and professional identity (pp.12-17). Paper presented at 11th International Pragmatics Conference, Melbourne, July, 2009.

Angouri, J. & Marra, M. 2010. Corporate meetings as genre: A study of the role of the chair in corporate meeting talk. *Text & Talk*, 30(6): 615-636.

Arundale, R. B. 1999. An alternative model and ideology of communication for an alternative to politeness theory. *Pragmatics*, 9 (1): 119-153.

Arundale, R. B. 2006. Face as relational and interactional: A communication framework for research on face, facework, and politeness. *Journal of Politeness Research*, (2): 193-216.

Arundale, R. B. 2010. Relating. In M. A. Locher & S. L. Graham (Eds.), *Interpersonal Pragmatics* (pp.137-165). Berlin: Mouton de Gruyter.

Austin, J. L. 1962. *How to Do Things with Words*. Oxford: Oxford University Press.

Baker, W. 2011. Intercultural awareness: Modeling an understanding of cultures in intercultural communication through English as a lingua franca. *Language and Intercultural Communication*, 11(3): 197-214.

Baker, W. 2015. *Culture and Identity Through English as a Lingua Franca: Rethinking Concepts and Goals in Intercultural Communication*. Berlin/Boston: Walter de Gruyter.

Bardzokas, V. 2013. The semantics and pragmatics of causal connectives: Conceptual and procedural aspects of modern Greek yiati and epeiōi. In I. Kecskes & J. Romero-Trillo (Eds.), *Research Trends in Intercultural Pragmatics* (pp.29-53). Boston/Berlin: Mouton de Gruyter.

Bargiela-Chiappini, F. 2004. Language at work: The first ten years. *ESP across Cultures*, (1): 22-34.

Bargiela-Chiappini, F. 2005. Asian business discourse(s): An introduction. *Journal of Asian Pacific Communication*, 15(2): 207-228.

Bargiela-Chiappini, F. & Harris, S. 1997. *Managing Language: The Discourse of Corporate Meetings*. Amsterdam: John Benjamins.

Bargiela-Chiappini, F. & Nickerson, C. 2003. Intercultural business communication: A rich field of studies. *Journal of Intercultural Studies*, 24 (1): 3-15.

Barlow, J. & Moller, C. 2008. *A Complaint is a Gift: Recovering Customer Loyalty When Things Go Wrong*. San Francisco: Berrett-Koehler.

Barr, D. J. 2004. Establishing conventional communication systems: Is common knowledge necessary? *Cognitive Science*, 28(6): 937-962.

Barr, D. J. & Keysar, B. 2005. Making sense of how we make sense: The paradox of egocentrism in language use. In H. L. Colston & A.N. Katz (Eds.), *Figurative Language Comprehension: Social and Cultural Influences* (pp. 21-41). Mahwah, NJ: Lawrence Erlbaum.

Barsalou, L.W. 1993. Flexibility, structure, and linguistic vagary in concepts: Manifestations of a compositional system of perceptual symbols. In A. Collins, S. E. Gathercole & M. A. Conway (Eds.), *Theories of Memory* (pp.29-101). London: Lawrence Erlbaum.

Barsalou, L.W. 1999. Perceptual symbol systems. *Behavioral and Brain Sciences*, 22: 577-660.

Benoit, W. L. 1995. *Accounts, Excuses, and Apologies: A Theory of Image Restoration Strategies*. Albany: State University of New York Press.

Bhabha, H. K. 1994. *Location of Culture*. London/New York: Routledge.

Bilbow, G. 2002. Commissive speech act use in intercultural business meetings. *International*

Review of Applied Linguistics in Language Teaching, 40: 287-303.

Bippus, A. M., Norah, E. D. & Liu, S. J. 2012. Humorous responses to interpersonal complaints: Effects of humor style and nonverbal expression. *The Journal of Psychology,* 146(4): 437-453.

Björkman, B. 2011. The pragmatics of English as a lingua franca in the international university: Introduction. *Journal of Pragmatics,* 43(4): 923-1156.

Björkman, B. 2014. An analysis of polyadic English as a lingua franca (ELF) speech: A communicative strategies framework. *Journal of Pragmatics,* 66: 122-138.

Blitvich, G. P. 2013. Introduction: Face, identity and im/politeness. Looking backward, moving forward: From Goffman to practice theory. *Journal of Politeness Research,* 9: 1-33.

Blitvich, G. P. & Sifianou, M. 2019. Im/politeness and discursive pragmatics. *Journal of Pragmatics,* 145: 91-101.

Blommaert, J. 1998. Different approaches to intercultural communication: A critical survey. Plenary lecture at the conference "Lernen und Arbeiten in einer international vernetzten und multikulturellen Gesellschaft" at the University of Bremen, Germany, 27-28, February.

Blum-Kulka, S., House, J. & Kasper, G. 1989. *Cross-Cultural Pragmatics: Requests and Apologies.* Norwood, New Jersey: Ablex Publishing Corporation.

Boden, M. A. 1999. Computer models of creativity. In Robert Sternberg (Ed.), *Handbook of Creativity* (pp.351-372). Cambridge: Cambridge University Press.

Bourdieu, P. 1977. *Outline of a Theory of Practice.* Cambridge: Cambridge University Press.

Bouillon, P. & Busa, F. 2001. Introduction: Word meaning and creativity. In P. Bouillon and F. Busa (Eds.), *The language of word meaning* (pp.xiii-xvi). Cambridge: Cambridge University Press.

Bousfield, D. 2008. *Impoliteness in Interaction.* Amsterdam: John Benjamins.

Boxer, D. 1993. Social distance and speech behavior: The case of indirect complaints. *Journal of Pragmatics,* 19: 103-125.

Boxer, D. 2002. *Applying Sociolinguistics: Domains and Face-to-Face Interaction.* Amsterdam: John Benjamins.

Bridges, J. 2017. Gendering metapragmatics in online discourse: "Mansplaining man gonna mansplain…". *Discourse, Context & Media,* 20: 94-102.

Brown, P. & Levinson, S. C. 1978. Universals in language usage: Politeness phenomena. In E. Goody (Ed.), *Questions and Politeness* (pp. 56-311). Cambridge: Cambridge University Press.

Brown, P. & Levinson, S. C. 1987. *Politeness: Some universals in language usage.* Cambridge:

Cambridge University Press.

Bublitz, W. & Hübler, A. 2007. *Metapragmatics in Use*. Philadelphia: John Benjamins.

Burt, M. & Kiparsky, C. 1980. *The Gooficon: A Repair Manual for English*. Rowley: Newbury House Publishers.

Caffi, C. 1984. Introduction. *Journal of Pragmatics*, 8: 433-435.

Caffi, C. 1994. Metapragmatics. In R. Asher (Ed.), *Encyclopedia of languages and linguistics* (pp.2461-2466). Oxford: Pergamon and Aberdeen University Press.

Caffi, C. 1998. Metapragmatics. In J. Mey (Ed.), *Concise Encylopedia of Pragmatics*. Amsterdam: Elsevier.

Caffi, C. 2007. *Mitigation*. Amsterdam: Elsevier.

Caffi, C. 2009. Metapragmatics. In J. Mey & R. E. Asher (Eds.), *Concise Encyclopedia of Pragmatics* (2nd edn.) (pp. 82-88). Oxford: Elsevier.

Canagarajah, S. 2007. Lingua franca English, multilingual communities and language acquisition. *Modern Language Journal*, 91: 923-939.

Canagarajah, S. 2013. *Translingual Practice: Global Englishes and Cosmopolitan Relations*. London: Routledge.

Canale, M. & Swain, M. 1980. Theoretical bases of communicative approaches to second language teaching and testing. *Applied Linguistics*,1(1): 1-47.

Carston, R. 2002. *Thoughts and Utterances: The Pragmatics of Explicit Communication*. Oxford: Blackwell Publishing.

Carter, R. 2004. *Language and Creativity: The Art of Common Talk*. Milton Park: Routledge.

Cekaite, A. 2007. A child's development of interactional competence in a Swedish L2 classroom. *Modern Language Journal*, 91(1): 45-62.

Chafe, W. 1976. Givenness, contrastiveness, definiteness, subjects, topics and point of view. In C. N. Li (Ed.), *Subject and Topic* (pp. 25-55). New York: Academic Press.

Chan, A. M. 2006. The Chinese concepts of *Guanxi*, *Mianzi*, *Renqing* and *Bao*: Their interrelationships and implications for international business. Presentation at Australian and New Zealand Marketing Academy Conference, Brisbane, Queensland.

Charles, M. 1996. Business negotiations: Interdependence between discourse and the business relationship. *English for Specific Purposes*, 15(1): 19-36.

Charles, M. 2007. Language matters in global communication. *Journal of Business Communication*, 44(3): 260-282.

Chomsky, N. 1957/1965. *Syntactic Structure*. The Hague: Mouton.

Chomsky, N. 1972. *Studies on Semantics in Generative Grammar*. The Hague: Mouton.

Chomsky, N.1978. Language and unconscious knowledge. In J. H. Smith (Ed.), *Psychoanalysis and Language, Psychiatry and the Humanities* (pp.3-44). New Haven: Yale University Press.

Chomsky, N. 1980. *Rules and Representations*. Oxford: Basil Blackwell.

Chui, K. 1996. Organization of repair in Chinese conversation. *Text-Interdisciplinary Journal for the Study of Discourse*, 16(3): 343-372.

Ciliberti, A. & Anderson, L. 2007. Metapragmatic comments in institutional talk: A comparative analysis across settings. In W. Bublitz & A. Hübler (Eds.), *Metapragmatics in Use* (pp.143-166). Philadelphia: John Benjamins.

Ciocci, S. & Baran, J. 1998. The use of conversational repair strategies by children who are deaf. *American Annals of the Deaf*, 143(3): 235-245.

Clamons, C. R., Mulkern, A. E. & Sanders, G. 1993. Salience signaling in Oromo. *Journal of Pragmatics*, 19: 519-536.

Clark, H. H. 1994. Discourse in production. In M. A. Gernsbacher (Ed.), *Handbook of Psycholinguistics* (p. 985). San Diego: Academic Press.

Clark, H. H. 1996a. Communities, commonalities, and communication. In J. Gumperz & S. Levinson (Eds.), *Rethinking Linguistic Relativity* (pp.324-355). Cambridge: Cambridge University Press.

Clark, H. H. 1996b. *Using Language*. Cambridge: Cambridge University Press.

Clark, H. H. 2009. Context and common ground. In J. L. Mey (Ed.), *Concise Encyclopedia of Pragmatics* (pp. 116-119). Oxford: Elsevier.

Clark, H. H. & Brennan, S. E. 1991. Grounding in communication. In L. B. Resnick, J. M. Levine & S. D. Teasley (Eds.), *Perspectives on Socially Shared Cognition* (pp.127-149). Washington, DC: American Psychological Association.

Cogo, A. 2010. Strategic use and perceptions of English as a lingua franca. *Poznań Studies in Contemporary Linguistics*, 46(3): 295-312.

Cogo, A. & Dewey, M. 2006. Efficiency in ELF communication: from pragmatic motives to lexico-grammatical innovation. *Nordic Journal of English Studies*, 5(2): 59-93.

Cogo, A. & Dewey, M. 2012. *Analyzing English as a Lingua Franca: A Corpus-driven Investigation*. London/New York: Continuum.

Colston, H. L. & Katz, A. N. 2005. *Figurative Language Comprehension: Social and Cultural Influences*. Hillsdale, NJ: Erlbaum.

Cornbleet, S. & Carter, R. A. 2001. *The Language of Speech and Writing*. London/New York: Routledge.

Craig, R., Tracy, K. & Spisak, F. 1986. The Discourse of Requests: Assessment of a Politeness

Approach. *Human Communication Research*, 12: 437-468.

Cruz, M. 2015. Fostering EF/SL learners' meta-pragmatic awareness of complaints and their interactive effects. *Language Awareness*, 24(2): 123-137.

Crystal, D. 2008. *A Dictionary of Linguistics and Phonetics*. Oxford: Blackwell Publishers.

Culpeper, J. 1996. Toward an anatomy of impoliteness. *Journal of Pragmatics*, 25: 349-367.

Culpeper, J. 2011a. *Impoliteness, Using Language to Cause Offense*. Cambridge: Cambridge University Press.

Culpeper, J. 2011b. Politeness and impoliteness. In K. Aijmer & G. Andersen (Eds.), *Sociopragmatics* (pp.391-436). Berlin: Mouton de Gruyter.

Culpeper, J. & Hardaker, C. 2017. Impoliteness. In J. Culpeper, M. Haugh & D. Kádár (Eds.), *The Palgrave Handbook of Linguistic (Im)politeness* (pp.199-225). London: Palgrave Macmillan.

Culpeper, J. & Haugh, M. 2014. *Pragmatics and the English Language*. Basingstoke: Palgrave Macmillan.

Culpeper, J., Haugh, M. & Kádár, D. Z. 2017. *The Palgrave Handbook of Linguistic (Im)politeness*. London: Palgrave Macmillan.

Dafouz-Milne, E. 2008. The pragmatic role of textual and interpersonal metadiscourse markers in construction and attainment of persuasion: A cross-linguistic study of newspaper discourse. *Journal of Pragmatics*, 40: 95-113.

Davidow, M. 2003. Organizational responses to customer complaints: What works and what doesn't. *Journal of Service Research*, 5(3): 225-250.

Davies, B. L., Merrison, A. J. & Haugh, M. 2013. Epilogue. In B. L. Davies, M. Haugh & A. J. Merrison (Eds.), *Situated Politeness* (pp.270-277). London: Continuum.

de Saussure, L. 2005. Manipulation and cognitive pragmatics: Preliminary hypotheses. In L. de Saussure & P. Schulz (Eds.), *Manipulation and Ideologies in the Twentieth Century: Discourse, Language, Mind* (pp.113-145). Amsterdam: John Benjamins.

Dersley, I. & Wootton, A. 2000. Complaint sequences within antagonistic arguments. *Research on Language and Social Interaction*, 33(4): 375-406.

Dewey, M. 2007. English as a lingua franca and globalization: An interconnected perspective. *International Journal of Applied Linguistic*, 17(3): 332-354.

Donohue, W. A. & Diez, M. E. 1985. Directive use in negotiation interaction. *Communication Monographs*, 52(4): 305-318.

Drew, P. 1998. Complaints about transgressions and misconduct. *Research of Language Social Interaction*, 31(3-4): 295-325.

Drew, P. & Holt, E. 1988. Complainable matters: The use of idiomatic expressions in making complaints. *Social Problem*, 35(4): 398-417.

Drew, P. & Walker, T. 2009. Going too far: Complaining, escalating and disaffiliation. *Journal of Pragmatics*, 41: 2400-2414.

Du, B. Y. 2003. *Repair in Courtroom Interactions* (MA Thesis). Guangzhou: Guangdong University of Foreign Studies.

Du-Babcock, B. 2009. English as a business lingua franca: A framework of integrative approach to future research in international business communication. In L. Louhiala-Salminen & A. Kankaanranta (Eds.), *The Ascent of International Business Communication* (pp.45-66). Helsinki: HSE Print.

Du-Babcock, B. & Tanaka, H. 2013. A comparison of the communication behaviors of Hong Kong Chinese and Japanese business professionals in intracultural and intercultural decision-making meetings. *Journal of Business and Technical Communication*, 27(3): 263-287.

Edwards, D. 2005. Moaning, whining and laughing: The subjective side of complaints. *Discourse Studies*, 7(1): 5-29.

Eelen, G. 2001. *A Critique of Politeness Theories*. Manchester: St. Jerome.

Ehlich, K. & Wagner, J. 1995. *The Discourse of International Negotiations*. Berlin: Mouton de Gruyter.

Ehrenreich, S. 2009. English as a lingua franca in multinational corporations: Exploring business communities of practice. In A. Mauranen & E. Ranta (Eds.), *English as a Lingua Franca: Studies and Findings* (pp.126-151). Newcastle: Cambridge Scholars.

Ehrenreich, S. 2010. English as a business lingua franca in a German multinational corporation: Meeting the challenge. *Journal of Business Communication*, 47(4): 408-431.

Ehrenreich, S. 2016. English as a lingua franca (ELF) in international business contexts: Key issues and future perspectives. In K. Murata (Ed.), *Exploring ELF in Japanese Academic and Business Contexts* (pp.135-155). London/New York: Routledge.

Einwiller, S. A. & Steilen, S. 2015. Handling complaints on social network sites: An analysis of complaints and complaint responses on Facebook and Twitter pages of large US companies. *Public Relations Review*, 41(2): 195-204.

Ekström, M. & Lundström, F. 2014. The termination of complaints in calls to an authority for student support. *Journal of Pragmatics*, 74:132-149.

Enfield, N. 2008. Common ground as a resource for social affiliation. In I. Kecskes & J. Mey (Eds.), *Intention, Common Ground and the Egocentric Speaker-hearer* (pp. 223-254). Berlin:

Mouton de Gruyter.

Evans, V. 2006. Lexical concepts, cognitive models and meaning-construction. *Cognitive Linguistics*, 17 (4): 491-534.

Fan, A., Mattilab, A. S. & Zhao X. 2015. How does social distance impact customers' complaint intentions? A cross-cultural examination. *International Journal of Hospitality Management*, 47: 35-42.

Filip, A. 2013. Complaint management: A customer satisfaction learning process. *Procedia-Social and Behavioral Sciences*, 93: 271-275.

Firth, A. 1994. *The Discourse of Negotiation: Studies of Language in the Workplace*. Kent: Elsevier.

Firth, A. 1996. The discursive accomplishment of normality: On "lingua franca" English and conversational analysis. *Journal of Pragmatics*, 26(2): 237-259.

Firth, A. & Wagner, J. 1997. On discourse, communication, and (some) fundamental concepts in SLA research. *The Modern Language Journal*, 81: 285-300.

Firth, A. & Wagner, J. 2007. On discourse, communication and (some) fundamental concepts in SLA research. *Modern Language Journal, 91*: 757-772.

Fotovatnia, Z. & Dorri, A. 2013. Repair strategies in EFL classroom talk. *Theory and Practice in Language Studies*, 3(6): 950-956.

Foucault, M. 1972. *The Archaeology of Knowledge*. London: Routledge.

Fox, B., Maschler, Y. & Uhmann, S. 2010. A cross-linguistic study of self-repair: Evidence from English, German, and Hebrew. *Journal of Pragmatics*, 42(9): 2487-2505.

Francis, G. & Huston, S. 1992. *Analysing everyday conversation*. In M. Coulthard (Ed.), *Advances in Spoken Discourse Analysis* (pp.123-161). London: Routledge.

Fraser, B. 1990. Perspectives on politeness. *Journal of Pragmatics*, 14(2): 219-236.

Frege, G. 1884/1980. *The Foundations of Arithmetic*. J. L. Austin (trans.) (2nd Rev. edn.). Evanston, Illinois: Northwestern University Press.

Fromkin, V. 1973. *Speech Errors as Linguistic Evidence*. The Hague: Mouton.

Fukushima, S. & Haugh, M. 2014. The Role of Emic Understandings in Theorizing Im/politeness: The Metapragmatics of Attentiveness, Empathy and Anticipatory Inference in Japanese and Chinese. *Journal of Pragmatics*, 74: 165-179.

Galitsky, B. A., González, M. P. & Chesñevar, C. I. 2009. A novel approach for classifying customer complaints through graphs similarities in argumentative dialogues. *Decision Support Systems Archive*, 46(3): 717-729.

Garfinkel, H. 1967. *Studies in ethnomethodology*. Englewood Cliffs: Prentice Hall.

Garín-Muñoz, T., Pérez-Amaral, T., Gijón, C. & López, R. 2016. Consumer complaint behavior in telecommunications: The case of mobile phone users in Spain. *Telecommunications Policy*, 40: 804-820.

Gee, J. P. 1999. *An Introduction to Discourse Analysis: Theory and Method*. New York/London: Routledge.

Giannoni, D. S. 2014. A comparison of British and Italian customer-complaint forms. *English for Specific Purposes*, 34 (4): 48-57.

Giles, H., Coupland, N. & Coupland, J. 1991. Accommodation theory: Communication, context, and consequence. In H. Giles, J. Coupland & N. Coupland (Eds.), *Contexts of Accommodation: Developments in Applied Sociolinguistics* (pp.1-68). Cambridge: Cambridge University Press.

Giora, R. 1997. Understanding figurative and literal language: The graded salience hypothesis. *Cognitive Linguistics*, 8(3): 183-206.

Giora, R. 2003. *On Our Mind: Salience Context and Figurative Language*. New York: Oxford University Press.

Goffman, E. 1981. *Forms of Talk*. Oxford: Basil Blackwell.

Goodwin, C. & Ross, I. 1990. Consumer evaluations of responses to complaints: What's fair and why. *Journal of Consumer Marketing*, 7(2): 39-47.

Grainger, K. 2011. "First order" and "second order" politeness: Institutional and intercultural contexts. In L. P. R. Group (Ed.), *Discursive Approaches to Politeness* (pp.167-188). Berlin: Mouton de Gruyter.

Grainger, K. 2013. Of babies and bath water: Is there any place for Austin and Grice in interpersonal pragmatics? *Journal of Pragmatics*, 58: 27-38.

Greenberg, J. 1990. Looking fair vs. being fair: Managing impressions of organizational justice. In B. M. Staw & L. L. Cummings (Eds.), *Research in Organizational Behavior 12* (pp.111-157). Greenwich, CT: JAI Press.

Grice, H. P. 1967. *Logic and Conversation*. Cambridge, MA: Harvard University Press.

Grice, H. P. 1975. Logic and conversation. In P. Cole & J. Morgan (Eds.), *Syntax and Semantics 3: Speech Acts* (pp. 41-58). New York: Academic Press.

Grice, H. P. 1989. Studies in the Way of Words (*The William James Lectures*). Cambridge, Mass.: Harvard University Press.

Grosz, B. J., Joshi, A. K. & Weinstein, S. 1995. Centering: A framework for modeling the local coherence of discourse. *Computational Linguistics*, 21: 203-225.

Grosz, B. J. & Sidner, C. L. 1986. Attention, intention, and the structure of discourse.

Computational Linguistics, 12 (3): 175-204.

Grundy, P. 2000. *Doing Pragmatics.* Oxford: Oxford University Press.

Gu, Y. 1990. Politeness phenomena in modern Chinese. *Journal of Pragmatics,* 14(2): 237-257.

Gu, Y. 1998. *Politeness and Chinese Face.* A Lecture given in the Department of Linguistics, University of Luton.

Gudykunst, W. B. 2002. Issues in cross-cultural communication research. In B. G. William & B. Mody (Eds.), *Handbook of International and Intercultural Communication* (2nd edn.) (pp.165-179). Thousand Oaks, CA: Sage.

Gumperz, J. 1968. The Speech Community. In D. L. Sills (Eds.), *International Encyclopedia of the Social Science* (pp. 381-386). London: Macmillan.

Gumperz, J. 1982. *Discourse Strategies.* Cambridge: Cambridge University Press.

Gumperz, J. & Roberts, C. 1991. Understanding intercultural encounters. In J. Blommaert & J. Verschueren (Eds.), *The Pragmatics of Intercultural and International Communication* (pp.51-90). Amsterdam/Philadelphia: John Benjamins.

Gundel, J. K., Hedberg, N. & Zacharski, R. 1990. Givenness, implicature, and the form of referring expressions in discourse. In K. Hall et al. (Eds.), *Proceedings of the Sixteenth Annual Meeting of the Berkeley Linguistics Society* (pp.442-453). Berkeley: Berkeley Linguistics Society.

Haberland, H. 1989. Whose English, nobody's business. *Journal of Pragmatics,* 13(6): 927-938.

Hall, J. & Butler, E. R. 2017. The shifting role of a document in managing conflict and shaping the outcome of a small group meeting. *Text & Talk,* 37(5): 615-638.

Hall, J. & Carlson, M. 2006. Reconceptualizing multicompetence as a theory of language knowledge. *Applied Linguistics,* 27 (2): 220-240.

Hall, J. & Doehler, P. 2011. L2 interactional competence and development. In J. K. Hall, J. Hellermann & P. Doehler (Eds.), *L2 Interactional Competence and Development. Multilingual Matters*(pp.1-15). Bristol: Multilingual Matters.

Handford, M. 2010. *The Language of Business Meetings.* Cambridge: Cambridge University Press.

Hannula, M. 2001. Third space: Merry-go-round of opportunity. *Kiasma Magazine,* 12(1). Retrieved July 8, 2006 from http://www.kiasma.fi/www/viewresource.php?lang = en&id = 3LoHIn6PkQfTgv09.

Hartford, B. & Mahboob, A. 2004. Models of discourse in the letter of complaint. *World Englishes,* 234: 585-600.

Haude, K. 2019. On discourse-semantic prominence, syntactic prominence, and prominence of expression: The case of Movima. *Journal of Pragmatics*, 154: 22-38.

Haugh, M. 2007. The discursive challenge to politeness theory: An interactional alternative. *Journal of Pragmatics*, 3: 295-317.

Haugh, M. 2008. Intention in pragmatics. *Intercultural Pragmatics*, (5): 99-110.

Haugh, M. 2009. Impoliteness in interaction. *Journal of Politeness Research. Language, Behavior, Culture*, 5(1): 113-117.

Haugh, M. 2013. Im/politeness, social practice and the participant order. *Journal of Pragmatics*, 58 (52): 52-72.

Haugh, M. 2014. Jocular mockery as interactional practice in everyday Anglo-Australian conversation. *Australian Journal of Linguistics*, 34 (1): 76-99.

Haugh, M. 2018. Corpus-based metapragmatics. In A. H. Jucker, K. P. Schneider & W. Bublitz (Eds.), *Methods in Pragmatics* (pp. 619-643). Berlin: Mouton de Gruyter.

Haugh, M. 2019. The metapragmatics of consideration in (Australian and New Zealand) English. In E. Ogiermann & P. G-C. Blitvich (Eds.), *From Speech Acts to Lay Understandings of Politeness: Multilingual and Multicultural Perspectives* (pp.201-225). Cambridge: Cambridge University Press.

Haugh, M. & Bousfield, D. 2012. Mock impoliteness, jocular mockery and jocular sbuse in Australian and British English. *Journal of Pragmatics*, 44 (9): 1099-1114.

Haugh, M. & Chang, W. M. 2015. Understanding im/politeness across cultures: An interactional approach to raising sociopragmatic awareness. *IRAL: International Review of Applied Linguistics*, 53 (4): 389-414.

Haugh, M. & Chang, W. M. 2019. "The apology seemed (in)sincere": Variability in perceptions of (im)politeness. *Journal of Pragmatics*, 142: 207-222.

Haugh, M. & Culpeper, J. 2018. Integrative pragmatics and (im)politeness theory. In I. Cornelia & N. R. Norrick (Eds.), *Pragmatics and its Interfaces: Pragmatics and Beyond New Series* (pp. 213-239). Amsterdam/Philadelphia: John Benjamins.

Heinemann, T. 2009. Participation and exclusion in third party complaints. *Journal of Pragmatics*, 21 (12): 2435-2451.

Heinemann, T. & Traverso, V. 2009. Complaining in interaction. *Journal of Pragmatics*, 41(12): 2381-2384.

Held, G. 1992. Politeness in linguistic research. In J. Richard, S. I. Watts & K. Ehlich (Eds.), *Politeness in Language: Studies in its History, Theory and Practice* (pp.131-153). Berlin: Mouton de Gruyter.

Heritage, J. 1984. A change-of-state token and aspects of its sequential placement. In J.

Atkinson & J. Heritage (Eds.), *Structures of Social Action: Studies in Conversation Analysis* (pp.299-345). Cambridge: Cambridge University Press.

Hincks, R. 2010. Speaking rate and information content in English lingua franca oral presentations. *English for Specific Purposes,* 29 (1): 4-18.

Ho, V. 2014. Managing rapport through evaluation in grounder-A qualitative study. *Journal of Pragmatics,* 61: 63-77.

Holmes, J. & Stubbe, M. 2003. *Power and Politeness in the Workplace: A Sociolinguistic Analysis of Talk at Work.* London: Pearson Education.

Holmes, J. 1988. Paying compliments: A sex-preferential politeness strategy. *Journal of Pragmatics,* 12(4): 445-465.

Holmes, J. 1990. Apologies in New Zealand English. *Language in Society,* 19(2): 155-199.

Holmes, J. 1995. *Women, Men and Politeness.* London, England: Longman.

Holmes, J. & Meyerhoff, M. 1999. The community of practice: Theories and methodologies in language and gender research. *Language in Society,* 28: 173-183.

Holt, E. 2012. Using laugh responses to defuse complaints. *Research on Language and Social Interaction,* 45 (4): 430-448.

Hongladarom, K. 2007. "Don't blame me for criticizing you…": A study of metapragamtic comments in Thai. In W. Büblitz & A. Hübler (Eds.), *Metapragmatics in Use* (pp. 29-47). Philadelphia: John Benjamins.

Hosni, H. R. 2020. Advice giving in Egyptian Arabic and American English: A cross-linguistic, cross-cultural study. *Journal of Pragmatics,* 155: 193-212.

House, J. 1996. Contrastive discourse analysis and misunderstanding. The case of german and English. In M. Hellinger & U. Ammon (Eds.), *Contrastive Sociolinguistics* (pp. 345-361). Berlin: Mouton de Gruyter.

House, J. 2000. Understanding misunderstanding: A pragmatic-discourse approach to analysing mismanaged rapport in talk across cultures. In H. Spencer-Oatey (Ed.), *Culturally Speaking: Managing Rapport through Talk across Cultures* (pp.146-164). London: Continuum.

House, J. 2003. English as a lingua franca: A threat to multilingualism. *Journal of Sociolinguistics,* 7(4): 556-578.

House, J. 2009. *Translation.* Oxford: Oxford University Press.

House, J. 2011. Global and intercultural communication. In K. Aijmer & G. Andersen (Eds.), *Handbook of Pragmatics* (pp.363-390). Vol. 5. Berlin: Mouton de Gruyter.

Howarth, P. 1998. Phraseology and second language proficiency. *Applied Linguistics,* 19(1): 24-44.

Huang, Y. 2012. *The Oxford Dictionary of Pragmatics*. Oxford: Oxford University Press.

Hübler, A. 2011. Metapragmatics. In W. Bublitz & N. Norrick (Eds.), *Foundations of Pragmatics* (pp. 107-136). Berlin: Mouton de Gruyter.

Hübler, A. & Bublitz, W. 2007. Introducing metapragmatics in use. In W. Bublitz & A. Hübler (Eds.), *Metapragmatics in Use* (pp.1-26). Amsterdam: John Benjamins.

Hülmbauer, C. 2009. We don't take the right way. We just take the way that we think you will understand: The shifting relationship of correctness and effectiveness in ELF communication. In A. Mauranen & E. Ranta (Eds.), *English as a Lingua Franca: Studies and Findings* (pp. 323-347). Newcastle upon Tyne: Cambridge Scholars.

Hyland, K. 2005/2008. *Metadiscourse*. New York: Continuum.

Hymes, D. H. 1972. On communicative competence. In J. B. Pride & J. Holmes (Eds.), *Sociolinguistics: Selected Headings* (pp.269-293). Harmondsworth, Middlesex: Penguin.

Hynninen, N. 2011. The practice of "mediation" in English as a lingua franca interaction. *Journal of Pragmatics*, 43 (4): 965-977.

Ide, S. 1989. Formal forms and discernment: Two neglected aspects of universals of linguistic politeness. *Multilingua-Journal of Cross-cultural and Interlanguage Communication*, 8 (2-3): 223-248.

Isosǎvi, J. 2020. Cultural outsiders' reported adherence to Finnish and French politeness norms. *Journal of Pragmatics*, 155: 177-192.

Jamshidnejad, A. 2011. Functional approach to communication strategies: An analysis of language learner's performance in interactional discourse. *Journal of Pragmatics*, 43: 3757-3769.

Jefferson, G. 1984. On stepwise transition from talk about a trouble to inappropriately next-positioned matters. In J. M. Atkinson & J. Heritage (Eds.), *Structures of Social Action: Studies of Conversation Analysis* (pp.191-222). Cambridge: Cambridge University Press.

Jefferson, G. 1987. *On Exposed and Embedded Correction in Conversation*. Clevedon: Multilingual Matters.

Jenkins, J. 1996. Native speaker, non-native speaker and English as a foreign language: Time for a change. *IATEFL Newsletter*, 131:10-11.

Jenkins, J. 1998. Which pronunciation norms and models for English as an international language? *ELT Journal*, 52(2): 119-126.

Jenkins, J. 2000. *The Phonology of English as an International Language*. Oxford: Oxford University Press.

Jenkins, J. 2007. *English as a Lingua Franca: Attitude and Identity*. Oxford: Oxford University

Press.

Jenkins, J. 2011. Accommodating (to) ELF in the international university. *Journal of Pragmatics*, 43(4): 926-936.

Jenkins, J. 2013. *English as a Lingua Franca in the International University: The Politics of Academic English Language Policy*. Abingdon: Routledge.

Jenkins, J. 2014. *English as a Lingua Franca in the International University: The Politics of Academic English Language Policy*. Abingdon: Routledge.

Jenkins, J. 2015. Repositioning English and multilingualism in English as a lingua franca. *Englishes in Practice*, 2 (3): 49-85.

Jenkins, J., Cogo, A. & Dewey, M. 2011. Review of developments in research into English as a lingua franca. *Language Teaching*, 44: 281-315.

Jenkins, S. & Hinds, J. 1987. Business letter writing: English, French and Japanese. *TESOL Quarterly*, 21(2): 327-349.

Jenney, R. 2007. "So your sorry now is that…": Metapragmatics framing strategies in courtroom interrogation. In W. Büblitz & A. Hübler (Eds.), *Metapragmatics in Use* (pp.223-234). Philadelphia: John Benjamins.

Kachru, B. B. 1976. Models of English for the third world: White Man's linguistic burden of language pragmatics? *TESOL Quarterly*, 10(2): 221-239.

Kachru, B. B. 1982. *The Other Tongue: English across Cultures*. Oxford: Pergamon.

Kachru, B. B. 1983. *The Indianization of English: The English Language in India*. New Delhi: Oxford University Press.

Kachru, B.B. 1986. *The Alchemy of English: The Spread, Functions, and Models of Non-native Englishes*. New York: Pergamon Institute of English.

Kachru, B. B. 1992. *The Other Tongue: English across Cultures*. 2nd revised edition. Urbana, IL: University of Illinois Press.

Kachru, B.B. 1996. World Englishes: Agony and ecstasy. *Journal of Aesthetic Education,* 30 (2): 135-155.

Kádár, D. Z. & Haugh, M. 2013. *Understanding Politeness*. Cambridge: Cambridge University Press.

Kankaanranta, A. & Louhiala-Salminen, L. 2010. "English? - Oh, it's just work!" : A study of BELF users' perceptions. *English for Specific Purposes*, 29(3): 204-209.

Kankaanranta, A. & Louhiala-Salminen, L. 2013. What language does global business speak? The concept and development of BELF. *Ibérica*, 26: 17-34.

Kankaanranta, A. & Planken, B. 2010. BELF competence as business knowledge of internationally operating business professionals. *Journal of Business Communication*, 47(4): 380-407.

Karlander, D. 2017. Roads to regimentation: Place, authenticity and the metapragmatics of naming. *Language & Communication*, 53: 11-24.

Kasper, G. & Kellerman, E. 1997. *Communication Strategies: Psycholinguistic and Sociolinguistic Perspective*. London: Longman.

Kasper, G. & Schmidt, R. 1996. Developmental issues in interlanguage pragmatics. *Studies of Second Language Acquisition*, 18: 149-169.

Kaur, J. 2010. Achieving mutual understanding in world Englishes. World Englishes, 29 (2): 192-208.

Kaur, J. 2011. Raising explicitness through self-repair in English as a lingua franca. *Journal of Pragmatics*, 43(11): 2704-2715.

Kaur, J. 2012. Saying it again: Enhancing clarity in English as a lingua franca (ELF) talk through self-repetition. *Text & Talk*, 32(5): 593-613.

Keating, E. 1993. Correction/Repair as a resource for co-construction of group competence. *International Pragmatics Association*, 3(4): 411-423.

Kecskes, I. 1997. A Cognitive-pragmatic approach to situation-bound utterances. Paper Presented to Chicago Linguistics Society, Mar. 7, 1997, University of Chicago.

Kecskes, I. 2000. A cognitive-pragmatic approach to situation-bound utterances. *Journal of Pragmatics,* 32(5): 605-625.

Kecskes, I. 2001. The "graded salience hypothesis" in second language acquisition. In S. Niemeier & M. Puetz (Eds.), *Applied Cognitive Linguistics* (pp. 249-271). Berlin/New York: Mouton de Gruyter.

Kecskes, I. 2003. *Situation-Bound Utterances in L1 and L2*. Berlin: Mouton de Gruyter.

Kecskes, I. 2004. Editorial: Lexical merging, conceptual blending, and cultural crossing. *Intercultural Pragmatics*, 1 (1): 1-26.

Kecskes, I. 2007. Formulaic language in English lingua franca. In I. Kecskes & L. Horn (Eds.), *Explorations in Pragmatics: Linguistic, Cognitive and Intercultural Aspects* (pp.191-218). Berlin/New York: Mouton de Gruyter.

Kecskes, I. 2008. Dueling contexts: A dynamic model of meaning. *Journal of Pragmatics,* 40(3): 385-406.

Kecskes, I. 2010. Situation-bound utterances as pragmatic acts. *Journal of Pragmatics,* 42(11): 2889-2897.

Kecskes, I. 2013. *Intercultural Pragmatics*. Oxford: Oxford University Press.

Kecskes, I. 2014. About bilingual pragmatic competence. *Modern Foreign Languages*, 37(1): 1-22.

Kecskes, I. 2015. How does pragmatic competence develop in bilinguals? *International Journal of Multilinguistics*, 12(4): 419-434.

Kecskes, I. 2017. The interplay of recipient design and salience in shaping speaker's utterance. In M. de Ponte & K. Korta (Eds.), *Reference and Representation in Thought and Language* (pp.238-273). Oxford: Oxford University Press.

Kecskes, I. 2019. *English as a Lingua Franca: The Pragmatic Perspective*. Cambridge: Cambridge University Press.

Kecskes, I. & Kirner-Ludwig, M. 2019. Odd structures in English as a lingua franca discourse. *Journal of Pragmatics*, (151):76-90.

Kecskes, I. & Mey, J. L. 2008. Introduction. In I. Kecskes & J. L. Mey (Eds.), *Intention, Common Ground and the Egocentric Speaker-Hearer* (pp.1-5). Berlin: Mouton de Gruyter.

Kecskes, I. & Romero-Trillo, J. 2013. *Research Trends in Intercultural Pragmatics*. Berlin: Mouton de Gruyter.

Kecskes, I., Sanders, R. E. & Pomerantz, A. 2018. The basic interactional competence of language learners. *Journal of Pragmatics*, 124: 88-105.

Kecskes, I. & Zhang, F. 2009. Activating, seeking and creating common ground: A socio-cognitive approach. *Pragmatics and Cognition*, 17(2): 331-355.

Kecskes, I. & Zhang, F. 2013. On the dynamic relations between common ground and presupposition. In A. Capone, F. Piparo & M. Carapezza (Eds.), *Perspectives on Linguistic Pragmatics* (pp. 375-395). Cham: Springer.

Keysar, B. & Bly, B. 1999. Swimming against the current: Do idioms reflect conceptual structure? *Journal of Pragmatics*, 31 (12): 1559-1578.

Kirkpatrick, A. 2007. The communicative strategies of ASEAN speakers of English as a lingua franca. In D. Prescott (Ed.), *English in Southeast Asia: Varieties, Literacies and Literatures* (pp.118-137). Newcastle: Cambridge Scholars Publishing.

Kirkpatrick, A. 2008. English as the official language of the association of Southeast Asian Nations (ASEAN): Features and strategies. *English Today*, 24(2): 27-34.

Kirkpatrick, A. 2011. English as a medium of instruction in Asian education (from primary to tertiary). *Applied Linguistics Review*, (2): 99-119.

Kleinke, S. & Bös, B. 2015. Intergroup rudeness and the metapragmatics of its negotiation in online discussion fora. *Pragmatics*, 25(1): 47-71.

Knapp, A. 2011. Using English as a lingua franca for (mis-)managing conflict in an international university context: An example from a course in engineering. *Journal of Pragmatics*, 43: 978-990.

Koester, A. 2006. *Investigating Workplace Discourse*. London: Routledge.

Kong, K. C. C. 1998. Politeness of Service Encounters in Hong Kong. *Pragmatics*, 8 (4): 555-575.

Koole, T. & ten Thije, J. D. 1994. *The Construction of Intercultural Discourse: Team Discussions of Educational Advisers*. Amsterdam/Atlanta: RODOPI.

Kopple, V. 1985. Some explanatory discourse on metadiscourse. *College Composition and Communication*, 36: 82-93.

Kramsch, C. 1986. From language proficiency to interactional competence. *The Modern Language Journal*, 70: 366-372.

Kurhila, S. 2001. Correction in talk between native and non-native speaker. *Journal of Pragmatics*, 33(7): 1083-1110.

Kytölä, S. & Westinen, E. 2015. "I be da reel gansta" —A Finnish footballer's Twitter writing and metapragmatic evaluations of authenticity. *Discourse, Context and Media*, 8: 6-19.

Lakoff, R. T. 1973. The logic of politeness: Or minding your p's and q's. *Chicago Linguistics Society*, 8: 292-305.

Lakoff, R. T. 1975. *Language and Woman's Place*. New York: Harper Colophon Books.

Lakoff, R. T. 1990. *Talking Power: The Politics of Language in Our Lives*. Glasgow: Basic Books.

Lampi, M. 1986. *Linguistic Components of Strategy in Business Negotiations*. Helsinki: Helsinki School of Economics.

Lantolf, J. 2000. *Sociocultural Theory and Second Language Learning*. Oxford: Oxford University Press.

Lantolf, J. P. & Thorne, S. L. 2006. *Sociocultural Theory and the Genesis of Second Language Development*. Oxford: Oxford University Press.

Lave, J. & Wegner, E. 1991. *Situated Learning: Legitimate Peripheral Participation*. Cambridge, UK: Cambridge University Press.

Leech, G. 1983. *Principles of Pragmatics*. London: Longman.

Leech, G. 2005. Politeness: Is there an east-west divide. *Journal of Foreign Languages*, 6 : 1- 29.

Leech, G. 2014. *The Pragmatics of Politeness*. Oxford: Oxford University Press.

Levelt, W. 1983. Monitoring and self-repair in speech. *Cognition*, 14(1): 41-104.

Levinson, S. 1979. Pragmatics and social deixis: Reclaiming the notion of conventional implicature. *Berkley Linguistics Society*, 5: 206-223.

Li, M., Qiu, S. & Liu, Z. 2016. The Chinese way of response to hospitality service failure: The effects of face and guanxi. *International Journal of Hospitality Management*, 57: 18-29.

Lim, T. S. & Bowers, J. W. 1991. Facework: Solidarity, approbation, and tact. *Human Communication Research*, 17(3): 415-450.

Lindström, A. & Sorjonen, M. L. 2012. Affiliation in conversation. In J. Sidnell & T. Stivers (Eds.), *The Handbook of Conversation Analysis* (pp. 350-369). Chichester: John Wiley & Sons Ltd.

Liu, P. & Liu, H. 2017. Creating common ground: The role of metapragmatic expressions in BELF meeting interactions. *Journal of Pragmatics*, 107: 1-15.

Liu, P. & Ran, Y. 2016. Creating meso-contexts: The functions of metapragmatic expressions in argumentative TV talk shows. *Intercultural Pragmatics*, 13(2): 283-307.

Locher, M. 2006. Polite behavior within relational work: The discursive approach to politeness. *Multilingua*, 25 (3): 249-267.

Locher, M. 2013. Politeness. In C. E. Chapelle (Ed.), *The Encyclopedia of Applied Linguistics*. Oxford: Wiley-Blackwell. Accessed March 2, 2016, doi: 10.1002/9781405198431.wbeal0916. https://doi.org/10.1002/9781405198431.wbeal0916

Locher, M. 2015. Interpersonal pragmatics and its link to (im)politeness research. *Journal of Pragmatics*, 86: 5-10.

Locher, M. & Bousfield, D. 2008. Impoliteness and power in language. In D. Bousfield & M. Locher (Eds.), *Impoliteness in Language: Studies on its Interplay with Power in Theory and Practice* (pp. 1-13). Berlin: Mouton de Gruyter.

Locher, M. & Watts, R. 2005. Politeness theory and relational work. *Journal of Politeness Research*, 1: 9-33.

Locher, M. & Watts, R. 2008. Relational work and impoliteness: Negotiating norms of linguistic behavior. In D. Bousfield & M. Locher (Eds.), *Impoliteness in Language* (pp.77-99). Berlin: Mouton de Gruyter.

Locher, M. & Wortham, S. 1994. The cast of the news. *Pragmatics*, 4 (4): 517-533.

Louhiala-Salminen, L., Charles, M. & Kankaanranta, A. 2005. English as a lingua franca in Nordic corporate mergers: Two case companies. *English for Specific Purposes*, 24 (4): 401-421.

Louhiala-Salminen, L. & Kankaanranta, A. 2011. Professional communication in a global business context: The notion of global communicative competence. *IEEE Transactions on Professional Communication, Special issue on Professional Communication in Global Contexts*, 54 (3): 244-262.

Lucy, J. A. 1993. Introduction. In J. A. Lucy (Ed.), *Reflexive Language: Reported Speech and*

Metapragmatics (pp.1-4). Cambridge: Cambridge University Press.

Luo, Y. 1997. Guanxi: Principles, philosophies, and implications. *Human Systems Management*, 16(1): 43-51.

Macbeth, D. 2004. The relevance of repair for classroom correction. *Language in Society*, 33(5): 703-736.

Mackenzie, I. 2014. *English as a Lingua Franca: Theorizing and Teaching English*. New York: Routledge.

Manes, J. & Wolfson, N. 1981. The compliment formula. In F. Coulmas (Ed.), *Conversational Routine* (pp.115-132). The Hague: Mouton.

Mao, L. R. 1994. Beyond politeness theory: "Face" revisited and renewed. *Journal of Pragmatics*, 21(5): 451-486.

Martínez-Flor, A. & Usó-Juan, E. 2015. The role of instruction on EFL learners' use of complaining apologizing semantic formulas. *Procedia-Social and Behavioral Sciences*, 212: 23-28.

Matsumoto, Y. 1988. Reexamination of the universality of face: Politeness phenomena in Japanese. *Journal of Pragmatics*, 12(4): 403-426.

Matthews, P. 1997. *The Concise Oxford Dictionary of Linguistics*. Oxford/New York: Oxford University Press.

Mauranen, A. 2003. The corpus of English as a lingua franca in academic settings. *TESOL Quarterly*, 37(3): 513-527.

Mauranen, A. 2006. Signaling and preventing misunderstanding in English as lingua franca communication. *International Journal of the Sociology of Language*, 177: 123-150.

Mauranen, A. 2007. Hybrid voices: English as the lingua Franca of academics. In K. Flottum (Ed.), *Language and Discipline Perspectives on Academic Discourse* (pp. 244-259). Newcastle: Cambridge Scholars Publishing.

Mauranen, A. 2012. *Exploring ELF: Academic English Shaped by Non-native Speakers*. Cambridge: Cambridge University Press.

Mauranen, A. 2015. English as a global lingua franca: Changing language in changing global academia. In K. Murata (Ed.), *Exploring ELF in Japanese Academic and Business Contexts: Conceptualisation, Research and Pedagogic Implications* (pp. 29-46). London/New York: Routledge.

Mey, J. 2006. Focus-on issue: Intercultural pragmatics and sociolinguistics. *Journal of Pragmatics* 38(11): 1793-1794.

Mey, J. 2008. "Impeach of exorcise?" Or, what's in the (common) ground? In I. Kecskes & J. Mey

(Eds.), *Intention, Common Ground and the Egocentric Speaker-hearer* (pp.255-275). Berlin: Mouton de Gruyter.

Mey, J. L. 1993/2001. *Pragmatics: An Introduction.* Oxford: Blackwell.

Mey, J. L. 2001. *Pragmatics: An Introduction.* Beijing: Foreign Language Teaching and Research Press.

Mey, J. L. 2004. Between culture and pragmatics: Scylla and Charybdis? The precarious condition of intercultural pragmatics. *Intercultural pragmatics*, 1 (1): 27-48.

Migdadi, F., Badarneh, M. A. & Al-Momani, K. R. 2012. Public complaints and complaint responses in calls to a Jordanian radio phone-in program. *Applied Linguistics*, 33(3): 321-341.

Mills, S. 2003. *Gender and Politeness*. Cambridge: Cambridge University Press.

Monzoni, C. M. 2009. Direct complaints in (Italian) calls to the ambulance: The use of negatively framed questions. *Journal of Pragmatics*, 41 (12): 2465-2478.

Murata, K. 2016. *Exploring ELF in Japanese Academic and Business Contexts*. London/New York: Routledge.

Murphy, B. & Neu, J. 1995. My grade's too low: The speech act set of complaining. In S. M. Gass & J. Neu (Eds.), *Speech Acts across Cultures: Challenges to Communication in Second Language* (pp. 191-216). Berlin: Mouton de Gruyter.

Mwinyelle, J. 2005. *The Acquisition of Pragmatic Competence in an L2 Classroom: Giving Advice in Spanish*. Unpublished Ph. D Thesis. University of Texas at Austin.

Nickerson, C. 2002. Endnote: Business discourse and language teaching. *International Review of Applied Linguistics in Language Teaching*, 40(4): 375-381.

Niven, K. 2015. Why do people engage in interpersonal emotion regulation at work? *Organizational Psychological Review*, 6(4): 305-323.

Ochs, E. 1996. Linguistic resources for socializing humanity. In J. Gumperz & S. Levinson (Eds.), *Rethinking Linguistic Relativity* (pp. 407-437). Cambridge: Cambridge University Press.

O'Driscoll, J. 2013. The role of language in interpersonal pragmatics. *Journal of Pragmatics*, 58:170-181.

O'Neal, G. 2016. Intelligibility and segmental phoneme repair in English as a lingua franca interactions among Chinese and Japanese speakers of English. *Chinese Journal of Applied Linguistics*, 39(4): 379-400.

Ortactepe, D. 2012. *The Development of Conceptual Socialization in International Students*. Cambridge: Cambridge Scholars Publishing.

Overstreet, M. & Yule, G. 2001. Formulaic disclaimers. *Journal of Pragmatics*, 33 (1): 45-60.

Pavlenko, A. 2000. What's in a concept? *Bilingualism. Language and Cognition*, 3(1): 31-36.

Pearson, L. 2001. *Pragmatics in Foreign Language Teaching: The Effects of Instruction on L2 Learners' Acquisition of Spanish Expressions of Gratitude, Apologies, and Directives*. Unpublished Ph. D Thesis. University of Texas at Austin.

Pekarek, D. S. & Pochon-Berger, E. 2015. The development of L2 interactional competence: Evidence from turn-taking organization, sequence organization, repair organization and preference organization. In T. Cadierno & S. W. Eskildsen (Eds.), *Usage Based Perspectives on Second Language Learning* (pp.233-268). Berlin: Mouton de Gruyter.

Pennycook, A. 2007. *Global Englishes and Transcultural Flows*. London: Routledge.

Pennycook, A. 2010. *Language as a Local Practice*. London: Routledge.

Penz, H. 2007. Building common ground through metapragmatic comments in international project work. In W. Bublitz & A. Hübler (Eds.), *Metapragmatics in Use* (pp. 263-292). Amsterdam: John Benjamins.

Piirainen-Marsh, A. 2005. Managing Adversarial Questioning in Broadcast Interviews. *Journal of Politeness Research*, 1 (2): 193-217.

Piller, I. 2011. *Intercultural Communication: A Critical Introduction*. Edinburgh: Edinburgh University Press.

Pitzl, M. L. 2005. Non-understanding in English as a lingua franca: Examples from a business context. *Vienna English Working Papers*, 2: 50-71.

Pitzl, M. L. 2010. *English as a Lingua Franca in International Business*. Saarbrücken: VDM.

Pitzl, M. L. 2012. Creativity meets convention: Idiom variation and re-metaphorization in ELF. *Journal of English as a Lingua Franca*, 1(1): 27-55.

Pitzl, M. L. 2015. Understanding and misunderstanding in the common European framework of reference. *Journal of English as a lingua Franca*, 4 (1): 91-124.

Pizziconi, B. 2007. Facework and multiple selves in apologetic metapragmatic comments in Japanese. In W. Bublitz & A. Hübler (Eds.), *Metapragmatics in Use* (pp. 49-72). Philadelphia: John Benjamins.

Placencia, M. E. 2008. Requests in corner shop transactions in Ecuadorian Andean and Coastal Spanish. In K. P. Schneider & A. Barron (Eds.), *Variational Pragmatics: A Focus on Regional Varieties in Pluricentric Languages* (pp. 307-332). Amsterdam: John Benjamins.

Pomerantz, A. 1978. Compliment responses: Notes on the cooperation of multiple constraints. In J. Schenkein (Ed.), *Studies in the Organization of Conversational Interaction* (pp.79-112). New York: Academic Press.

Pomerantz, A. & Denvir, P. 2007. Enacting the institutional role of chairperson in upper management meetings: The interactional realization of provisional authority. In F. Cooren (Ed.), *Interacting and Organizing: Analyses of a Management Meeting* (pp. 31-51). Mahwah, NJ: Lawrence Erlbaum.

Poncini, G. 2002. Investigating discourse at business meetings with multicultural participation. *International Review of Applied Linguistics*, 40 (4): 345-373.

Poncini, G. 2004. *Discursive Strategies in Multicultural Business Meetings*. Bern: Peter Lang.

Putnam, L. & Jones, S. 1982. The role of communication in bargaining. *Human Communication Research*, 8(3): 262-280.

Rader, M. 1977. Complaint letters: When *is* conflicts with *ought*. Unpublished paper, University of California, Berkeley.

Ran, Y. 2013. The metapragmatic negation as a rapport-oriented mitigating device. *Journal of Pragmatics*, 48 (1): 98-111.

Ren, W., Lin, C. & Woodfield, H. 2013. Variational Pragmatics in Chinese: Some insights from an empirical study. In I. Kecskes & J. Romero-Trillo (Eds.), *Research Trends in Intercultural Pragmatics* (pp. 283-314). Boston/Berlin: Mouton de Gruyter.

Rigotti, E. 2005. Towards a typology of manipulative processes. In L. de Saussure & P. Schulz (Eds.), *Manipulation and Ideologies in the Twentieth Century: Discourse, Language, Mind* (pp.61-83). Amsterdam: John Benjamins.

Rogerson-Revell, P. 2008. Participation and performance in international business meetings. *English for Specific Purposes*, 27 (3): 338-360.

Rogerson-Revell, P. & Louhiala-Salminen, L. 2010. An introduction to language matters: Part 2. *International Journal of Business Communication*, 47(4): 375-379.

Rose, K., Ng, C. & Kwai, F. 2001. Inductive and deductive teaching of compliments and compliment responses. In K. Rose & G. Kasper (Eds.), *Pragmatics in Language Teaching* (pp.145-170). New York: Cambridge University Press.

Ruusuvuori, J. & Lindfors, P. 2009. Complaining about previous treatment in health care settings. *Journal of Pragmatics*, 41 (12): 2415-2434.

Schegloff, E. A. 1988. Goffman and the analysis of conversation. In P. Drew & A. J. Wootton (Eds.), *Erving Goffman: Exploring the Interaction Order* (pp.89-135). Cambridge: Cambridge University Press.

Schegloff, E. A. 2000. When "others" initiate repair. *Applied Linguistics*, 21(2): 205-243.

Schegloff, E. A. 2007. *Sequence Organization in Interaction*. Cambridge: Cambridge University Press.

Schegloff, E. A., Jefferson, G. & Sacks, H. 1977. The preference for self-correction in the organization of repair in conversation. *Language*, 53(2): 361-382.

Searle, J. 1969. *Speech Acts: An Essay in the Philosophy of Language*. Cambridge: Cambridge University Press.

Searle, J. 1979. *Expressions and Meaning: Studies in the Theory of Speech Acts*. Cambridge: Cambridge University Press.

Seidlhofer, B. 2001a. Closing a conceptual gap: The case for a description of English as a lingua franca. *International Journal of Applied Linguistics*, 11(2): 133-158.

Seidlhofer, B. 2001b. Towards making Euro-English a linguistic reality. *English Today*, 68: 14-16.

Seidlhofer, B. 2004. Research perspectives on teaching English as a lingua franca. *Annual Review of Applied Linguistics*, 24: 209-239.

Seidlhofer, B. 2009a. Accommodation and the idiom principle in English as a lingua franca. *Intercultural Pragmatics*, 6(2): 195-215.

Seidlhofer, B. 2009b. Common ground and different realities: World Englishes and English as a lingua franca. *World Englishes*, 28(2): 236-245.

Seidlhofer, B. 2011. *Understanding English as a Lingua Franca*. Oxford: Oxford University Press.

Seidlhofer, B. 2016. ELF: English in a global context. In K. Murata (Ed.), *Exploring ELF in Japanese Academic and Business Contexts: Conceptualisation, Research and Pedagogic Implications* (pp.17-28). London/New York: Routledge.

Seliger, H. 1980. Utterance planning and correction behavior: Its function in the grammar construction process for second language learners. In W. Dechert (Ed.), *Towards a Cross-Linguistic Assessment of Speech Production* (pp.87-100), Frankfurt: Peter Lang.

Selting, M. 2012. Complaint stories and subsequent complaint stories with affect displays. *Journal of Pragmatics*, 44 (4): 387-415.

Silverstein, M. 1993. Metapragmatic discourse and metapragmatic function. In L. John (Ed.), *Reflexive Language: Reported Speech and Metapragmatics* (pp. 33-58). Cambridge: Cambridge University Press.

Simpson, R., Eisenchlas, S. & Haugh, M. 2013. The functions of self-initiated self-repair in the second language Chinese classroom. *International Journal of Applied Linguistics*, 23(2): 144-165.

Sinclair, J. 1987. *Looking Up: An Account of the COBUILD Project in Lexical Computing*. London: Collins.

Sinclair, J. 1991. *Corpus, Concordance and Collocation*. Oxford: Oxford University Press.

Sinkeviciute, V. 2017. Funniness and "the preferred reaction" to jocularity in Australian and British English: An analysis of interviewees metapragmatic comments. *Language & Communication*, 55: 41-54.

Skehan, P. 1998. *A Cognitive Approach to Language Learning*.Oxford: Oxford University Press.

Smith, L. E. & Rafiqzad, K. 1979. English for cross-cultural communication: the question of intelligibility. *TESOL Quarterly*, 13(3): 371-380.

Smith, S. W. & Liang, X. 2007. Metapragmatic expressions in physics lectures. In W. Büblitz & A. Hubler (Eds.), *Metapragmatics in Use* (pp.167-197). Philadelphia: John Benjamins.

Spencer-Oatey, H. 2000. Rapport management: A framework for analysis. In H. Spencer-Oatey (Ed.), *Culturally Speaking: Managing Rapport Through Talk Across Cultures* (pp. 11-46). London/New York: Continuum.

Spencer-Oatey, H. 2002. Managing rapport in talk: Using rapport sensitive incidents to explore the motivational concerns underlying the management of relations. *Journal of Pragmatics*, 34 (5): 529-545.

Spencer-Oatey, H. 2004. *Culturally Speaking: Managing Rapport Through Talk Across Cultures*. London/New York: Continuum.

Spencer-Oatey, H. 2007. *Culturally Speaking: Managing Rapport Through Talk Across Cultures* (2nd edn.). Shanghai: Shanghai Foreign Language Education Press.

Spencer-Oatey, H. 2008a. *Culturally speaking: Culture, Communication and Politeness Theory*. New York: Continuum.

Spencer-Oatey, H. 2008b. Face, (im)politeness and rapport. In H. Spencer-Oatey (Ed.), *Culturally Speaking: Culture, Communication and Politeness Theory* (pp. 11-47). London: Continuum.

Spencer-Oatey, H. 2011. "Conceptualizing the relational" in pragmatics: Insights from metapragmatic emotion and (im)politeness comments. *Journal of Pragmatics*, 43 (14): 3565-3578.

Spencer-Oatey, H. 2013. Relating at work: Facets, dialectics and face. *Journal of Pragmatics*, 58: 121-137.

Spencer-Oatey, H. & Franklin, P. 2009. *Intercultural Interaction: A Multidisciplinary Approach to Intercultural Communication*. London: Palgrave Macmillan.

Sperber, D. & Wilson, D. 1986/1995. *Relevance: Communication And Cognition* (2nd edn.). Oxford: Blackwell.

Stauss, B. 2002. The dimensions of complaint satisfaction: Process and outcome complaint satisfaction versus cold fact and warm act complaint satisfaction. *Managing Service*

Quality, 12(3): 173-183.

Sternberg, R. J. & Lubart, T. I. 1999. The concept of creativity: Prospects and paradigms. In R. J. Sternberg (Ed.), *Handbook of Creativity* (pp. 3-15). Cambridge: Cambridge University Press.

Stevenson, R. 2002. The role of salience in the production of referring expressions: A psycholinguistic perspective. In K. van Deemter & R. Kibble (Eds.), *Information Sharing: Reference and Presupposition in Language Generation and Interpretation* (pp. 167-192). Stanford: CSLI.

Stivers, T. 2008. Stance, alignment, and affiliation during storytelling: When nodding is a token of affiliation. *Research on Language and Social Interaction*, 41(1): 31-57.

Stokoe, E. & Sikveland, R. 2016. Formulating solutions in mediation. *Journal of Pragmatics*, 105: 101-113.

Svennevig, J. 2012a. The agenda as resource for topic introduction in workplace meetings. *Discourse Studies*, 14(1): 53-66.

Svennevig, J. 2012b. Interaction in workplace meetings. *Discourse Studies*, 14 (1): 3-10.

Sweeney, E. & Zhu, H. 2010. Accommodating toward your audience: Do native speakers of English know how to accommodate their communication strategies toward non-native speakers of English? *Journal of Business communication*, 47(4): 477-504.

Tanskanen, S. 2007. Metapragmatic utterances in computer-mediated interaction. In W. Bublitz & A. Hubler (Eds.), *Metapragmatics in Use* (pp. 87-106). Philadelphia: John Benjamins.

Terkourafi, M. 2001. Politeness in Cypriot Greek: *A Frame-Based Approach*. Ph.D. thesis. Cambridge: University of Cambridge.

Terkourafi, M. 2005. Beyond the micro-level in politeness research. *Journal of Politeness Research*, 1(2): 237-262.

Terkourafi, M. 2009. On de-limiting context. In A. Bergs & G. Diewald (Eds.), *Context and Constructions* (pp. 17-42). Amsterdam: John Benjamins.

Terkourafi, M. 2012. Politeness and pragmatics. In K. Jaszczolt & K. Allan (Eds.), *The Cambridge Handbook of Pragmatics* (pp. 617-637). Cambridge: Cambridge University Press.

Terkourafi, M. 2015. Conventionalization: A new agenda for im/politeness research. *Journal of Pragmatics*, (86): 11-18.

Terkourafi, M. & Kádár, D. 2017. Convention and Ritual (Im)politeness. In J. Culpeper, M. Haugh & D. Kádár (Eds.), *The Palgrave Handbook of Linguistic (Im)politeness* (pp.171-195).

London: Palgrave Macmillan.

Thomas, J. 1983. Cross-cultural pragmatic failure. *Applied Linguistics*, 4 (2): 91-112.

Thomas, J. 1995. *Meaning in Interaction: An Introduction to Pragmatics*. London: Longman.

Ting-Toomey, S. & Kurogi, A. 1998. Facework competence in intercultural conflict: An updated face-negotiation theory. *International Journal of Intercultural Relations*, 22(2): 187-225.

Traverso, V. 2009. The dilemmas of third-party complaints in conversation between friends. *Journal of Pragmatics*, 41 (12): 2385-2399.

Trosborg, A. 1987. Apology strategies in natives and non-natives. *Journal of Pragmatics*, 11 (2): 141-167.

Trosborg, A. 1995. *Interlanguage Pragmatics. Requests, Complaints and Apologies*. Berlin: Mouton de Gruyter.

Tsuchiya, K. & Handford, M. 2014. A corpus-driven analysis of repair in a professional ELF meeting: Not "letting it pass". *Journal of Pragmatics*, 64: 117-131.

Tunmer, W. E. & Herriman, M. L. 1984. *Metalinguistic Awareness in Children*. New York: Springer.

van de Kopple, W. 1985. Some explanatory discourse on metadiscourse. *College Composition and Communication*, 36 (1): 82-93.

van Dijk, T. A. 2006. Discourse and manipulation. *Discourse and Society*, 17 (3): 359-383.

van Mulken, M. & Hendriks, B. 2015. Your language or mine? Or English as a lingua franca? Comparing effectiveness in English as a lingua franca and L1-L2 interactions: implications for corporate language policies. *Journal of Multilingual and Multicultural Development*, 36 (4): 404-422.

Vásquez, C. 2009. Examining the role of face work in a workplace complaint narrative. *Narrative Inquiry*, 19 (2): 259-279.

Vásquez, C. 2011. Complaints online: The case of TripAdvisor. *Journal of Pragmatics*, 43 (6): 1707-1717.

Verschueren, J. 1995/2010. Metapragmatics. In J. Verschueren, J. Östman. & J. Blommaert (Eds.), *Handbook of Pragmatics Manual*(pp.367-371). Amsterdan: John Benjamins.

Verschueren, J. 1999/2000. *Understanding Pragmatics*. London: Edward Arnold.

Verschueren, J. 2000. Notes on the role of metapragmatic awareness in language use. *Pragmatics*, 10(4): 439-456.

Vine, B. 2004. *Getting Things Done at Work: The Discourse of Power in Workplace Interaction*. Amsterdam/Philadelphia: John Benjamins.

Violi, P. 2000. Prototypicality, typicality, and context. In L. Albertazzi (Ed.), *Meaning and Cognition: A Multidisciplinary Approach* (pp.103-122). Amsterdam: John Benjamins.

VOICE. 2009. The Vienna-Oxford International Corpus of English. (version 1.0 online). Director: Barbara Seidlhofer; Researchers: Angelika Breiteneder, Theresa Klimpfinger, Stefan Majewski, Marie-Luise Pitzl. http://voice.univie.ac.at?

Wan, L. C. 2013. Culture's impact on consumer complaining responses to embarrassing service failure. *Journal of Business Research*, 66(3): 298-305.

Watts, R. J. 1992. Linguistic politeness and politic verbal behavior: Reconsidering claims for universality. In R. J. Watts, S. Ide & K. Ehlich (Eds.), *Politeness in Language: Studies in Its History, Theory and Practice* (pp. 43-69). Berlin: Mouton de Gruyter.

Watts, R. J. 2003. *Politeness*. Cambridge: Cambridge University Press.

Watts, R. J. 2010. Linguistic politeness theory and its aftermath: Recent research traits. In M. A. Locher & S. L. Graham (Eds.), *Interpersonal pragmatics* (pp. 43-70). New York: Mouton de Gruyter.

Wen, Q. F. 2012. Teaching English as an International Language in Mainland China. In A. Kirkpatrick & R. Sussex (Eds.), *English as an International Language in Asia: Implications for Language Education* (pp. 79-93), vol 1. Dordrecht: Springer.

Wenger, E. 1998. *Communities of Practice. Learning, Meaning, and Identity*. Cambridge: Cambridge University Press.

Wenger, E., McDermott, R. A. & Snyder, W. 2002. *Cultivating Communities of Practice: A Guide to Managing Knowledge*. Boston, MA: Harvard Business School Press.

Wierzbicka, A. 1991. *Cross-Cultural Pragmatics: The Semantics of Human Interaction*. Berlin: Mouton de Gruyter.

Wierzbicka, A. 2003. *Cross-Cultural Pragmatics: The Semantics of Human Interaction* (2nd edn.). Berlin/New York: Mouton de Gruyter.

Wittgenstein, L. 1921. *Tractatus Logico-Philosophicus*. Ogden Charles Kay (trans.). London: Routledge and Kegan Paul.

Wong, J. 2000. Delayed next turn repair initiation in native/non-native speaker English conversation. *Applied Linguistics*, 21(1): 244-267.

Worthama, S. & Locher, M. 1999. Embedded metapragmatics and lying politicians. *Language & Communication*, 19 (2): 109-125.

Wray, A. 2002. *Formulaic Language and the Lexicon*. Cambridge: Cambridge University Press.

Yamada, H. 1990. Topic management and turn distribution in business meetings: American versus Japanese strategies. *Interdisciplinary Journal for the Study of Discourse*, 10(3):

271-295.

Yamada, H. 1992. *American and Japanese business discourse: A comparison of international styles*. Norwood: Ablex Publishing Corporation.

Yamada, H. 2002. *Different Games, Different Rules: Why Americans and Japanese Misunderstand Each Other*. Oxford: Oxford University Press.

Yang, W. H. 2012. Small talk: A strategic interaction in Chinese interpersonal business negotiations. *Discourse & Communication*, 6(1):101-124.

Yilmaz, C., Varnali, K. & Kasnakoglu, B. T. 2016. How do firms benefit from customer complaints? *Journal of Business Research*, 69 (2): 944-955.

Young, R. F. 2008. *Language and Interaction: An Advanced Resource Book*. London & New York: Routledge.

Young, R. F. 2011. Interactional competence in language learning, teaching, and testing. In E. Hinkel (Ed.), *Handbook of Research in Second Language Teaching and Learning* (pp.426-443). New York & London: Routledge.

Young, R. F. 2014. What Is Interactional Competence? AL Forum of the Applied Linguists Interest Section of TESOL International Association, http://newsmanager.commpartners.com/tesolalis/print/2014-08-27/8.html.August, 27.

Yuan, Z. & Zhang, R. 2018. Investigating longitudinal pragmatic development of complaints made by Chinese EFL learners. *Applied Linguistics Review*, 9 (1): 63-87.

Yule, G. 1996. *Pragmatics*. Oxford: Oxford University Press.

Zhang, Y. & Vásquez, C. 2014. Hotels' responses to online reviews: Managing consumer dissatisfaction. *Discourse, Context and Media*, 6: 54-64.

Zhu, H. 2015. Negotiation as the way of engagement in intercultural and lingua franca communication: Frames of reference and Interculturality. *JELF*, 4(1): 63-90.

Zhu, Y. 2011. Building intercultural alliances: A study of moves and strategies in initial business negotiation meetings. *Text & Talk*, 31(1): 101-125.

附录1 录音转写中使用的符号和标记列表

S1, S2, S3, ...	确定身份的说话人（Identified speakers）
SS	说话群体（Group of speakers）
SX, SX-f, SX-m, SX-1, ...	未确定身份的说话人（Speakers not identified）
text?, text.	语调（Intonation）
TEXT	强调（Emphasis）
(.), (1), (3), ...	停顿（Pauses）（单位：秒）
<1> </1>, <2> </2>, ...	重叠（Overlaps）
=	其他-连续（Other-continuation）
te:xt	延长（Lengthening）
tex-	片段（Word fragments）
@	笑声（Laughter）
<@> </@>	笑着说（Laughingly spoken）
(text)	不确定的转录（Uncertain transcription）
<pvc> </pvc>	发音变化和新词（Pronunciation variations and coinages）
<ono> </ono>	拟声的噪音（Onomatopoeic noise）
<L1scc> </L1scc>, <LNfre> </LNfre>, ...	非英语话语（Non-English speech）
<spel> </spel>	拼写出（Spelling out）

续表

<fast> </fast>, <whispering> </whispering>, <imitating> </imitating>, ...	说话方式（Speaking modes）
hh, hhh	呼吸声（Breath）
<coughs>, <applauds>, <clears throat>, ...	说话人发出的噪音（Speaker noise）
[S1], [org1], [place1], [last name1], ...	匿名（Anonymization）
{parallel conversation between S1 and S2 starts}, {telephone rings}, {S1 leaves the room}, ...	语境信息（Contextual events）
<un> ×××× </un>	听不清的话语（Unintelligible speech）
(gap 00:02:23), (nrec 00:50:00), ...	未转录的部分（Transcription borders, untranscribed portions）

附录2　PBmtg3会议情况和会议内容简介

标题：一家食品公司的商务会议

时长：03:28:06

日期：2004-02-20

国家：奥地利

地点：公司会议室

活动：查看演示材料和统计数据

单词数：24 601

与会人数：6人

参与互动人数：5人

确定身份的参与者

身份	性别	年龄/岁	母语	角色	职业
S1	男	50+	韩语	参与者	分销公司物流经理
S2	男	35—49	韩语	参与者	分销公司物流经理
S3	男	25—34	德语	参与者	食品公司销售人员
S4	男	35—49	德语	主席	食品公司销售经理
S5	女	35—49	德语	参与者	在食品公司担任销售助理
S6	女	25—34	德语	研究人员	语言研究员

未确定身份的说话人

SX-1、SX-4、SX-3、SX-f、SX-m、SX、SX-2

权力关系：不均衡

熟悉程度：熟悉

会议背景简介：

这次商务会议在奥地利的一家食品公司[org1]举行。S3、S4 和 S5 是[org1]的雇员，S1 和 S2 是[org6]的雇员。[org6]是一家销售公司，在韩国销售[org1]的产品。会议在 S1 和 S2 来访[org1]的时候举行。S1 和 S2 从未见过 S4 和 S3，但他们见过 S5 几次。这是 S5 参加会议的主要原因，因为她认识所有的与会者，了解这两家公司过去的历史和他们的工作。S4 刚刚从另一位没有出席会议的同事手中接过了韩国市场的责任。因此，会议主要是为了在 S1、S2 和 S4 之间建立个人联系和工作关系。S4 是会议主持。S3 刚刚加入[org1]，是一名新员工，他主要任务是帮助 S4。除了建立个人联系外，会议还向 S4、S3 和 S5 介绍在韩国的推广活动概况，并向 S1 和 S2 通报在会议第二部分的产品新闻。会议整体气氛很好。

附录 3 PBmtg27 会议情况和会议内容简介

标题：一家货运公司的内部销售会议

时长：01:17:35

日期：2004-01-13

国家：卢森堡

地点：会议室

单词数：15 068

与会人数：7 人

参与互动人数：5 人

确定身份的参与者

身份	性别	年龄/岁	母语	角色	职业
S1	男	35—49	德语	主席	货运代理
S2	男	25—34	德语	研究者	语言研究者
S3	男	35—49	德语	参与者	货运代理
S4	男	25—34	法语	参与者	货运代理
S5	男	25—34	西班牙语	参与者	货运代理
S6	男	35—49	荷兰语	非参与者	不明
S7	女	35—49	德语	参与者	货运代理

未确定身份的说话人

SX-1、SX-4、SX-3、SX-5

权力关系：不均衡

熟悉程度：熟悉

事件描述：

会议是货运公司[org15]和子公司[org11]的内部会议。S1、S3、S4、S5 和 S7 都作为[org15]的员工参加会议。S1 是资深员工，也是团队领导，因此是会议主席。就在这次内部会议之前，公司召开了与一家航空公司[org2]的代表的销售会议。本次会议开始的一些评论提及这次会议。航空公司[org2]和他的销售代表刚刚离开公司，所以，这次会议的主题是有关公司内部员工架构的变化、休假时间以及业务联系人。

附录4 PBmtg300会议情况和会议内容简介

标题：货运公司代理与航空公司销售代表的商务会议
时长：03:08:25
日期：2004-01-13
国家：卢森堡
地点：会议室
活动：吃午餐
单词数：35 277
与会人数：9人
参与互动人数：7人
确定身份的参与者

身份	性别	年龄/岁	母语	角色	职业
S1	男	35—49	德语	主席	货运代理
S2	男	35—49	荷兰语	参与者	航空公司销售代表
S3	男	25—34	德语	参与者	货运代理
S4	女	25—34	德语	研究者	语言研究者
S5	男	35—49	不明	非参与者	货运公司员工
S6	女	35—49	德语	参与者	货运代理
S7	男	35—49	德语	参与者	货运代理
S8	男	25—34	西班牙语	参与者	货运代理
S9	男	25—34	法语	参与者	货运代理

未确定身份的参与者
SX-8、SX-2、SX-7、SX-1、SX-f、SX-6、SX-m

权力关系：不均衡

熟悉程度：相当熟悉

事件描述：

会议是因为航空公司销售代表的来访而召开的。S2 是航空公司[org2]的销售代表，到访货运公司[org5]。[org5]是[org1]的母公司。S1、S3、S6、S7、S8和S9都是[org5]货运公司的员工，因此互相熟悉。S1是团队领导，因此担当会议主席。S4 是研究者，因此未参与会议互动。不同的参与者在会议的不同阶段参与会议，只有会议主席 S1 和销售代表 S2 自始至终参与会议。会议的第一部分包括 S1、S2 和 S3。他们在会议正式开始前，寒暄约 10 分钟。谈论商务事宜约 30 分钟以后，又寒暄几分钟，然后 S3 离开会议。S6 加入 S1 和 S2 开始下一轮会谈。与 S1 和 S2 相比，S6 不太活跃，很多时候是 S1 和 S2 互动。之后不久 S7 加入会议，开始也是没发言，当会议涉及他负责的事情时才加入讨论。之后不久，S8 和 S9 加入会议，同样开始默不作声。之后，所有的参会者吃午餐，会议继续，谈话在商务事宜和闲谈之间穿插进行。所有的匿名条目都用[orgx]表示，指航空公司或者货运公司。

附录5 PBmtg3、PBmtg27、PBmtg300 的参与者和会议信息

会议代号	身份	性别	年龄/岁	母语	角色	职位	主席	会议时长
PBmtg3	S1	男	50+	韩语	参与者	分销公司物流经理	S4	03:28:06
	S2	男	35—49	韩语	参与者	分销公司物流经理		
	S3	男	25—34	德语	参与者	食品公司销售人员		
	S4	男	35—49	德语	主席	食品公司销售经理		
	S5	女	35—49	德语	参与者	食品公司销售助理		
	S6	女	25—34	德语	研究人员	语言研究员		
PBmtg27	S1	男	35—49	德语	主席	货运代理	S1	01:17:35
	S2	男	25—34	德语	研究者	语言研究者		
	S3	男	35—49	德语	参与者	货运代理		
	S4	男	25—34	法语	参与者	货运代理		
	S5	男	25—34	西班牙语	参与者	货运代理		
	S6	男	35—49	荷兰语	非参与者	不明		
	S7	女	35—49	德语	参与者	货运代理		
PBmtg300	S1	男	35—49	德语	主席	货运代理	S1	03:08:25
	S2	男	35—49	荷兰语	参与者	航空公司销售代表		
	S3	男	25—34	德语	参与者	货运代理		
	S4	女	25—34	德语	研究者	语言研究者		
	S5	男	35—49	不明	非参与者	货运公司员工		
	S6	女	35—49	德语	参与者	货运代理		
	S7	男	35—49	德语	参与者	货运代理		

续表

会议代号	身份	性别	年龄/岁	母语	角色	职位	主席	会议时长
PBmtg300	S8	男	25—34	西班牙语	参与者	货运代理	S1	03:08:25
	S9	男	25—34	法语	参与者	货运代理		

附录6 PBmtg414会议情况和会议内容简介

标题：产品销售会议
时长：01:56:00
日期：2006-09-21
国家：奥地利
地点：会议室
活动：讨论展示材料
单词数：21 195
与会人数：6人
参与互动人数：4人
确定身份的参与者

身份	性别	年龄/岁	母语	角色	职业
S1	女	25—34	德语	研究者	语言研究者
S2	男	35—49	荷兰语	参与者	销售公司员工
S3	女	50+	德语	参与者	食品公司销售代表
S4	女	35—49	荷兰语	参与者	销售公司员工
S5	女	35—49	德语	参与者	食品公司销售代表
S6	女	25—34	德语	非参与者	秘书

不确定身份的参与者
SX-4、SX-3、SX-5
权力关系：不平衡
熟悉程度：熟悉

事件描述：

会议在[org1]召开。S3 和 S5 是[org1]的员工。S2 和 S4 是销售公司的员工，负责[org1]海外市场的运营和销售。S2 和 S4 来[org1]访问，会议在他们访问期间召开。S2 和 S4 带来一些展示材料，包括[org1]产品的销售统计数据，要与 S3 和 S5 讨论。S2 做些评论。[Thing1]是[org1]的主要产品。S2 和 S4 也介绍了他们专门制造的产品系列，当中也包括[Thing1]。会议气氛友好、轻松，会议讨论中经常穿插笑话和笑声。S1 是研究者，不参与讨论。S6 也不是参与者，只进会议室提供了一次茶品，参会者休会时会议结束。